北京彷徨 1989-2015

山田晃三

みずのわ出版

序章

中国人の心は統計や数字では測れない

2016.1

本書は、みずのわ出版のサイトで二〇〇九年から連載していた原稿をまとめたもので（一部書き下ろしを含む）、日中関係、中国の社会や文化、また近年続発する日中間の事件や問題に焦点を当て、かれこれ四半世紀になる北京滞在を通じて感じ考えてきたことを書き綴った。

　タイトルの『北京彷徨』は、魯迅の第二作品集『彷徨』からとった。辞書によれば「当てもなく歩き回ること、さまようこと」とあり、これまで北京でさまよい続けてきた私にぴったりだと思ったからだ。定職につかず北京で暮らしている人のことを中国語で「北漂《ペイピアオ》」という。私はまさに北京に漂っていた。最初の十年間は留学生として、その後は定職につかず通訳やアテンドなど様々な仕事で食いつないできた。その間、日中関係が大きく揺れ動いてきたように、私自身もまた、中国への思いや自身の生き方に大いに迷いながら過ごしてきた。

*

　一九九一年に初めて北京へ留学したときは、毎日のように自転車で胡同《フートン》を走りまわり、屋台や露天商の中国人と言葉を交すことに喜びを感じた。多くの中国の友人にも恵まれ、彼らと万里の長城までサイクリングしたり、郊外でテントを張ったりしたことが今では懐かしい。当時バブルで沸いていた日本と違って中国は貧しいけれど日本よりずっと自由な国だ、というのが当時の私の感想だった。そして中国が大好きになった。

　しかし、その後北京生活が長くなるにつれて、私の純粋な中国に対する思いは次第に失せていった。九〇年代は日中間の経済格差が歴然で、中国人からたくさんの頼まれごとをした。向こうは軽い気持ちで頼んでくるのだが、何とかしなければと真面目に考えて負担になってしまったり、正直にそれはお手伝いできませんと伝えると「これまで良くしてあげてきたのにどうして手伝ってくれないのか」と関係がギクシャクしたりした。日本人的な感覚で良かれと思ってしたことが逆に悪い結果を招いたり、誤解や不信感が生じたり、失敗談は枚挙にいとまない。また、中国のおかしいところを何気なく指摘すると、「日本人はかつて中国で何をしたのか！」と過去の日本を持ち出して感情的になる人が多かった。知識人や友人たちは本当によくしてくれたが、そうした関係を離れた人たちからはストレートな日本評が返ってきた。戸惑う私に、中国で成功するには中国の悪いことを言ってはいけないと中国人の友人が教えてくれた。

そんな経験を繰り返すうちに中国人の日本に対する本心が垣間見えるようになり、思ったことを率直に口にできなくなった。そして日本人としての限界を感じるようになり、中国人と付き合うことが億劫になった。ふと、八〇年代から九〇年代にかけて日本に留学していた中国人留学生たちが、どれほど肩身の狭い思いで暮らしていたか想像したこともあった。

*

中国に馴染めない時期が続いていた二〇〇六年に、現代劇の舞台に出演して中国を見る目が少し変わった。中国人に混じってオーディションを受け、約一ヶ月半、中国の若い俳優たちと共に毎日夕方から数時間一緒に稽古をした。外国人は私だけで、当時は小泉首相が靖国参拝を繰り返していた時期だったので、「日本人はなぜ歴史を反省しないのか」「私は絶対に日本製品は買わない」「日本が嫌いだ」と面と向かって言ってくる人もいたが、優しく声をかけてくれる人はもっと大勢いた。そして中国人同士のやりとりを見ていてわかったのは、日本人の私だけが嫌な思いをしているわけではなく、中国人の間ではもっと熾烈な競争が繰り広げられていることだった。その時初めて自分は日本人だから疎外されているのではないと知った。すると気持ちが急に楽になった。

そうした日常生活の小さな積み重ねを通じて、これが中国なんだ、中国人はこう考えるんだ、と感覚的にわかってきた。中国滞在歴が私より長い先輩が、中国を知るには七年は住まないとわからない、と仰っていたが、私は十年以上かかってようやく中国のことが少し掴めてきた。それまでは、自分は中国のことを解っていない、ということが分かっていなかった。そしてそれ以来、私は無理して中国人社会に入っていかなくてもいいと考えるようになり、一歩引いて日本人らしく振る舞うように心がけるようになった。

＊

それでも未だにわからないことだらけだ。中国に長く暮らせば中国を語れるというわけではない。逆に長くいればいるほど、ますますわからなくなってきた、それが今の私の実感だ。国土、人口、民族、歴史、それらのスケールの大きさはどれをとっても日本の比ではなく、ここから都市と農村の格差、民度の差、公平と公正の欠如など、ありとあらゆる問題がこれまた大きなスケールで噴出してくる。社会主義で労働者階級の国という看板を背負い続けていることも忘れてはならない。また中国人はなかなか本音を口にせず、人間関係にも日本人より注意を払い、相手によって言葉や態度を慎重に選び分ける。そのため、中国人の発言を鵜呑みにして日本人の価値観で理解しようとすると判断を見誤りかねない。つまるところ、中国を理解したければ中国人のものさしで考えることが欠かせない。現象や事象だけに注目していても全体像は見えてこないし、問題の本質はつかめない。

では、中国人のものさしを知るにはどうすればいいのか。中国人社会にどっぷり浸かるしかない。組織に入れば安定が得られるが自由がなくなる、自由でいたければ安定は得られない。私は後者を選んだ。中国人にしたら失敗の人生だが、私は全く後悔していない。中国を多角的に見ることができた。「北漂」だったからこそ、いろんな経験ができ、中国を多角的に見ることができた。中国人は客人を手厚くもてなす。これは逆に考えると、客人の立場で中国と接していては、本当の中国は見えてこないということだ。なんの肩書もない私に、みんなは本音をぶつけてきてくれた。嫌な思いもしたがその分、中国を知ることができた。

＊

日本の良いところは旅行で訪れればすぐにわかるが、日本の住みにくさは暮らしてみないとわからない。中国のおかしなところは誰でもすぐに指摘できるが、中国の良さは長く住んでこそわかる。日本人も中国人も喜怒哀楽がある同じ人間に変わりない。ただ何に対して喜び怒り哀しみ楽しむのか、そしてそれはどうしてなのか、そのあたりに中国を理解する鍵があるように思う。

北京彷徨1989-2015◉目次

Ⅲ　２０１１年

Ⅳ　２０１２年

Ⅴ　２０１３年

Ⅵ　２０１４年

凡例

・中国の国家行政機関は教育部（日本の文部科学省にあたる）、外交部（日本の外務省にあたる）等、「～省」ではなく「～部」と称し、閣僚の役職は「～部長」と称する。本書では日本の報道機関での表記法に準じ、当該英語訳を日本語に直訳して行政機関は「教育省」「外務省」、閣僚の役職名は「教育相」「外相」等と表記した。ただし、第2景でとりあげた「衛生部」（日本の厚労省にあたる）、第24景でとりあげた「文化部」（日本の文化庁にあたる）、第29景でとりあげた「外交部」のみ、文脈上、中国語表記通りとした。

・「国家質量監督検験検疫総局」は「国家品質監督検査検疫総局」と、「河北出入境検験検疫局」は「河北出入国検査検疫局」とそれぞれ表記した。「質量」は品質、「検験」は検査・認証を意味する。

・中国元と日本円の対照は、執筆当時のレートによる。

2003年春、北京郊外の村では道路を封鎖してSARSウイルスの侵入を防ぐのに必死だった。（第2景　SARS顛末記）

Ⅰ　2009年

第1景　変わったこと、変わらないこと

天安門事件二十年

2009.4

大阪南港から上海航路の鑑真号に乗り込んだのは、今から二十年前の一九八九年二月下旬だった。船底の二等船室に雑魚寝して、船酔いにへとへとになりながら二晩を過ごした三日目の朝、甲板に出てみると海水が黄土色に濁っている。「もうすぐ上海だ」隣にいた中国人がボソッとつぶやいた。船が長江に入り河口を遡りはじめると、日本ではおそらく廃船であろう赤さびた漁船が行き交うのが見えた。空気のにおいが変わったことに気付いた。それから何年かの間、日本と中国を行き来するたび、この〝におい〟を嗅ぐと自分は今中国にいるのだと強く実感することになる。

やがて呉淞口《ウーソンコウ》から支流の黄浦江《ホワンプーチアン》に入ると、薄汚れた建物が両岸に建ち並び、埠頭に近づくにつれ、中国に来たんだ、と気持ちが高ぶった。当時、鑑真号で中国へ入境する場合、入国審査は船内、税関検査は港湾内の建物で行われていた。私は入国審査をすませ船のタラップを下り、キョロキョロしながら歩いていると、いつの間にか乗客の列から離れてしまい、気が付くと裏口から上海の街に出てしまっていた。当時の中国は何もがそれくらいのんびりしていた。

＊

その後、私は夜行列車で北京へ向かい二日ほど観光してから山西省の大同《タートン》行きの列車に乗った。四人掛けボックス席の隣座席には、中年のおじさんが座っていた。人民解放軍の軍服を着ていた。向かい座席には労働者風の若い男の二人連れが座っていて、手を休めることなくヒマワリの種をかじり瓶ビールをラッパ飲みしていた。私が日本人だと知ると、持っていた食べ物やお酒をふるまい大歓迎してくれた。「日本人がいるのか?」と隣の車両から農民らしき風貌の中国人がやってくるほど車内は賑やかで、みんなが親切にしてくれた。しかし、隣座席の軍服を着たおじさんは話には加わらずずっと黙ったままだった。列車が間もなく大同に到着しようとしたときだ。突然、「ホテルを予約していないのなら、うちに泊まっていきなさい」と声を掛けてくれた。ろくに言葉もできない外国人のことが心配になったのだろう。駅を出ると、若い軍人二人と黒塗りの高級国産車「紅旗《ホンチー》」が待っていた。日本の友人だと紹介され、車に乗せてもらうと、車はそのまま軍人の自宅へ向かった。しばらくすると立派なレンガ造りの一軒家に到着し、奥さんと小さな男の子が出迎えてくれた。結局、大同では若い軍人に運転手兼ガイドとして街を案内してもらい、自宅に二泊させてもらった。出された料理を残さず食べるのは日本の礼儀だが、少し残すのが中国の礼儀とは知らず、吐くまで水餃子を食べさせられたことや、パーマをかけておしゃれしたご夫妻と別れ際に記念写真を撮ったことが今も懐かしい。

それから一ヶ月後の四月十五日、中国共産党前総書記の胡耀邦《フーヤオパン》が死去した。学生や市民は天安門広場や街頭で追悼活動を行ったが、同月二十二日に行われた追悼大会では、ブルジョア自由化を放任したとして一九八七年に失脚した胡氏の名誉回復はなされなかった。やがて人々が胡氏を哀悼する声は自由や民主を求めるデモやハンストへと発展し、六月四日に軍隊がデモ隊に向けて発砲した。日本では天安門事件、六四事件と言うが、中国政府は反革命暴動だとして六四動乱《リウスートルンアン》、政治風波《チョンジーフォンポー》と呼んでいる。

私は四月一日に帰国したため、現地の様子を実際には見ていないが、あの広大で人影もまばらだった天安門広場が人で埋め尽くされていることに驚き、軍隊が無差別に発砲したことにショックを受けた。中国へ行くまでは、社会主義で言論の自由がない独裁国家だと思い込んでいたが、実際に見た中国は、陽気で世話好きな人が多く、貧しいながらもみんな生き生きとしていた。わずか半月後にまさかこんなことになるとは思いもよらなかった。

若く血気盛んだった私は、仲間と勉強会を開いたり、在日中国人のデモ行進を見に京都の円山公園へ行ったりした。お世話になった軍人には抗議の手紙を書いた。さぞかし下手な中国語だったと思うが、言いたいことは伝わったと思う。しばらくして返事が届いた。「北京は平静を取り戻し、街には物資があふれ、いつもの生活に戻りました。またぜひ遊びに来てください」という内容で、大変がっかりしたことを覚えている。

それからだった。「中国のことをもっと知りたい」「中国って何なんだ？」——私は授業もほどほどに、中国関係の本を読みあさり、中国の勉強を始めた。あちこちの講演会や中国人との交流会に顔を出し、ボランティア活動にも積極的に参加した。自分も何かに熱中したい、中国について自分の考えを持ちたいという気持ちが高まった。

そして一九九一年に北京へ留学した。前年の九〇年に北京でアジア競技大会が開催され、街にはホテルが立ち並び、平静を取り戻したかのように見えたが、デモ隊の拠点だった天安門広場の人民英雄記念碑には銃弾の跡があった。私が指さすと、「私服警官がいるから気をつけろ」とデモに参加した中国の友人に注意された。広場近くの長安街沿いにある牌楼にも丸い銃弾の傷跡が残っていたが、いつの間にか無くなっていた。

一九九二年秋、中国は社会主義市場経済を打ち出し、人々の生活は目に見えて豊かになった。誰も政治を語らなくなり、これでも社会主義かと疑うような赤い資本主義社会へと変貌した。天安門事件の再評価が普段の生活で話題に上ることはまずない。

中国は変わった。二十年前は食糧を買うのに現金だけでなく「糧票《リアンピアオ》」という配給切符が必要だったし、外国人は人民元ではなく外貨兌換券（中国語で、外匯券《ワイホエチュエン》といった）の使用を義務付けられていた。中国で生活する多くの日本人は、シャンプーからノートまで日本から持ち込んでいた。百円ライターやパンストがお土産に大変喜ばれた。しかし今では、ないものは何もない。国営企業に勤めていた友人は起業し、チャンスを求めて日本へ留学した友人は、チャンスを求めて中国に戻った。マイカーやマイホームが持てるなんて二十年前は考えられなかった。お前は全然変わらんなあ、と十八年来の中国の友人に先日言われた。

*

しかし、中国は本当に変わったのだろうか。天安門事件当時、デモに参加した大学生の手記が手許にある。

> 八〇年代の大学生は、改革が度重なる妨害や様々な挫折に遭い、大きな困難に直面しているのを目にして中国の運命を憂い、常に自分たちが今の状況を変えるためにできる何かを求めていた。大字報《ターツーパオ》（壁新聞）、演説、デモ行進、ハンストはすぐさま私たちの行動となった。当時、私たちはこうした行動が、果たして自分たちの良心的な願いを実現させることができるのか考える理智を持ち合わせていなかった。北京の交通がマヒし、生

産活動がストップし、天安門広場が人でいっぱいになったとき、私たちもわけがわからなくなっていた。これが本当に望んだことだったのか。どうやって収拾すべきだったのか……私たちはあまりにも単純で、幼くて、衝動的すぎた。今、私たちは、苦い果実をかみしめながら反省している。深く反省すれば、それだけ私たちもより熟していくだろう。

この手記は事件の翌年、大学のK先輩宛に送られてきたもので、天安門事件一周年の討論会を企画した折に、先輩が提供してくれた。北京第二外国語学院（単科大学は、中国では「学院」と称する）の学生だったと記憶している。当時ほとんどの郵便物が検閲されていたことを考えると、罪を懺悔するような内容になったのは仕方ないかもしれない。しかし、これまで多くのデモを私は中国で見てきたが、この手記を改めて読み返してみて、仮にいま発表されたとしても何ら違和感はない。あれから二十年が過ぎ中国は大きく変わった。しかし、この学生が言う「単純で、幼くて、衝動的」なのは、今もまだあまり変わっていないような気がする。

ＳＡＲＳ顛末記

2009.5

二〇〇九年五月、日本で新型インフルエンザ感染者が確認されると、月末にはその数は三百七十九人にも上った。このニュースは中国でも連日大々的に報じられ、感染者が確認された神戸や大阪の小中学校が休校になったと伝えていた。

一方の中国（香港・台湾を含まず）は、五月三十一日現在で感染者数二十七人、国内での感染者は一人だけだ。これは感染者と同じ飛行機に乗っていた乗客全員を一人残らず捜し出し一週間隔離するなど、徹底した水際対策によるところが大きい。中国政府がこれほど厳しい対応を取るのにはわけがある。二〇〇三年春に中国を襲ったＳＡＲＳ（重症急性呼吸器症候群）と同じ失敗を繰り返さないためだ。ＳＡＲＳの苦い経験がなければ、今頃は新型インフルエンザの感染者が中国全土を覆っていたであろう。そこで今回は、六年前のＳＡＲＳ騒動を振り返ってみたい。

＊

ＳＡＲＳは中国語で非典型肺炎《フェイティエンシンフェイイエン》、略して非典《フェイティエン》と呼ばれる。中国（香港・台湾を含まず）の感染者数は五千三百二十七人、死者数は三百四十九人、北京だけでそれぞれ二千五百二十一人、百九十一人に上った。

二〇〇二年十一月に広東省で初めて感染が確認され、翌二〇〇三年二月には香港や広東省で多くの感染者が出ていたが、当時は原因不明の肺炎と言われ、大きな関心事にはなっていなかった。私は二月中旬からしばらくの間、映画『台湾往事』の撮影のため広東省に隣接する福建省に滞在していたが、マスクを着けている人は一人も見かけなかった。

北京で初めてＳＡＲＳ患者が確認されたのは三月一

日、その後、北京にはすでに多くの感染者がいるといった噂が絶えなかったが、北京市衛生局は三月二十六日にＳＡＲＳは問題なく制御されていると発表し、四月三日には、中国の衛生部（日本の厚労省にあたる。現在の国家衛生・計画生育委員会）部長が「中国は安全だ」と宣言。ところがその後、中国人民解放軍三〇一病院の元軍医蒋彦永《チアンイエンヨン》氏（当時七十二歳）が、感染者数と死者数を過少に偽っていると複数のメディアに内情を告発、四月八日に米ＴＩＭＥ誌電子版が特報した。三月初旬に日本の国会にあたる全国人民代表大会が北京で開幕、当時、胡錦濤《フーチンタオ》国家主席・温家宝《ウェンチアパオ》首相の新政権が誕生したばかりだった。重要な政治行事への影響を恐れ、情報の隠蔽が行われたのだ。

その後、中国政府はＳＡＲＳ対策にやっと動き出した。四月十三日に国務院は全国ＳＡＲＳ防止対策会議を開催、十七日には胡錦濤主席が党中央政治局会議で、報告を遅らせたり、虚偽の報告をしてはならないと指示を出した。そして同月二十日、衛生部は北京のＳＡＲＳ感染者数を四十人から三百四十六人、死者を四人から十八人に大幅修正し、衛生部部長と北京市長を解任。が、時すでに遅く、無防備な格好で患者の治療に当たっていた医師と看護師、そして通院していた多くの患者が院内感染し、人から人へ、ＳＡＲＳはすでに北京中に蔓延していたのである。

テレビや新聞は、マスクの着用、手洗いとうがいの徹底、大勢の人が集まる場所に近寄らないなどＳＡＲＳの予防対策の宣伝を始め、三八度以上の発熱、咳が出るといった症状に注意するよう呼びかけたため、多くの商店でマスクと体温計が売り切れた。バスに乗ると、乗客のほとんどがマスクをしており、誰かが咳をすると乗客の視線が一斉に集まった。

四月二十二日、北京市内の全ての幼稚園、小中高の学校が二週間の休校に入った。大学では、中国人学生の多くが帰省、韓国人留学生は休校になった期間の授業料返還を求め大学側と交渉し、次々と北京から去っていった。

二十三日には感染者が確認された病院、学校、工事現場、オフィスビル、住宅などが封鎖され、たまたま北京大付属人民病院に入院していた私の先生は「おかげで退院できなくなった」と当時を振り返る。

地下鉄や街の至る所にＳＡＲＳ予防のポスターが貼りだされた。街はひと気がなくなり、バスや地下鉄はガラガラで、逆に自転車に乗る人が増えた。カラオケや遊園地など娯楽施設も休業となった。

やがて、地方都市への感染拡大を防ぐため、北京の街が封鎖されるという噂がまことしやかに広まると、人々がスーパーに殺到し、インスタントラーメンの棚が空っぽになった。酢や線香で室内を消毒すればいいとか、板藍根《バンランケン》（インスタントコーヒーのように、粉末をお湯に溶かしてかき混ぜて飲む風邪薬）という漢方薬がSARSに効くなど様々な情報が飛び交うなか、二十七日、北京の感染者数はついに一千人を突破した。

＊

四月二十八日、北京の日本大使館は、北京在住の日本人留学生に帰国勧告を出した。多くの日本人が帰国するなか、私はメディアの仕事で北京市内を動き回ることになった。

SARS患者を収容するため小湯山医院《シャオタンシャンイーユエン》（中国語の「医院」は、日本語の「病院」の意味）の建設が北京の郊外で始まっていた。建設現場を訪れたとき、一千人以上の患者を収容できるプレハブ造りの病棟が完成しつつあったが、ふと建物の横にある空き地を見ると、そこには建設労働者が寝泊まりするテントが設営されていて、よく見るとどうやらトイレが用意されていないらしく、人糞と使い終えたトイレットペーパーが辺り一面に散乱していた。

四月二十九日、外務省は、北京在住の日本人に対して退去検討を促した。多くの大学がすでに封鎖を始めていたが、当時私が在籍した北京師範大学でもその日「外出した者は校内に入ることを禁ず。二週間の隔離観察を経て未感染が確認されれば、再び校内に入ることを許可する」という通知が校門に張り出された。

街中を歩くと、いつもは多くの人で賑わう王府井《ワンフーチン》や天安門広場も人影が全くみられず、多くの院内感染者を出した人民医院の周囲には立ち入り禁止のテープが張られ、マスクをした数人の看護師が入口まで出てきて、警戒テープ越しに食糧や生活必需品を受け取っていた。

三十日、北京空港へいくと、帰国する外国人と北京から脱出する中国人でごった返していた。偶然大学の後輩と会ったが、三月下旬に北京に来たばかりで帰国するのは本当に残念だと話していた。

五月一日、例年だとゴールデンウィーク期間中はどこも人であふれんばかりだが、万里の長城へ行ってみると、観光客はほとんどおらず、駐車場には観光バスが一台も停まっていなかった。売店のお姉さんは「今日はまだ十数人しか客が来ないの」とため息をつく。そんななか、観光にくるツワモノもいて、話を聞いてみると多くの感染者が確認された北方交通大学（現在の北京交通大学）の男性職員で「感染するのは一〇万分の一の確率、妻と子供と三人で新鮮な空気を吸いにきました」と言って笑った。

北京郊外の村では、公道から集落に入る入口に、盛り土、木柱、レンガなどを積み上げて道を遮断して通行止めにする自衛手段をとっていた。大きな木の根を並べたり、電信柱を横倒しにしているところもあった。私が村の入口に近づくと、日灼けした見張り番の男に追い返された。村人が村に入るとき消毒液のスプレーを身体中にかけられていた。多くの村の入り口には「わが村は五月一日から×日間、ＳＡＲＳ感染者及び感染の疑いがある者を確認していません」と書かれた立て看板が置いてあった。

バスやタクシーは一日二回の消毒が義務付けられ、車内は消毒液の臭いでぷんぷんしていた。タクシーの助手席の前には「今日も消毒しました」というステッカーが張ってあり、バスには消毒した時刻まで記入してあった。

四月二十日から五月初旬まで、北京の感染者は連日百人から百五十人のペースで増え続け、毎日新たに約一千人が隔離された。不安と恐怖で多くの人は自宅に閉じこもり、四月二十日から二十日間、一歩も外出しなかったという知人もいる。

街角やテレビでは、ＳＡＲＳ撲滅キャンペーンが繰り広げられた。以下、スローガンのいくつかを紹介しよう。

- 抗撃「非典」共渡難関（ＳＡＲＳに立ち向かい、難関を乗り越えよう）
- 万衆一心　衆志成城（心を一つにすれば、如何なる困難も克服できる）
- 万衆団結　共抗「非典」（一致団結して、ＳＡＲＳを防ごう）
- 尊重科学　戦勝「非典」（科学を尊重して、ＳＡＲＳに勝利しよう）
- 同心同徳　抗撃「非典」（心を合わせて、ＳＡＲＳに立ち向かおう）
- 党和政府領導人民一定能「够」打赢「非典」戦役（党と政府の指導で、かならずＳＡＲＳ戦争に打ち勝つことができる）
- 向戦闘在中日医院抗撃「非典」第一線的白衣戦士致敬！（ＳＡＲＳの第一線で活躍する中日（友好）病院の医療関係者の皆さんに敬意を表す！）

五月八日、二週間の隔離期間を経て、病院や大学の宿舎などから大勢の人たちが解放された。毎日の感染者増加数も五十人を割り、外出する人も増えてきた。徐々に冷静さを取り戻すと、テレビや新聞の報道は、前線で治療に当たる医師や看護師を称え、英雄視する内容へと変わった。亡くなった医師や看護師がいかに死を恐れず無私の精神で治療に励んだか、また多くの医師や看護師が自ら率先して前線で治療にあたることを希望している、と繰り返し報じた。命懸けで治療に当たる医師や看護師の姿をテレビで見て頭が下がる思いだったが、病院関係者の知人いわく「死にたくないので、本当は行きたくないですよ。上から指導されているのです」

　五月下旬になると、多くの店が営業を再開した。市内のある店では、店頭にピストルのような赤外線式体温計を持った従業員が立ち、体温が三七度を超える人の入店を断ったり、SARSに便乗した商売も生まれ、解熱効果があるという「清火解熱潤肺湯《チンフオチエロールンフエイタン》」というスープや、SARSTシャツが四十元（日本円で約六百円）で売られていた。SARSは北京の経済活動をストップさせたが、バスや地下鉄を利用しない人が増えた一方で、北京の自動車と自転車販売台数は大幅に伸びた。

　六月に入るとほとんどの会社が平常勤務となり、六月二十四日、世界保健機関（WHO）は北京渡航延期勧告を解除した。

＊

　あれから六年が過ぎた。当時は多くの日本の友人が「大丈夫か？　生きてるか？」と心配して連絡をくれたが、私は毎日張り切って出歩いていた。タクシーの運転手は「道がこんなに空いてるのは一九八九年の動乱（天安門事件）以来だよ」と言っていた。五月二日の日記には「目が少し痛い。体が少し熱く感じる。もし感染して大学の寮が隔離されると思ったら怖くなった」と書いてある。私より大胆な友人もいる。SARSが猛威を振るった五月初旬、外で深酒して帰宅しようとしたが、自宅アパート前で酔いつぶれてしまい、明け方目を覚ますと、防護服を着た医療隊員、警察官、近所の住民あわせて二百人以上に取り囲まれていたという。

　政界では感染拡大の責任を取って北京市長が解任されたことは前述のとおりだが、後任の王岐山《ワンチーシャン》はSARS対応などの功績が認められ、共産党中央政治局委員を経て二〇〇八年三月には副首相に就任した。一方で北京市長を解任された孟学農《モンシュエノン》は、その後山西省省長に就任したが二〇〇八年九月、土石流事故で二百七十七人の死者が出た責任を取って、またもや辞任に追い込まれた。

　SARSは中国にとって悲劇以外のなにものでもなかったが、良かったこともあった。まず、北京の衛生環境、市民の衛生意識が著しく向上した。公衆トイレはどこも隣との敷居のない汲み取り式だったが、現在では敷居ができ、手も洗えるようになり、水洗トイレも増えた。また、街中で痰を吐く人、ゴミを捨てる人が減った。レストランでは大皿に盛った料理をみんなが自分の箸でつつくのではなく、料理ごとに添えられたスプーンで取り分けるようになったり、鍋料理も大鍋ではなく一人前の小さな鍋が流行りだした。おしぼりを置く店も増えた。

だが最大の変化は、ＳＡＲＳ以降、庶民が政府に対してノーと言い始めたことだと私は感じている。いま私の手許にある中国の雑誌「三聯生活週刊」（二〇〇三年六月九日号）の表紙はＳＡＲＳの内情を暴露した元軍医蔣彦永氏の大きな顔写真で、タイトルは「蔣彦永：人民の利益は何よりも尊い」。中国ではこれまで政府にとって都合の悪い事実は公表されないことが多かったが、「人民の利益は何よりも尊い」という大義のもと、老医師は政府を告発した。また、中国の改革派メディアも情報の隠蔽を指摘し、政府の情報開示の遅れを厳しく追及した。ＳＡＲＳは人災でもあり、人民の利益を著しく侵害したのだ。温家宝首相も、四月二十九日にタイのバンコクで開催された東南アジア諸国連合（ＡＳＥＡＮ）と中国の緊急首脳会議で、中国政府の初期対応に不手際があったことを認めている。新指導部にとって大きな試練であったが、ＳＡＲＳがあったからこそ、その後胡・温体制は民生の安定を図るために和諧社会のスローガンを前面に打ち出すこととなった。

老医師が内情を告発したのは、医師としての正義感だけではない。この世代は国家の利益が全てに優先する時代を生き、青春時代を政治運動に捧げた革命世代だ。自分たちの人生が政治に翻弄されたことを身をもって体験している。「人民の利益は何よりも尊い」――この言葉には、現代中国が抱える多くの矛盾や問題点が示唆された、非常に奥深い意味が含まれているといえよう。

北海公園の風景

2009.6

北京で最も想い入れの深い場所はどこかと問われたら、私は迷わず北海公園《ペイハイコンユエン》を挙げる。

北海公園は、北京の中心部にあり、明清王朝の皇宮だった故宮の北西に位置する。かつての遼、金、元朝の離宮、そして、明、清朝の宮廷御苑で、広さは甲子園球場の約十八倍、そのうち湖面が半分以上を占める。北海公園の南には、中海《チョンハイ》と南海《ナンハイ》がある。いわゆる「中南海」だが、中国政治の中枢で政府要人の官邸があるため入ることはできない。反対側、公園の北には、胡同《フートン》（昔ながらの北京の街並み）が多く残っており、人力車に乗ってノスタルジーを楽しむ多くの観光客で賑わっている。

北海公園には毎日多くの観光客が訪れる。と同時に、地元の人たちの憩いの場でもあり、午前中は園内のあちらこちらで庶民の日常生活を垣間見ることができる。散歩をする人、太極拳をする人、腰の高さまである巨大な筆に水を含ませ路上に文字を書いている人、秧歌《ヤンコー》踊り（田植踊りが起源とされる）を踊る人、京胡《チンフー》にあわせて京劇の歌を歌う人、「ア〜ア〜」と発声練習をする人、笛を吹く人、壁新聞を読む人、鳥籠を提げて散歩する老人、社交ダンスを踊る人、剣や刀を手に武術の練習に励む人、手を叩きながら体操する人たち、後ろ向きに歩いている人など、実にさまざまだ。中国人のライフスタイルはこの二十年で激変したが、公園内では昔ながらの風景をみかけることができ、あたかもここだけは時間が止まっているかのようだ。

私は一九九一年から、ここで中国の伝統劇・昆劇の練習をしている。師匠との朝稽古が週に二、三日、自主練はほぼ毎晩だ。

朝、自転車をこいで公園へ向かい、到着すると公園入口横の駐輪所に自転車を預ける。駐輪代二角（三円）は帰り際に管理人のおばあさんに渡せばいい。公園の入園料は大人十元（約百五十円、十一月から三月はオフシーズンで五元）だが、私は一ヶ月十元のフリーパスを買っている。一回の入園料と一ヶ月のフリーパス代が同じという、おかしな料金設定だ。

公園職員や作業員とは今や顔見知りで、体調を崩してしばらく休んだ後、久々に行くと「最近来てなかったね」と声を掛けられる。バスの中で「君はいつも北海公園で京劇の練習をしている人ですね」と見知らぬ老人に話し掛けられたことも何度かあった。

練習は主に、昆劇の様々な動作や槍や刀を持ちながらの立ち回りといったメニューをこなす。周りは太極拳をする人や西城区抗癌倶楽部（癌患者の人たちが結成したグループ）の人達でいつもにぎやかだ。季節が巡るのを感じながら、公園での練習も気がつけば既に十八年続いている。

*

北京の気候は四季が明確なので、公園の景色も春夏秋冬で大きく異なる。冬は湖一面が凍り天然のスケート場となるが、二月下旬になると湖面にひびが入り、幾つもの氷の塊が浮かびあがる。三月にはボートが湖沿いに横倒しにされて溶接や塗装が行われる。四月に始まる貸しボート営業の準備だ。ちなみに手漕ぎボートは一時間三十元（四百五十円）、櫂が電動式だと六十元（九百円）。

四月初旬、海棠《ハイタン》の花が満開になると春の訪れを感じる。四月中旬から五月にかけて北京の春の風物詩、柳《リウ》絮《シュイ》（ヤナギの種子についた白い綿毛）が空を舞う。しかし、最近はこの白い綿がめっきり少なくなった。アレルギーや気管支炎の原因とされ、昨年（二〇〇八年）の北京五輪前に多くの柳の木が伐採されたからだ。背中にプラスチックの容器を背負った作業員が消毒薬を散布する姿をこれまでよく見かけたが、今年は木の幹に注射針を直接刺し込んで薬剤を注入していた。

毎年五月のゴールデンウィークは公園周辺が観光バスで渋滞するが、昨年だけは例外だった。昨年四月に起きた四川大地震以降、四川から遠く離れた北京でも観光客は激減した。また、北京五輪を間近に控えて、北京市が治安維持のため地方からの出稼ぎ労働者の移動を制限したことなどにもよる。

夏至を過ぎると北京の暑さは厳しくなる。中国には「冷在三九《ロンツァイサンチウ》、熱在三伏《ローツァイサンフウ》」（寒さの盛りは三九、暑さの盛りは三伏）という言葉がある。三伏とは初伏《チューフー》、中伏《チョンフー》、末伏《モウフー》の総称で、例年七月中旬から八月下旬までを指す。三伏天《サンフーティエン》（酷暑を意味する）には湖面に蓮の花が咲き、ボートを楽しむ家族やカップルで賑わう。

残暑は九月下旬まで続くが、十月には「秋高気爽《チウカオチーショワン》」（秋空が高く清々しい気候）と言われるとおり、一年で最も良い季節を迎える。黄砂とスモッグで汚れた北京の空は、夏の雨期を経て清く澄み切った青空に変わる。

しかし、心地よい季節は一ヶ月と続かない。毎年十一月十五日に北京市内のアパートには暖気《ノワンチー》（スチーム暖房）が一斉に供給され、冬支度が始まる。一年で最も寒い「冷在三九」は、冬至の翌日から九日ずつ一九《イーチウ》、二九《アーチウ》と数え、今年（二〇〇九年）の三九は一月八日から十六日までだった。三九四九氷上走《サンチウスーチウピンシャンツォウ》（三九と四九は氷の上を歩ける）などと言われる。今年の北海公園のスケート場は十二月下旬から一月下旬までオープンしていた。氷の張り具合によって営業期間は毎年異なる。そんななかでも中国の老人はたくましく、たとえ数九天《シューチウティエン》（冬の八十一日間を指す）であっても公園に通ってくる。そのいでたちは、ズボンの下にパッチを着込み、セーターを何枚も何枚も重ね着し、保温性の高いダウンジャケットのファスナーをぴっちりと締めパンパンに着膨れしたうえに、帽子・手袋・マフラーで完全防寒だ。

＊

長く公園へ通っていると、こうした毎年恒例の風物詩以外の風景もみえてくる。

公園では様々な人たちが思い思いに身体を鍛えている。九〇年代は太極拳や気功の練習をする人が最も多く、「〇〇太極拳」とか「××気功倶楽部」と書いてある垂れ幕や旗があちこちに掛けてあり、数人から数十人のグループが先生の動作に合わせて練習していた。それが今では、太極拳をしている人は時々見かけるものの、気功をする人はほとんどいない。

なぜか。今から十年前の一九九九年四月、法輪功《ファールンコン》の信者約一万人が北京の中南海を包囲するという大事件が起きたからだ。二〇〇一年一月には信者七人が天安門広場で焼身自殺を図り、二人が焼死した。

彼らは北海公園でも気功の修業をしていた。数十人が輪になって座禅を組み修錬を行う。夏場は鞄や水筒を取り囲むように輪になって座禅を組み、冬になると輪の真ん中にダウンジャケットが山のように積み上げられていた。

事件から三ヶ月後、政府は法輪功を邪教組織として非合法化し、更に民政省（日本の厚労省と総務省にあたる）に未登録の気功団体の活動を停止させた。教育省

朝早くから地元の人たちが音楽に合わせてダンスの練習に励んでいた

（日本の文部科学省にあたる）は一九九九年七月、全国の小中高等学校に対して生徒に気功の練習をさせてはならないと通告。二〇〇〇年には気功関連の新聞や雑誌が停刊処分となった。

政府が気功を取り締まるのは法輪功が初めてではない。中国では八〇年代から不治の病が治るとか超能力が存在するなど気功ブームが起きていた。当時日本のテレビ番組でも中国の気功師が紹介されていたと思う。しかし、金銭目的のニセ気功師や気功の副作用なども問題になっていた。現在、中国政府はスポーツに分類される健身気功《チエンシエンチーコン》は奨励しているが、ブームが去り社会の目が厳しくなった今、公園で気功の練習をする人はほとんどみかけなくなった。

気功に代わって数年前から北京のあちこちの公園に現われたのが、革命歌の演奏集団だ。北海公園の北門近くでは、六十歳以上とおぼしき男女約三十人が毎朝十一時頃まで演奏している。日に灼けた表情からして知識人ではなく労働者のようだ。赤い旗には「金声芸術団」と書いてある。アコーディオンやハーモニカ、太鼓などを演奏する人、演奏に合わせて踊る人、マイクを片手に歌う人などがいるが、演奏というよりは本能むき出しで踊り歌っている。スピーカーはボリュームいっぱいで実に賑やかだ。サングラスを掛けた指揮者の中年男性は、手を大きく振りかざし足で地面を蹴るようにみんなを指図する。ギャラリーは連日百人を超え、一曲終わるごとに歓声と拍手が沸き起こる。カメラやビデオで撮影する観光客も多い。中国共産党の革命歌以外に旧ソ連の民謡もよく演奏される。一九五〇年代後半に中ソ対立が起きるまで中国はソ連一辺倒の政策を取っていたため、今でも多くの老人が旧ソ連の民謡を口ずさむことができる。

この世代の多くの人たちは、五〇年代から文革時期にかけて、国家の政策で下放《シアファン》（農村で肉体労働を行い再教育を受けること）や辺境地域の開拓をさせられた経験を持つ。五〇年代の中国は社会主義の理想と夢に満ち溢れ、多くの人々が輝かしい未来を信じて革命歌やソ連の民謡を歌っていた。しかし、当時青春時代を過ごした多くの人たちは教育を受ける機会を失ったまま歳月を重ね、やがて改革開放政策が始まると時代に取り残される羽目になった。彼らの荒っぽい口調と素朴な笑顔の奥にはそんな過去があるということも忘れてはならない。

*

夏至を過ぎ、日の暮れる時間が徐々に早くなった。毎晩屋外で自主練を続けていると、おのずと自然の変化に敏感になる。夜八時半ごろには顔の表情が分らないほど暗くなるが、遠く対岸を眺めると空と湖の間に仏殿が影絵のように細長く浮かび上がり、長廊《チャンラン》（長い屋根つきの回廊）に並ぶ赤い燈籠から漏れる光がぼんやりと漆黒に滲んで、人気のない夜の名園を彩っている。

閉門時刻の三十分前、夜九時半になると音楽が流れ、「禁園的時間到了《チンユエンダシーチエンタオロ》」（閉門の時間です）とアナウンスが繰り返され、昼間の賑わいがうそのような夜のしじまに、巡回する警備員の「禁園了《チンユエンロ》！　禁園了！」（門が閉まるぞ！）の声だけが響く。私は練習を終え、汗を拭き、靴を履き替え、公園を後にする。空には月が輝いている。中国で暮らす幸せを感じるひと時である。

第4景　極悪非道からヒューマニズムへ

中国の抗日映画(1)

2009.7

最近、夕食時にテレビをつけると、軍服姿の日本人を必ず目にする。抗日戦争（一九三七年七月の盧溝橋《ルーコウチアオ》事件から一九四五年八月の日本の敗戦までを指す）を題材とした映画やドラマに登場する日本兵だ。なぜいま抗日作品がゴールデンタイムに連日放送されるのか。中国は今年（二〇〇九年）十月一日に建国六十周年を迎える。中国共産党は日本の侵略に抵抗し、民族の解放を勝ち取った輝かしい歴史を宣伝し、建国六十周年を盛大に祝福しようと懸命なのだ。かくいう私は、これまでに何作か抗日映画やドラマに出演したことがある。「絶対に許せない」「中国に魂を売った」などと抗日作品に出演する同胞を非難する日本人は多い。今回から二回にわたり、自分の経験を交えながら中国の抗日映画やドラマについてお話ししたい。

*

一九三七年の盧溝橋事件を経て日中が全面戦争へと突入すると、中国では兵士の戦闘意欲を高め、一般大衆に抗日の意義を説くために、多くの抗日演劇や抗日映画が作られた。中国の近代史は、日本など列強の侵略に抵抗する歴史であり、多くの抗日映画が作られたのは当然だった。

しかし、抗日戦争が終わっても抗日映画の製作は続いた。建国後、中国共産党が作った抗日映画の多くは、八路軍の兵士が遊撃戦で日本鬼子《リーペンクイズ》（日本人を蔑称する言葉で、その他に小日本《シャオリーペン》などともよく言う）をやっつける勧善懲悪物で、日本軍の残虐非道ぶりをこれでもかこれでもかと描いた。日本兵は背が低く、黒縁の丸眼鏡を掛け、鼻の下にちょび髭をはやした腰抜けに描かれ、一方の八路軍兵士は労農階級出身で、背が高くて背筋がピンと伸びて、英雄の風格を感じさせる。ちなみに映画『風雲児女《フォンユンアルニュイ》』（一九三五年）の主題歌「義勇軍行進曲」は中国の国歌に選ばれている。

文革が終わり八〇年代になると、中国の映画界は活気を取り戻し、日中友好がテーマの作品も作られたが、抗日映画の作風は依然として型通りのもので、それに変化が生まれたのは、映画『鬼子来了《クイズライロ》』（邦題『鬼が来た！』二〇〇〇年）が最初だといわれる。中国の名優姜文《チアンウェン》が初監督したこの作品には八路軍の兵士は登場せず、日本兵もステレオタイプではなく、生身の人間として描かれている。カンヌ映画祭でグランプリを受賞したが、中国では上映禁止となった。しかし、海賊版DVDが市中に出回り、多くの監督がこの作品を目標に抗日映画を撮るようになった。「今度の作品は『鬼が来た！』のように日本軍人の心を描きたい」と私は何人もの監督から聞いたことがある。

*

私が初めて軍人を演じたのは二〇〇二年十一月に撮影した映画『少年英雄《シャオニエンインシュン》』（二〇〇三年）だった。少年英雄とは羊飼いの王二小《ワンアルシアオ》のことで、両親と兄を日本軍に殺され孤児となった王二小は、放牧中に日本軍と遭遇するが、八路軍が待ち伏せる方角へと誘導し、結果、日本軍が壊滅するという小学校の国語の教科書に出てくる有名な話だ。主演の八路軍兵士を演じる友人のLさんから「『鬼が来た！』のような日本兵だ」と聞き、期待して撮影に臨んだが、実際には児童向けの愛国主義教育映画だった。全国の小学生がこの映画を観たという。

撮影は北京から列車と車を乗り継いで約五、六時間の距離にある河北省の涞源《ライユエン》で行われた。日中戦争時ここは八路軍がゲリラ戦を展開した抗日根拠地で、今も国家重点貧困県に指定されている。砂利道以外に何もなく、遠くには太行山脈《タイハンシャンマイ》が延々と続いていた。近くに数十世帯が暮らす集落があり、村の老人に話しかけると、「日本軍は昔ここまで攻めてきたんだ」と言っていた。山に囲まれ方角すらさっぱりわからない奥地だった。

劇中、私は軍曹役を演じた。三八式歩兵銃には〝昭和何年〟と黒字の跡が残っており、ロケバスの荷台には旧日本軍の遺留品が山のように積み込まれていた。

丘の上から軍曹に扮した私が「撃て！」と叫ぶと、一列に並んだ大砲から次々と轟音が鳴り響く、そんな戦闘シーンの撮影中に事故が起きた。私が「突撃！」

と叫ぶと数百人の日本兵が敵の砲撃を浴びながら、敵陣向けて一斉に走り出す、という段取りだった。エキストラは近くの武術学校の生徒たちだ。前方の所々に爆薬が埋められた穴があり、スタントマンが穴に近づくと爆圧で砂が空中に舞い上がり、仮面ライダーの悪役ショッカーのごとく身体が宙に舞うと事前の打ち合わせで聞いていた。「突撃！」の合図で私もエキストラに続いて必死に走っていたその時だった。突然の風圧で身体が数メートル後方まで吹っ飛んだのだ。しかし、「停《ティン》！」（ストップ！）の合図は掛からない。私はそのまま演技を続け立ち上がって再び走り出し、穴があったのでそれを飛び越えようとすると、真下からすごい勢いで砂が噴き出し両目を直撃し、思わずうずくまってしまった。しばらくして助監督が「停！」と叫ぶと、私を心配してみんなが集まってきた。痛みは感じなかったが、両目が大きく膨れ上がって開けることができず、車で一時間ほどの山麓の診療所に担ぎ込まれ、目を洗浄して事なきを得たが、初老の医者が「こんな大きな石が入っていたよ」と言って見せてくれた。「爆薬の操作は八一映画製作所（一九五二年に中国人民解放軍が設立した映画製作所）のスタッフにお願いしたんだけどなあ」と助監督がぼやいていたが、私をスタントマンと勘違いしたことがどうやら事故の原因だったらしい。その日の夕方、八路軍の兵士に銃殺されるシーンを撮り終え、私の出番は全て終了した。

＊

二〇〇三年には、二月から約一ヶ月半、映画『台湾《タイワン》往事《ワンシー》』（二〇〇四年）の撮影で福建省漳州《チャンチョウ》市に滞在した。日本の統治下から国共内戦を経て戦後の中台対立に至るまでの半世紀の間、歴史に翻弄され続けた台湾の一家を淡々と描いた作品だ。原作は張克輝《チャンクーホエ》氏の自伝的小説『一個台湾人的両岸情《イーガタイワンレンダリアンアンチン》』で、張氏は当時、中国に八つある民主政党の一つ、台湾民主自治同盟の主席だった。そう聞くと、中国の対台湾政策を反映した政治的な作品のようだが、これまでの抗日映画とは異なる画期的な作品だった。

主人公の阿文《アーウェン》は一九二八年に台湾で生まれ、日本の敗戦後、一九四八年に海を渡って福建省の厦門《アモイ》大学へ進学する。しかし、翌年共産党が中華人民共和国を建国し、国民党は台湾へ退却したため、台湾海峡は封鎖されてしまい、故郷の台湾へ戻れなくなる。朝鮮半島だけでなく、大陸と台湾の間でも海を挟んで多く家族が離散し、悲劇が生まれた。やがて八〇年代に入って、かつて台湾で暮らした阿文のけんか友達の日本人が、三十年以上も母子が離れて暮らしている事情を知り、二人を東京へ呼び寄せ、涙の再会を果たす。つまり、この映画では善良な日本人が描かれている。

監督は北京電影学院教授の鄭洞天《チョントンティエン》、主役の母親は、NHKと中国中央テレビが共同制作したドラマ『大地の子』で陸一心《ルーイーシン》の妻、紅月梅《ホンユエメイ》を演じた蔣雯麗《チアンウェンリー》、第五十一回ベルリン映画祭で新人男優賞を受賞した崔林《ツォイリン》が息子役を演じた。彼とは映画『少年英雄』でも一緒だった。

私は台湾の駐在所に勤務する日本人巡査を演じた。劇中、巡査役の私が日本語の常用や改姓名を母親に促すシーンがある。これまでなら、「日本語を話せ！」とか「日本名を名乗れ！」などと相手を威嚇する演出がなされただろうが、私はお茶を飲みながらニコニコと穏やかに演じた。私が演じた巡査は一度も台湾人を殴ったり、罵ったりしなかった。暴力を振るったのは唯一、家のリンゴを盗んだ息子を平手打ちしたときだけだった。原作の張氏が撮影中にロケ地を慰問に訪れたとき、同じく台湾出身のC氏が私に近づいてきて、「あなたの巡査役は当時そのままです、本当によくやってくれました」と満面に笑みを浮かべ流暢な日本語で言葉をかけてくださったのを今も憶えている。

ロケ地で台本の読み合わせをしているとき、監督が「抗日映画に出てくるような軍人を演じるな」と叫んでいたことを思い出す。そういえばクランクイン直前に厦門《アモイ》で記者会見が行われ、地元政府の要人が挨拶しているとき、壇上真ん中に座る監督は両肘をついて眠そうに話を聞いていた。芸術家といえども政府関係者にはみんなペコペコするので、この監督は何者なんだろうと思った。

この作品は日本の統治下に暮らす台湾人の生活をきめ細やかに描いているが、国民党が台湾へ渡って以降をほとんど描いておらず、そのため母子の再会が突然実現するという展開が多少不自然に感じる。監督が「政治に触れないことが最大の政治なんだ」と言っていたと助監督のHさんから聞いたが、検閲など制約の多い環境のなかで作品を作らざるを得ない中国の状況を理解しなければ、作品が言おうとすることは見えてこない。『台湾往事』は中国政府の最高の映画賞「華表奨《ホアピアオチアン》」で最優秀作品賞を受賞し、二〇〇四年九月にアジアフォーカス福岡国際映画祭でも上映されたが、中国での興行成績は散々だった。北京で公開されたとき私は映画館に五回も足を運んだが、観客はいつも三、四人で、一週間で上映は打ち切られた。客が入らないのは『台湾往事』に限ったことではない。二〇〇四年に東京映画祭でグランプリを受賞した霍建起《フォチエンチー》監督作品の『暖《ノワン》』（邦題『故郷の香り』）も同じ頃に北京で上映されたが、週末の金曜日夜七時上映だったにもかかわらず、観客はたった十三人だった。

第5景　抗日作品に出演して思うこと

中国の抗日映画(2)

2009.8

二〇〇四年の秋に、映画『金都一九四三《チントゥーイーチュウスーサン》』（二〇〇五年）に出演した。ロケ地は山東省の招遠市《チャオユエン》で、北京から空路で青島《チンタオ》へ、そこから約二百キロの距離にある招遠に車で向かった。招遠は金の埋蔵量が国内二位で金都ともよばれ、戦時中は日本の多くの国策会社がここで金を採掘した。映画は八路軍兵士が金鉱に潜入し、共産党の根拠地である延安《イエンアン》まで金を運び出すという内容だが、この作品もこれまでの抗日物とは一味違っていた。私は小野という陸軍の将校を演じた。ストーリーは私と同じ部隊に所属する若い日本兵と中国人女性を中心に展開する。日本に残してきた恋人そっくりのこの女性に彼は恋心を抱き、戦うことに疑問を感じ、戦闘中に一人敵陣へ走っていくというもので、軍人の苦悩や故郷への思いが描かれていた。この作品はなぜかずっと公開されなかったが、今年（二〇〇九年）五月に寧夏《ニンシア》で行われた映画祭で上映された。

二〇〇五年には、中央テレビの大河ドラマ『京華《チンホワ》煙雲《イエンユン》』（二〇〇五年）に出演した。ノーベル文学賞候補となった林語堂《リンユィタン》の同名小説を映画化したもので、一九二〇年代から日中戦争にかけての北京の三家族の栄枯盛衰が描かれている。主演は趙薇《チャオウェイ》、陳宝国《チェンパオクオ》、潘虹《パンホン》などいまの中国を代表する俳優たちで、私の出番は後半の数場面だけだったが、山本と名乗る軍人を演じた。陳宝国演じる姚思安《ヤオスーアン》は若いころ放蕩の限りを尽くしたが、その後道学と甲骨の研究に打ち込んでいた。最終回では、甲骨に目を付けた山本が姚思安に甲骨片を差し出すよう迫り、姚は甲骨片を隠してある地下蔵に案内するが、自ら酒蔵に火を放ち、その火が酒壺から流れでた酒に引火、最後は甲骨片ともども全員が焼死する。撮影は北京から車で一時間ほどの郊外にある飛騰《フェイトン》スタジオや北京映画製作所で行われた。地下蔵が燃え上がるシーンの撮影は難航した。火を放ち、スタントマンが全身火だるまになって駆けずり回るのだが、セットの換気が悪く瞬く間に煙で真っ白になり、私はセリフを絶叫しながら本当に息苦しくなってしまった。

＊

二〇〇四年七月に私は大学院を修了した。当時は映像の仕事が多かったので、俳優一本でやっていこうかとも考えたが、年中軍人ばかり演じる気にもなれず、『京華煙雲』以降は戦争が題材の作品には出演していない。

これまでいくつかの抗日映画やドラマに出演して私が感じることは、最近の作品は決して日本軍の残虐な部分だけを強調してはいないということだ。市場経済のいま、テレビや映画は視聴率と興行収入の良し悪しが最優先される。共産党軍だけが遊撃戦で日本軍と勇敢に戦い勝利するようなプロパガンダ作品ばかりを作っても、誰も興味を示さないだろう。

中国では二〇〇〇年以降、歴史ドラマの作風に変化が現れていた。たとえば、二〇〇三年に中央テレビは清朝末期から民国初期までの歴史を描いた大河ドラマ『走向共和《ツオウシアンコンホー》』を放送した。李鴻章《リーホンチャン》、西太后（中国では慈禧太后《ツーシータイホウ》と呼ばれる）などの人物の描き方が従来と異なり論争が起きたり、近代化を推し進める明治の日本と腐敗した清末を対比させ、明治天皇や伊藤博文を肯定的に描くなど、斬新な解釈がなされた。しかし、このドラマは途中から一日に三話も放送され、早々と終わってしまった。政府から強い圧力があったといわれる。

この他にも、失敗ばかりする八路軍の兵士が主役だったり、漢奸《ハンチエン》がなぜ日本人に仕えるようになったのかなど、心の葛藤を描くようになった。ここ数年の変化は目を見張るものがある。

＊

しかし、政治が作品に影響を及ぼすことに依然変わりはない。映画『台湾往事』は二〇〇四年四月初旬に北京で封切られたが、三月末に行われた台湾総統選挙で台湾独立を掲げる民進党の陳水扁《チエンショイピエン》が勝利したため、メディアはほとんど取り上げなかった。小泉首相が辞任する二〇〇六年九月まで、日中関係は一九七二年の国交正常化以来最悪の関係と言われたが、二〇〇六年九月に安倍内閣が誕生すると中国は対日政策を一変し、二〇〇七年四月に中央テレビはゴールデンタイムにドラマ『鑑真東渡《チエンチエントントウー》』を放送した。その直後に温家宝《ウエンチアパオ》首相は日本を公式訪問し、演説の中で鑑真を例に日中友好の大切さを訴えた。このドラマの演出家にお会いしたとき、「中央宣伝部（党の思想を統括する最高機関）の指示で作ることになった」と言って、赤い印が押してある政府の内部通達を見せてくれたことを思い出す。文化やスポーツは、中国では少なからず政治とつながっている。

また、抗日映画やドラマが最近頻繁に放送されるのは、国内の放送メディアを統括する国家ラジオ映画テレビ総局（二〇一三年三月に国家新聞出版ラジオ映画テレビ総局に再編）が「主旋律《チューシュエンリュイ》」ドラマを重点的に放送するよう全国のテレビ局に通達を出したからだといわれる。主旋律とは愛国主義や改革開放など共産党の指導方針に沿った題材を指す。製作側は政府が奨励する作品を撮れば、国内の映画祭で受賞できる可能性が高まり、俳優も政府の御墨付けがもらえれば今後の活動がしやすくなるという打算がある。

＊

最後に、日本人が抗日映画に出演することについて、作品の描き方がこれだけ多様化した現在、私は個人の判断で決めればいいことだと思う。俳優は受け身な職業だし、悪人でも善人でもそれを演じることが仕事なのだから、俳優一本で生きていくと決めたら、作品を選ぶ余裕などないと思う。もちろん、日本人を代表して日本兵を演じるので、戦争について自分なりの歴史観が求められるのは当然だ。そうした状況の中、苛酷な中国の撮影チームに混じって仕事をする日本人俳優を、私はとてもたくましいと感じている。脚本や演出がそれは絶対あり得ないというフィクションなら問題だが、逆に、日本の映画やドラマが、中国人や中国を果たして客観的に描けているだろうか。貧しさや秩序のなさ、逆に都会の豊かさだけを強調した作品は多いし、戦争が題材の場合は残留孤児や満州に残された日本人がテーマで、中国人の心を描いた作品は少ない。最近ＮＨＫで放送された残留孤児の父と娘を描いたドラマ『遙かなる絆』は、涙なくして観られなかったが、中国人の感情はあまり深く描けてはいなかった。

映像の世界では日中共同制作の映画やドラマが増えているが、戦争を互いの視点から描いた作品はまだ少ない。製作費を出す側の思いだけを描くのではなく、お互いの相互理解につながるような大河ドラマをぜひ期待したい。今はそれができる環境になりつつあるのだから。

第6景　大国の自信と揺らぐ脚元

建国六十周年を迎えた中国(1)

2009.10

二〇〇九年十月一日、中国は建国六十周年を迎えた。毎年九月中旬になると、公園や交差点、国有企業の入り口といった街のあちこちに色鮮やかな花壇が設置され、「歓度国慶《ホワントークオチン》」(国慶節をお祝いしましょう)の花文字が浮かび上がる。国慶節は春節と並ぶ中国の二大イベントのひとつだ。しかし、今年は例年と違って花壇をほとんど見かけず、代わりに銃を抱えた武装警察の姿が目立ち、さらには装甲車まで登場し、これまでにない厳戒態勢が敷かれた。十年ぶりに閲兵式と軍事パレードが行われるからだ。

建国五十周年式典と比べて、今回のパレードはそれをはるかに上回るスケールで、昨年(二〇〇八年)行われた北京五輪よりもある意味ずっと壮大だった。六十年前のこの日、毛沢東《マオツォートン》が天安門の楼上で中華人民共和国の成立を高らかに宣言したように、六十年後のこの日も国の指導者たちが天安門の楼上に立ち並び、軍事パレードを閲兵し、市民による祝賀パレードに拍手を送った。天安門広場はマスゲームの人文字で埋め尽くされ、まさに国を挙げての盛大な還暦祝いだった。

*

今年は九月十日頃から、日が暮れると交差点や繁華街に銃を抱え警戒に当たる武装警官の姿をあちこちで見かけるようになった。路地裏には黄色い長袖のポロシャツに「首都治安志願者」(首都治安ボランティア)と書かれた赤い腕章を巻いたお年寄りが人海戦術で不審者に目を光らせていた。その数は昨年の北京五輪を大きく上回った。

また、九月の週末に計四回、記念式典のリハーサルが天安門広場で行われ、市中心部は本番さながらの交通規制と警戒態勢が敷かれた。軍事パレードは将兵約八千人、軍用車約五百台、軍用機百五十一機が登場し、その後、十万人の市民によるパレードと八万人のマスゲームが行われる大規模なものなので、市民生活や交通事情を考慮して、リハーサルは夜間に行われ、前日午後から周辺地域が順次完全立ち入り禁止となった。市中心部の地下鉄の駅は封鎖され、迂回した車で交通渋滞がひどくなり、タクシーの運転手から何度も愚痴を聞いた。三十分待ってもバスが来ないなど、私も大変不便な思いをした。リハーサルでもパレードが行われる長安街沿道の建物は、窓の開放を一切厳禁した。

九月中旬、天安門広場に五十六本の「民族団結柱」が広場を囲むように設置された。高さ一三・六メートルの赤色の円柱には民族衣装をまとった五十六の民族が描かれてある。広場北側には巨大映像モニターが二台設置され、招待客用の観覧席の準備も着々と進んでいた。

九月下旬になると、商店街や路地裏のあちこちに五星紅旗が掲げられ、街は建国六十周年を祝賀する雰囲気に包まれはじめた。私が住むアパートの入り口にも「九月三十日までに国旗を必ず掲揚してください」と自治会の貼り紙がしてあった。隣の棟の貼り紙には「国旗が汚れているため新しい国旗を購入します。国旗代は十二元なので、一世帯あたり一元徴収します」と書いてあった。

人のチェックも厳しくなった。派出所の警察官が「変わったことはありませんか。何かあればすぐに連絡してください」と各家庭を巡回するようになった。高速道路の料金所では、警察官が北京市内に向かうすべての車両のトランクを開けて不審物を入念にチェックしていた。街を巡回する武装警察の数もどっと増えた。とはいうものの、どこか緊張感に欠けるのが中国の面白いところで、不審者への威嚇はいつしか観光ポイントと化し、装甲車や特殊警察隊の前は、携帯電話のカメラで記念撮影する人たちでいつも賑わっていた。

式典を翌日に控えた九月三十日の午後、市中心部の多くの会社や商店は臨時休業となり、交通規制のため交通量は急減し、歩行者もまばらになった。市中心部に向かおうとタクシーを捕まえても乗車拒否されるほどだった。夜には地下鉄が運休し、天安門周辺一帯は車両、歩行者ともに完全立ち入り禁止となり、北京の街はあたかも戒厳令下のような静けさだった。

＊

なぜここまでして記念式典を行うのか。一九四九年から五九年までの足かけ十一年にわたって、国慶節では毎年必ず閲兵式が天安門で行われていた。その後、文革などによって中止されたが、一九八四年の建国三十五周年のとき二十五年ぶりに復活した。天安門事件が起きた年、一九八九年の四十周年式典は行われなかったが、一九九九年の五十周年は予定通り行われた。閲兵式と軍事パレードは、今では十年に一度の国家の祝典となっている。

十年前の五十周年式典のとき、毛沢東、鄧小平《トンシアオピン》に続いて江沢民《チアンツォーミン》前国家主席の肖像画がパレードに登場し、歴代国家指導者としての名を歴史に刻んだ。中国共産党の指導者の任期は二期十年で、二〇〇二年に江沢民のあと共産党総書記に就任した胡錦濤は、二〇一二年に総書記を退任する予定だ。つまり十年に一度の祝典は、現指導者が自身の功績を歴史に残し、国民にアピールする絶好の場でもある。それ故、個人崇拝といわれようとも盛大さを競うのだ。

＊

個人の権利が叫ばれる現在、国家指導者の権威付けのための政治イベントに、多額の税金が費やされることを中国人は果たして納得しているのだろうか。役人の腐敗が横行する社会に不満をもつ人は多い。政治が個人の権利に優先することも未だ変わっていない。しかし、これだけ不便を強いられても、たとえ会場周辺に近づけなくても、ほとんどの中国人が建国六十周年を心から喜んでいたように私は感じた。無報酬で警備に当たる治安ボランティアの表情は使命感にあふれ、五輪のときいつもやさしい笑顔で応対してくれた学生ボランティアを思い出した。

胡錦濤国家主席は式典の演説で、「社会主義中国はいま世界の東方に高くそびえたっている」と語った。建国六十年目のいま、中国は世界の大国になったのだと誇りと自信に満ち溢れていた。古代から世界の大国でありつづけた中国は、近代以降は列強の侵略により屈辱を味わい続けた。建国後の三十年間は政治運動に翻弄され、貧困から抜け出せなかった。しかし、いまや中国は国際的な地位と発言力を高め、アメリカに次ぐ世界の大国となった。テレビのインタビューに誰もが「いまの中国の発展を誇りに思う」「中国はもう外国から軽蔑されるような昔の貧しい中国ではない」「中国人であることを誇りに思う」と口々に答えていた。これは事前に準備した模範解答ではなく、中国の一般庶民の正直な気持ちだと思う。「起来！　不願做奴隷的人們」（起て！　奴隷となることを望まぬ人びとよ！）これは中国国歌の出だし部分だが、いまようやくにしてたち上がったこの喜びを、世界に向けて大声で叫びたいというのが、多くの中国人の心境ではないかと私は感じた。

しかしその半面、中国は依然として国内に多くの問題を抱え、空前の厳戒態勢はその裏返しでもある。チベットや新疆ウイグル自治区では各地でデモや事件が多発している。地方からの陳情者も後を絶たず、九月二十九日の北京の大衆紙『新京報』は、天安門、政府要人が住む中南海、大使館街で陳情活動を行うことを厳禁するとの中央政府の通達を報じた。今回の式典も北京五輪と同様に、政府が力ずくで成功させたという感がぬぐえなかった。

九月十七日夕方、天安門広場付近の繁華街で、男が刃物を振り回し十四人を殺傷、二人が死亡する事件が起きた。二十一日にはその近くで今度はフランス人が刃物で切りつけられた。また同じ日に、北京の市バスが路上で炎上した。九月二十五日、我が家から約三キロ西にあるウイグル料理屋で爆発事故があり、二階建て家屋が全壊した。数日後、北京の主要紙は一面で、老朽化したガスボンベが爆発の原因だと報じたが、タクシー運転手は「ガスボンベで建物は全壊しない。原因が何なのかみんな知っている」といった。何かが起こるかもしれない、一抹の不安を覚えながら、十月一日を迎えた。

＊

十月一日午前十時前、記念式典が始まった。北京の空は雲高く、空気は澄み渡り、青空が広がる快晴だった。心配された雨もすっかり止み、前日まで空全体を覆っていた雨雲は一夜ですっかりどこかへ消え去っていた。昨年（二〇〇八年）の五輪開会式で実証済みの消雨ロケット弾の威力は抜群だった。

「慶祝中華人民共和国成立六十周年大会、現在開始！」（ただいまより、中華人民共和国建国六十周年記念式典を開催いたします！）、共産党中央政治局委員の劉琪《リウチー》北京市党委員会書記が開会を宣言すると、六十発の礼砲が空に響き渡った。六十発は建国六十周年を意味する。ちなみに、一九四九年の建国式典では二十八発の礼砲が鳴った。これは中国共産党が一九二一年に結成されたからだった。

国旗掲揚に続いて国歌斉唱、その後、閲兵式が始まった。黒の中山服（日本では人民服と呼ばれる）を着用した胡錦濤国家主席が、最高国産車「紅旗」のルーフから上半身を乗り出して天安門を潜り抜け、長安街を東へ進みながら沿道両側に整列した兵士たちを閲兵する。人民解放軍の楽隊が演奏する「中国人民解放軍軍歌」「人民軍隊忠于党」（人民の軍隊は党に忠誠を尽くす）などの曲に合わせ、車上から「同志們《トンチーメン》辛苦了《シンクーラ》！」（同志たち、ご苦労！）と声をかけると、兵士たちは「首長辛苦了《ショウチャンシンクーラ》！」（首長お疲れさまです！）、「為人民服務《ウェイレンミンフーウー》」（人民に奉仕します！）と何度も呼応した。女性兵士部隊の前を通りかかったときは表情がわずかににやっとしたように見えた。また、王府井大通りに通りかかったとき、北京飯店の壁面に掲げられている東芝の看板が胡錦濤の後方に大きく映し出されて目をひいた。数日後に発売された建国式典のＤＶＤでは、これらの映像はすべてカットされていた。

その後、天安門楼上で演説を行い、「六十年来の発展が示すとおり、社会主義だけが中国を救い、改革開放政策こそが中国を、社会主義を、マルクス主義を発展させることができる」と演説でマルクス主義に言及したのが新鮮だった。九〇年代は演説や論文の前書きに「マルクス・レーニン主義」「毛沢東思想」がお題目のように述べられていたが、現政権になってからはすっかり聞かなくなった。多くの演説は「鄧小平理論」、江沢民前総書記が掲げた「三つの代表思想」を指導理念に、胡錦濤現総書記が提唱する「科学的発展観」を発展させるとだけ述べている。

演説の締めの言葉は「偉大なる中華人民共和国万歳！」「偉大なる中国共産党万歳！」「偉大なる中国人民万歳！」だった。建国六十周年を記念するこの日、かつて何度も唱えられた「偉大なる毛沢東思想万歳！」は言わなかった。また、中国の発展に好意的な海外の友人たちに心より感謝しますとも述べた。テレビにはシアヌークカンボジア前国王や村山富市元首相が映し出された。

その後、軍事パレードが始まった。戦車やミサイル部隊が整然と並びながら天安門の前を通過していく。中央テレビのアナウンサーは「これらの最新兵器はすべて国産で、わが国が自主開発したものです」と熱く語った。六十年前、建国式典の軍事パレードで披露された戦車や兵器のほとんどは、国民党軍、アメリカ軍そして日本軍から没収しペンキで塗り替えたものだった。また、建国式典のときは十七機の編隊が天安門上空を飛んだが、機体に赤い星が描かれていたものの国産機ではなく、国民党軍から没収したアメリカ製の戦闘機だった。編隊長は元国民党軍パイロットの劉善本《リウシャンペン》で、その他多くは日本人が養成した中国人パイロットだった。終戦後、空軍を持たない中国共産党は、関東軍航空部隊に所属する三百人以上の日本人を、空軍創設のため留用し、瀋陽に東北民主聯軍航空学校を創設した。空軍創設は国共内戦に勝利するために必要不可欠だったからだ。その後、日本人による中国人パイロットの養成が始まった。ソ連から大量の技術者を招聘する一九五〇年代初期まで、多くの日本人技術者が中国に残り、国づくりに貢献した。

他国の援助がなければ国家建設ができなかった当時の苦い記憶があるからこそ、中国はいま、国産、近代化を強調する。後進国としての劣等感や屈辱感は、多くの中国人の心の中に深く刻まれている。盛大な軍事パレードは軍縮を目指す時代の流れに逆行しているかのようだが、多くの中国人がパレードに歓声を上げる姿の裏には、こうした複雑な心境を抱えているということも理解しなければならないだろう。

第7景　一九四九年十月一日建国式典日中秘話

建国六十周年を迎えた中国(2)

2009.11

国慶節《クオチンチエ》を間近に控えた二〇〇九年九月初旬、映画『天安門』が中国で上映された。今からちょうど六十年前、人民中国の建国式典が天安門で盛大に行われた。天安門は北京の街を南北に貫く中軸線上にあり、かつては明・清王朝の皇城の正門であったが、清王朝が崩壊して以降は雑草が生い茂り荒れ放題となっていた。この映画では、建国式典の開催決定からわずか二十八日の間に天安門がどのように整備され、とりわけ楼上に八つの赤い大提灯を吊り下げるまでの困難が詳細に描かれている。

映画には上野という日本人が登場し、中国人スタッフと一緒に天安門の装飾に携わったことが描かれている。この作品は実話に基づいた劇映画で、実際には二人の日本人が建国式典の美術を担当した。小野沢亘と森茂のことだ。この二人の日本人が天安門装飾の図面を描き、それに基づいて装飾作業が行われた。映画の中では史実と異なる演出が多々見られたが、建国式典に日本人が深く関わっていた事実がこれまでほとんど公表されていなかったことを考えると、映画『天安門』が建国六十周年を記念する献礼映画として中国で大々的に上映されたことは、画期的な出来事だといえる。

私がこの史実を知ったのは、二〇〇五年の初夏のことだった。台湾の友人と人民大学の古本市を覗いていたとき、『抗敵劇社実録《カンティーチュイショーシールー》』というタイトルの本を偶然目にした。抗敵劇社とは一九三七年、中国共産党の晋《チン》察冀《チャーチー》軍区が河北省阜平《フーピン》県で結成した。兵士や民衆を鼓舞、啓蒙するための軍隊に所属する劇団だ。この本は劇社結成四十五周年を記念して出版された元隊員たちの回顧録で、そのなかの一編、蘇凡《スーファン》著「忘れがたき日本の戦友」が私の目にとまった。そこには中国人の蘇凡が日本人の小野沢、森と培った友情が克明に綴られており、更に驚いたことは、建国式典が行われた天安門の美術や装飾は、この二人の日本人が中心となって行われた、と書いてあったことだった。戦後多くの日本人が中国に残り、国家建設に尽力したことはよく知られているが、建国式典に関わった日本人がいたとは初耳だった。その後、私は様々な文献に当たってみたものの、詳しい記録はほとんど残されておらず、却って何とかしてこの史実を突き止めたいという気持ちが強くなっていった。

その年の夏、私は日本へ一時帰国し、かつて満映の編集者だった岸冨美子さんを訪ねた。そのとき岸さんの口から「そういえば小野沢さんと森さんといって、中国に大変貢献された方がいました」という話が偶然飛び出した。残念ながら小野沢、森の両氏はいずれも一九九五年に他界されていたが、森氏の娘さんのうたうさんを紹介していただき、数日後お会いすることができた。うたうさんから茂さんのお話を伺い、さらには茂さん直筆の手記のコピーを譲り受けた。手記には森、小野沢の両氏が抗敵劇社の仲間と共に過ごした日々や、建国式典の準備に携わった当時の様子が克明に記されていた。日記には当時のことが次のように書かれている。

九月早朝のこと、私は早くから目が覚めていた。一台のジープが洋溢《ヤンイー》胡同の赤い門の前に止まった。炊事員が門を開くと、軍区政治部の張部長の姿が見えた。慌しく迎えた蘇凡が自分の部屋に案内した。間もなく蘇凡と小野沢は張部長とともに、ジープに同乗して何処えとも知らず消えて行った。

夕方になって二人は帰って来たが、蘇凡の白い顔はいつもより一層緊張し、余り物事に動じない小野沢も、この日ばかりは固くこわばった表情であった。

小野沢は重い口調で一言「大変な仕事だ」と呟いた。十月一日に行われる大典礼のために、天安門を飾る、その任務が私たちの舞台工作隊に委任されたのである。

一九四九年一月下旬、中国共産党は北平市《ペイピン》（今の北京市）に無血入城を果たし、同年八月に北平市政府が第一回各界人民代表会議を開催、天安門で建国式典を行う決議を採択した。当時は国民党の残存部隊がまだ多く、建国式典をどこで行うか議論が絶えず、郊外の軍用飛行場で行うという案もあったほどだ。天安門は雑草が生い茂り荒れ放題で、天安門広場も今の約五分の一の広さで、ゴミだらけだった。広場を拡張整備し、天安門を閲兵台とすることが決まると、北平市は早速式典の準備に取りかかった。森の手記にある張部長とは華北軍区政治部副主任の張致祥《チャンチーシアン》のことで、建国式典の指揮官だった。張がジープで訪ねた蘇凡は、当時、華北軍区政治部文芸工作団（一九四九年八月に抗敵劇社より改名）の舞台美術隊の隊長だった。小野沢と森はこの劇団の舞台美術隊員であったことから、蘇凡と同じ四合院で共同生活を送っていた。

では、日本人である二人がなぜ文工団に所属していたのか、その経緯を簡単に紹介しよう。

・小野沢亘（一九〇九—一九九五）、東京生まれ、若いころはプロレタリア美術家同盟に所属し、労働者のストライキや農民の集会で宣伝画やスローガンを描いていた。一九三九年に中国へ渡り、北平市で雑誌の編集の仕事をした後、映画配給会社の華北電影で美術を担当するなか終戦を迎える。

・森茂（一九一四—一九九五）、大阪生まれ、一九二八年に単身渡満し、学校卒業後、北平市で美術関係の仕事に従事するが、一九四四年に徴兵され終戦を迎える。

一九四五年十月下旬、二人は国民党が統治する北平を離れ、当時共産党が拠点を構えていた河北省張家口《チャンチアコウ》へ向かい、同年十一月、当時張家口人民劇院《チャンチアコウレンミンチュイユエン》で公演していた抗敵劇社で美術の仕事を担当することになった。

その後、国民党軍が張家口を占領、劇団は河北省の山間部へ移動する。その間、小野沢は華北電影隊《ホワペイティエンイントイ》で映画美術の仕事、森は広告関係の仕事に就き、劇団とは行動を別にするが、一九四九年一月下旬、共産党が北平に入城すると抗敵劇団も北平へ移動し、やがて二人も北平へ戻り、抗敵劇社で舞台美術の仕事に従事した。

＊

天安門で行われる建国式典の装飾を一ヶ月で完成するよう張致祥から指示を受けた抗敵劇社舞台美術隊は、隊長の蘇凡の指揮の下、さっそく準備にとりかかった。小野沢と森が図面を作成することになり、二人は天安門西側に準備された作業部屋でデザイン画を描く毎日が始まった。蘇凡はそのときのことを以下のように述べている。

> 我々隊員は肖野《シアオイエ》（引用者註—小野沢の中国名）を中心として全力でこの任務の貫徹に励んだ。二人の日本の友人は中国人民の晴れの日のために数十枚の下書きを全身全霊の熱い思いを込めて描き、

一番よくできた一枚を大会準備委員会の責任者の一人である張致祥同志に渡し、周総理の指示を仰いだ。図面は難なく批准された。

映画『天安門』でも、上野は常に隊長の田震英《ティエンチェンイン》に寄り添い、隊員たちのアイデアを図面にする様子が描かれている。彼らが考え出したのは天安門の楼上に八つの巨大な提灯を吊り下げることだった。しかし、高さ二・二三メートル、直径二・二五メートル、重さ八〇キロもの巨大な提灯をどうやって八つも作ればいいのか、作業は困難を極めた。提灯作りの職人を結集させるが、これほど大きな提灯を作ることはできず、最後にはかつて紫禁城で皇帝に仕えた宮廷の提灯職人を探し出し協力を得た。森の手記には当時の様子が以下のように記されている。

> ある日の午後、私は頼んであった天安門の楼上に掛ける、八つの大灯籠の進行状況を見に行った。西四の白塔寺の下の民家の門をくぐると、院子いっぱいに広げられた紅い絹の布が、秋の陽光に輝いていた。
>
> 「ご苦労さん、どうですか？　間に合いますか？」
>
> 手を休めて私に近付いてきた老人は、「大丈夫、困難はありますが、どんなことがあっても間に合わせます。まあ任しておいてください！」と胸を叩いた。このような大きな仕事は、この老人の生涯にあっただろうか？——北京の伝統を守っている匠人がまだいたのだ！　何処の国でも匠人気質は同じだと感動した。私は勧められたお茶を飲みながら、しばらく老匠人たちの仕事ぶりを見てから帰路に着いた。

その後、作業は天安門楼上で行われ、建国式典の前日九月三十日の夜、ついに完成したのだった。これらの提灯は一九九四年に取り換えられるまでの四十五年間、国家行事が行われる度に使用され続けた。

*

すべての作業を終え、翌十月一日午前三時ごろ、隊員たちは宿舎へもどり眠りに就いたが、突然呼び出しがかかり、再び天安門へ急いで出かけた。天安門の正面、毛沢東の肖像画の上には小野沢がデザインしたパネルが設置してあった。それは赤い三メートル大の木板に、黄色で大きな立体の星を描いたものだったが、ベトナムの国旗にそっくりなため、深夜視察に訪れた周恩来《チョウエンライ》から撤去するよう指示があったのだ。

中国の国旗と国歌は、九月二十七日に開催された中国人民政治協商会議第一回全体会議で激論の末採択された。国章はこのとき決まらず、翌年ようやく採択された。国の象徴である国旗の図柄が式典開催の直前まで決まらなかったことは、デザイン装飾の担当者を相当悩ませただろう。

また、毛沢東の肖像画の襟のボタンが外れているように描かれていたため、襟元のボタンを掛けるようにとも指示があった。森は「私は梯子を掛けて、淡い外灯の光を頼りに、毛主席の肖像の襟を修正した。朝に光に照らされたら、塗り替えた部分が目立たないだろうかと心配であった」と回想している。

毛沢東の肖像画の左右には「中央人民政府万歳」「中華人民共和国万歳」と書かれた長さ三〇メートル、幅二・二メートルの、赤地に白い文字で書かれた細長いパネルが城門の壁に取り付けられた。これは森が下書きをし、隊員たちと一緒に制作したものだった。「中央人民政府万歳」のスローガンは、翌年の国慶節に「世界人民大団結万歳」に書き換えられた。また天安門の両側にはソ連をはじめとする各国代表の貴賓席と指揮台が設置されたが、これは小野沢が設計したものだった。

映画ではこれらの仕事が日本人の手によってなされたことが描かれていなかった。それどころか、九月三十日の夜、上野は帰国の船が出発するという理由で、建国式典を明日に控えながら、トラックの荷台に乗り天安門をあとにする。隊長は敬礼しながら上野をじっと見送る。ある中国人映画評論家は、日本人との別れのシーンが長すぎると言っていたが、日本人が果たした役割を理解していなければ、演出の意図を汲み取ることはできないだろう。脚本審査などを考慮して、隊長が敬礼しながら見送るシーンが、最大限の演出だったように私は感じた。

十月一日午前六時、蘇凡と小野沢と森は準備委員と書かれた黄色い布を胸につけて、天安門へ歩いて向った。午後三時、建国式典が始まった。小野沢と森は天安門西側の係員席にいた。そして広場を埋め尽くした数十万の人民と歓喜し建国を祝った。

映画では、上野は帰国船のなかで、建国式典のラジオ放送に耳を傾けている。

蘇凡は文章の最後をこう締めくくっている。

肖野と森茂はわれわれ中国人民と同様に言葉にできないほどの幸せと誇りに満ちあふれていた。

私はこの二人の日本人が、自分たちにとっても、また中国人にとっても、最も意義あるこの日に特別な貢献を成し遂げたことをとても誇りに感じていることがよくわかった。これは二人の日本の友人の功績でもあり、また我々抗敵劇社の栄誉でもあるのだ！

その後、小野沢と森は一九五三年に劇団を離れ、森はその年に、小野沢は一九五九年に帰国した。

＊

それから約半世紀の時をへだてた二〇〇八年二月、日本東方文化交流協会と中華炎黄文化研究会の共催による第十回東方文化フェスティバルが北京の人民大会堂で開催された。残留孤児の方々をはじめとする百名以上の訪中団のなかに、森うたうさんの姿が見えた。中国側の来賓には蘇凡氏がいた。蘇凡氏は一九八〇年一月、森さんから一通の手紙を受け取っていた。手紙には「将来娘が女優になって、北京の仲間のみんなに日本のお芝居を披露できたらどんなにか嬉しいだろう」と書いてあった。そして今、うたうさんは父親の戦友たちの前で日本舞踊を披露し、大きな拍手に包まれた。

私がかつて、小野沢氏と森氏の貢献を中国の雑誌に発表したとき、最も喜んでくださったのは蘇凡氏だった。また、蘇凡夫人で女優の田華《ティエンホワ》氏もかつて抗敵劇社の隊員で、二人とも深い親交があった。

＊

建国式典に日本人が関与したことについて、認めようとしない人がいる一方、「日本人の協力を阻まなかったのは、中国共産党の国際主義の現れである」といった声も聞こえる。建国式典で日本人に協力を求めた史実は、これまでほとんど公表されたことがなかった。映画『天安門』の上映は、中国が国力をつけて自信を持ち始めたことが、歴史を直視する姿勢となって表れている。

映画のラストシーンでは、建国後の六十年間を振り返るかのように、一九五〇年代から現在まで天安門をバックにしたスナップ写真が時代を追いながら映し出される。徐々に老いていく被写体の姿には、現代中国とともに生きてきた中国の人々の姿が投影されているかのようだ。ある映画評論家は、この写真は映画のリズムを損ない不必要なものだと言っていたが、私はこれを見て、映画はあくまで建国式典の準備の様子を描いた話だが、監督は、国のために全力で任務を成し遂げ、人民中国の成立を祝った当時と、六十年後の今の中国を対比させ、人民中国が目指したものとは何だったのかと、人々に問いかけているように感じた。

作品中、天安門の前で年老いた田震英夫妻が記念撮影をしている一場面がある。シャッターを押す孫がこんなセリフを言う。「おじいちゃんたち、一所懸命働いたわりには、功績が認められなくて、表彰もされなかったし、毛主席と握手もできなかったんでしょ」。そんな孫に田老人は「提灯は六十年間ずっとここにあるんだよ」と言って笑う。自己を犠牲にして建国のために捧げた無名の戦士たちの心の叫び声、私にはそう聞こえた。

元宵節のお祭りのパレード。山西省祁県にて。（第10景　春節の風物詩）

Ⅱ　2010年

ボランティア春秋

2009年、中国を表す漢字

春節の風物詩

毒餃子事件について思うこと

戦争と相互理解

日本語教師

尖閣諸島沖漁船衝突事件

第8景　善意は金銭をこえることができるか

ボランティア春秋

2010.1

この冬、北京は記録的な寒波に見舞われ、一昨日（一月六日）の最低気温はマイナス一六・七度と、一月上旬としては実に三十八年ぶりの寒さを記録した。そんな年末のある日、私は北京郊外のとある小学校を訪ねた。日本人留学生のJ君がここで日本語を教えているのを見学するためだ。市街地からバスで約一時間半、道に迷いながらようやく集落の入り口にたどり着くと、そこはまだ北京市内だが〝村〟と表現するにふさわしく、一歩足を踏み入れると、まだ九〇年代初めの北京の町並みが残っていた。さびれた商店やプレハブの食堂が立ち並び、練炭の焦げた臭いが鼻を突く。村の真ん中を貫く一本道をまっすぐ進んでいくと、小学校の看板を見つけた。校門の外まで子どもたちの元気な日本語が聞こえてきた。

J君はここで週二回、ボランティアで日本語を教えている。ここは民工《ミンコン》学校（民工とは農民工《ノンミンコン》の略称）とよばれる、地方からの出稼ぎ労働者の子弟たちが通う学校だ。中国では都市と農村で戸籍が分かれており、かつては内陸部の人口が沿岸部へ流れ込むのを防ぐ役割を果たしてきた。しかし、九〇年代半ばに始まった経済の急成長により、農民工は都会で3K（きつい、汚い、危険）や単純労働に従事する労働力として欠かせない存在となり、その数はいまや全国で二億人を突破した。やがて農民工同士が結婚したり、田舎の子供を呼び寄せたり、都会に定住するようになった。そして問題になったのが、子供の教育をどうするかということだった。

中国の都市部には農民工の子弟が通う民工学校が多くある。中国の義務教育法では、戸籍地以外で義務教育を受ける機会が保障されておらず、農民工の子弟は北京の公立小中学校で、現地の子供たちと同様に、等しく教育を受けることができない。現地の子供たちより多くの学費を払えばそれも可能だが、出稼ぎの彼らにそんな経済的な余裕はない。近年、政府は農民工の子弟も同等に現地校に通える制度を検討しているが、地域によって制度が統一されておらずまだまだ追いついていない。また、農民工自身が都会で差別に遭っているので、子供をあえて現地校へ通わせたくないという親心もあるようだ。

この学校のように北京で事業に成功した地方出身者が、自費や寄付を募って同郷の子供たちを対象とした学校を設立するケースは少なくないが、校舎はプレハブで設備も整っておらず、教師のレベルも高くない。

Ｊ君は満面に笑顔を浮かべながら、「おとうさん」「おにいさん」と子供たちに話しかけている。三十人あまりの子供たちの元気な声が教室に響きわたる。教室のスチーム暖房はほとんど効いておらず、重ね着して着ぶくれた子供たちの吐く白い息が印象的だった。五年生と六年生の授業を見学させてもらった。彼の姿を見ていて、昔の自分をふと思い出した。

＊

これまで私も、いろいろなボランティア活動に参加してきた。一九八八年夏、神戸に事務所があるＰＨＤ協会に出入りしたのが、初めてのボランティアだった。ここは、ネパールや東南アジアなどから研修生を受け入れ、草の根の国際交流を行っている民間団体だ。ここでいろいろなアジアの国の人たちと交流でき、アジアに関心がある友人と出会えたことが、私が中国にのめり込むそもそものきっかけだった。

一九八九年九月、フェスピック（極東・南太平洋身体障害者スポーツ大会）神戸大会が神戸市北区のしあわせの村で行われた。当時大学生だった私はローンボールス競技に参加する香港選手団のお手伝いをした。その経験を中国語弁論大会で発表したのだが、当時中国語でボランティアの適訳がなく、社会事業自願活動者《ショーホイシーイエツーユエンフオトンチョー》だと中国人の先生に教えてもらった。現在、ボランティアは志願者《チーユエンチョー》や義工《イーコン》と呼ばれる。

一九九一年四月から一年間、私は北京に一年間滞在したが、生活に慣れること、そして遊ぶことに必死だったのと、当時私が知る限りではボランティア団体は存在しなかったので、活動することはなかった。帰国後、中国で植林活動を今でも行っている民間の団体の創立大会が大阪で行われたので参加した。『エルマガジン』や『ぴあ』を見てイベントや講演などの情報をいつもチェックしていた。自分も中国で何か人の役に立つことをしたい、でも何をしたらいいかわからない、が当時の心境だった。

一九九三年秋、私は再び北京へ渡った。前年秋から社会主義市場経済が始まり、中国人の友人は会社を立ち上げたり、カルチャーセンターを開いたりと、みんなの表情は獲物を狙う野獣のようにギラギラしていた。当時は失敗を恐れることを考える必要もないほど、何をやっても儲かる時代だった。物質的豊かさに飢えていた当時、ボランティア活動をしている人は、私の周りに一人もいなかった。中国で植林を行う日本人がテレビで紹介されたとき、近くにいた中国人が「日本人はわざわざ中国まで来て木を植えるのか！」と笑っていたことを思い出す。一九九四年に受講した大学の講義で、「中国には日本のような民間の非営利団体がないですね」と言ったら、中国政府の対台湾交流窓口の「海峡両岸関係協会は民間団体です」と反論された。改革開放以降、中国では多くの社会団体や基金会が設立されたが、これらは共産党の指導の下で活動しており、更には民政省の認可が必要で、われわれが考える民間とは大きく異なる。ちなみに、当時日本の対中ODAを知っている人は、私の周りには一人もいなかった。

*

一九九五年一月、阪神・淡路大震災が発生したとき、私は北京にいた。その日の夜、私は北京の人民劇場で行われた公演に出演したが、気持ちが集中できずミスばかりした。一週間後に神戸へ帰り、PHD協会で寝泊りしながら、ボランティア仲間と一緒に全壊した友人の家を一軒一軒まわった。神戸の南京町で行われた復興祭で京劇を演じたりもした。年末に北京へ戻ってからは、ボランティア活動に精を出した。

私は一九九四年からユネスコ北京事務所でボランティア活動に参加していた。日本人留学生や駐在員の主婦などが中心となって、日本から寄せられた教材や文房具を貧困地域の小学校に寄付したり、学校を建てたり、チャリティー公演を企画したり、日本で使われなくなった中古の車椅子を北京の病院に寄贈するなどの活動にかかわった。当時私は日本と中国を結ぶ国際協力の仕事に就きたいと思っていたので、この活動を知ったとき、これだと思って参加した。

中国政府は一九八九年に中国青少年発展基金会という社会公益団体を設立し、貧困を理由に就学をあきらめた子供たちに資金援助をしたり、貧困地域に学校を建てたりする「希望工程《シーワンコンチョン》」（希望プロジェクト）を行っている。一九八六年に小中九年間の義務教育法が制定されたが、一九九〇年代に入っても非識字率は二〇パー

青海省のチベット自治州で出会った人たち。素朴な笑顔が印象的だった。

セントを超えていた。小学校の入学率が一〇〇パーセント近くても、労働力が必要な農村では、途中で退学する子どもたちが後を絶たなかった。識字率の低さと未就学児童の多さが、いずれ中国の経済成長のボトルネックになる、と当時多くの国内外の専門家が警鐘を鳴らしていた。「希望工程」への支援者は、実施当初そのほとんどが華僑や外国の支援団体で、中国企業から寄付金が集まりだしたのは九〇年代半ば以降のことだ。九〇年代半ばから民政省の認可を得た環境ＮＧＯがいくつか設立されたが、中国でＮＧＯ活動が注目されるようになったのは九〇年代後半になってからだった。

私たちのボランティアグループも日本から寄せられた支援金でチベット族の子供たちにテント式の希望小学校を五校寄贈した。一九九七年夏、開校した学校を視察するため、日本人のボランティア仲間と青海省果《クオ》洛《ルオ》チベット族自治州へ出かけた。ここは標高四〇〇〇メートルを超えるチベット高原の真ん中に位置し、昨年（二〇〇九年）三月、チベット僧侶が現地の警察署を襲撃する事件が発生したところでもある。青海省の省都西寧《シーニン》からジープをチャーターしてチベット高原をひたすら南下、距離にして約五〇〇キロ、黄河源流にほど近いところだった。標高五〇〇〇メートルを超えると、酸欠に伴う激しい高山病に悩まされた。夏場は雨季にあたるため、突然の豪雨で道路が封鎖されたり、夏なのに雪が降ったのには驚いた。道がなくなり片道三五キロ馬に乗って小学校を見に行った。十数キロごとにチベット族が暮らすテントの家がぽつんぽつんとあり、どこの家も必ず犬を飼っていた。私たちに気づいて犬が吼えると、テントから遊牧民が出てきて、休憩していきなさいと招いてくれた。テントに入るとチベット仏教の宗主の写真が部屋のよく目立つ所に飾られており、バター茶とチベット族の主食である麦を煎って粉にしたツァンパでもてなしてくれた。ご飯にヨーグルトと砂糖を混ぜた食事を一度出されたことがあったが、これは口に合わず我慢して飲み込んだ。後に、チベットでは米が大変貴重なものだと知った。彼らは精一杯のもてなしをしてくれたのだ。

家畜はヒツジとヤクで、ヤクのヨーグルトの美味しさがいまでも忘れられない。水道も電気もガスもなく、乾燥させたヤクの糞で火をおこしていた。日が暮れたので遊牧民のテントに一泊させてもらい、翌朝、目的地の小学校になんとかたどり着くことができた。私は乗馬が初めてだったので、行きはチベット族の若い兄ちゃんに手綱を引いてもらったが、帰りは一人で馬鞭を自在に操れるようになった。高原を疾走する爽快な気分は格別だった。

チベットへ向かう前に論文を発表して大学院を終了していたが、何をやっていいかわからず、ビザが切れることもあって、チベットから戻ると荷物を友人に預けたまま日本へ帰国した。大阪や神戸で放浪生活を送りながら、アルバイトで少しずつ貯金をして、一九九九年秋、中国へ再々出発する……。

＊

こうして振り返ってみると、私にとってボランティア活動は非常に大きな比重を占めていた。しかし、二〇〇〇年以降、私はボランティア活動に全く参加しなくなった。それはなぜか。

まず、中国側のボランティアを受け入れる態勢が大きく変わったことがあげられる。七〇年代後半から中国政府は日本をはじめ外国政府や国際機関から対外援助を受け入れてきた。それだけでなく、就学援助など金額にしてみれば極わずかだが、中国に友好的な人たちの個人的な支援も同じように歓迎していた。中国側の心がこもった厚いもてなしに、多くの支援者が中国に対する親近感を深めた。

九〇年代半ばから中国は急成長し、人々の生活はみるみる豊かになった。政府は教育予算を増額し貧困対策に乗り出した。民間企業も積極的に社会支援に参加し、多くの希望小学校が建てられた。いつしか希望工程への支援は国内外の企業を問わず、中国でのビジネスが成功するための「手段」となっていった。

九〇年代後半には多くの大学にボランティアサークルが誕生し、民間の非営利団体、環境ＮＧＯも増加した。持続的発展が経済成長のキーワードとなり、社会を挙げたこうした取り組みは共生という連帯意識を高め、いまの政府のスローガンである和諧社会《ホーシエショーホイ》へと引き継がれた。二〇〇八年の四川大地震のときには、大勢の若者がボランティアとして被災地に駆けつけた。

社会は間違いなくよい方向に向かっている。だが、これまで生活費の一部をこつこつと貯金しながら中国と草の根の支援を続けてきた人たちは、こうした変化に戸惑いを隠せなかったのではなかろうか。つまり、いくら気持ちがこもっていても小額の援助は中国ではもはや歓迎されなくなったということだ。私の知るかぎりでは、中国と細く長く付き合ってきた人たちは、企業家でもなければお金持ちでもない、日本で質素な生活を送るごく普通の人たちだった。中国に深い思い入れがあり、生活費の一部を割いてボランティア活動をしてこられた人が多かった。かつては日本に来る中国人学生の保証人になったり、日本で彼らの生活の世話をするなどしていた。こうしたこれまで地道に交流を続けてこられた、いわゆる井戸を掘ってきた人たちは、いまの中国では歓迎されない。

善意よりも金額、そういう話を聞くたびに、ボランティアや民間交流とは一体何なんだ、と感じてきた。政府や識者がお題目のように日中間の草の根交流を深めましょう、と唱えるのが、私には偽善的に聞こえてならない。

二〇〇九年、中国を表す漢字

2010.2

約八万七千人が犠牲となった四川大地震から、間もなく二年が経過する。中国のボランティア元年と呼ばれたこの年、阪神淡路大震災のときと同じように、中国全土から大勢の若者が被災地に駆けつけた。テレビや新聞は復興支援の協力を連日呼びかけ、全国から多くの義捐金が集まった。そのとき問題になったのが、強制的に義捐金が集められたことだった。

震災直後、復興チャリティーコンサート「愛的奉献《アイダフォンシェン》」（愛を捧げよう）が政府の主催で盛大に行われ、中国の有名企業や著名人が勢揃いした。コンサートの様子は中央テレビが全国に向けて生放送した。番組中、有名人たちがステージに集合した。数珠繋ぎになった有名人たちは札束でパンパンになった大封筒をステージ中央に設置された募金箱へ次々と入れだした。驚いたのは誰かが募金箱へ入れる毎に「〇×会社は何千万元を寄付します」「誰々は何万元です」と名前と金額がアナウンスされたことだ。人によっては募金箱へお金をいれる瞬間カメラ目線でにっこり微笑み、「私はこれだけ寄付しますからね」と自分の慈善をテレビに向かってアピールしているかのようだった。

日本人の感覚では、たとえ小額でもその人の気持ちを尊重するが、中国では寄付をする行為とその金額が問われる。日本で寄付をした場合、名前と金額は新聞や市町村の広報などの片隅に小さく事後報告として報じられるに過ぎないが、中国ではもっと多くの人が募金をするよう名前と金額が大々的に公表されるのだ。「あいつはこれっぽっちか。あんなに儲けてるのにけしからん！」。震災後、ネット上には金額の少なさを非難する書き込みがあふれた。大手不動産会社の社長は地震直後に二百万元（約三千万円）を寄付したが、少なすぎると激しい非難を受け、謝罪した後、更に一億元（約十三億円）を寄付した。矛先はマクドナルドやウォルマートなど外資系企業にも向けられ、批判を恐れた多くの企業が義捐金を増額した。新聞やテレビは企業および個人がそれぞれいくら寄付したか詳細に報じ、商務省は外資系企業の義捐金リストを公表、支払いが遅れている企業名をも公表した。こうした善意に順位をつけるやり方や、「金額が少ない！　もっと金を出せ！」と騒ぐ中国人の態度に多くの外国人が唖然とした。

＊

日本では毎年年末になると、漢字能力検定協会が一年を象徴する漢字を発表する。二〇〇九年に「新」が選ばれたことは中国でも大きく報じられた。漢字の国の中国でもここ数年、多くのメディアが「今年の漢字」をネット投票で選ぶようになった。二〇〇九年の中国を象徴する漢字に圧倒的多数で選ばれたのが「被」だった。

去年、中国の網民《ワンミン》（ネットユーザー）の間で「被」を使った造語が大流行した。「被」は中国語で「本人の意思と関係なく、何々させられる」という否定的な受身の意味を表し、「被自殺《ペイツーシャー》」（本当は自殺ではないのに、自殺したことにさせられた）、「被就業《ペイチュウイエ》」（まだ就職先が決まっていないのに、就職したことにさせられた）、「被増長《ペイツォンチャン》」（水増しされた）など、例を挙げると枚挙に暇ない。そのうちのひとつに「被捐款《ペイチュエンクアン》」（寄付させられた）がある。震災後、民間企業に勤める知人は、給料から寄付金を無断で天引きされ、そのうえ自治会から何度も寄付を求められた。自治会は寄付した人の名前を金額の多い順に路地の掲示板にでかでかと張り出した。当時は街のあちこちでこうした張り紙を見かけたものだ。また、共産党員は特殊党費という名目で、率先してより多く寄付することが求められた。国営企業でも甲は三千元、乙は五百元と、誰がいくら寄付したかがわかるように名簿が廊下に張り出してあった。

＊

中国では社会主義体制の下、党が指令を出し、スローガンを掲げて人民を動員し、「任務」を達成することが求められてきた。近年は個人の意思が尊重されつつあるが、党の指導が最も重要であることに変わりはない。

中国では行政が党の指導下に置かれているため、中央政府から末端の村にいたるまでそれぞれに並行して党委員会が設置してある。また、『中国共産党規約』

では、正式党員が三人以上いる場合は党の組織を作ることが義務付けられており、企業、政府機関、農村、大学、研究機関、住民区などあらゆるところに党委員会があり、党の指導方針を宣伝かつ実行し、組織を管理監督する役目を負っている。

たとえば慈善活動が行われる場合、公益団体や住民組織が主催でも、実際には党委員会や地方政府が開催の指示を出している場合が多い。紅頭文件《ホントウウエンチエン》といって党や政府の政策や指導方針を通達する文書（タイトルが赤文字で書いてあることからこう呼ばれる）を管轄下の下部組織に通達する。こうした通達は、「全市を挙げて」「弱者に愛の手を差し延べ」などと慈善活動に積極的に参加するよう呼びかけている。よって、自主的な参加を促す内容であっても事実上それは強制を意味する。慈善活動の成否は自分たちの出世に関わるため、半ば強制的に寄付金を徴収するのだ。

こうして集められた寄付金の多くに、慈善の気持ちは存在しない。震災後、あちこちの地方政府が管轄する団体や自治会などでこうした募金活動が行われた。

そして、ネット上には「被寄付」という書き込みが溢れた。それは、少ない給料でなんとか日々やりくりしている人たちの怒りに満ちた声だった。すでに何度も募金しているため、彼らは自分より何百倍も何千倍も収入がある人に対して、「どうしてそんなに少ないんだ！」と激怒するのである。

さらに問題になったのが、こうして集められた義捐金が何に使われたのかがわからないことだ。民政省は震災義捐金は約七百六十七億元（約一兆六百億円）集まったと発表したが、清華大学ＮＧＯ研究センターの調査（二〇〇九年八月発表）によると、そのうちの約八割が政府の税収となっており、しかもその用途についてはほとんど公表されてないという。

*

「被」の話に戻そう。

被自殺：二〇〇九年十二月、雲南省のとある派出所で取調べ中の容疑者が死亡するという事件が発生した。警察は容疑者の死因は首吊り自殺で、「一元札の紙幣で手錠を外し、靴紐で首を吊って自殺した」と発表したが、ニュースは瞬く間にネット上で話題となり、多くの人が「本当は自殺なんかじゃない、〝被自殺〟だ」と書き込みした。

こうした事件が中国では多々ある。安徽省のある男性が区の党委員会書記の不正を告発したのち、別の罪名で逮捕され獄中で自殺したと警察は発表したが、ほとんどの書き込みは他殺と信じて疑わない。また、二〇〇九年一月下旬、雲南省のある男性が不法に森林を伐採したとして拘留され看守所で死亡。現地の警察は死因を他の囚人とかくれんぼしているときに不注意で壁にぶつかったことによると発表。遺族が納得せず、その後の調査で囚人に殴打され死亡したことが確認された。

被就業：近年、中国でも大学生の就職難が問題となっている。学校によっては、内定書とひきかえに卒業証書をわたすところもあるという。また、ある大学は就職率をアップさせるため、学生の内定書を偽造し、これが「被就業」と話題になった。そして、こうして水増しされたことを「被増長」と呼ぶ。

被代表：水道料金の値上げを行う前に、政府が住民代表を集めて公聴会を開いたが、そこに集められたのは政府によって選ばれた住民の代表者でやらせだったことが発覚、「被代表」と広まった。

被自願：最近、多くの学校が寄付金の名目で保護者から強制的に金銭を徴収することが問題になっているが、学校側はあくまでも寄付だと主張。保護者たちは「被自願」と怒る。

ネット投票に対して、中国の世論を正しく反映していないといった批判もあるが、人民日報社が発行する『環球時報』とそのウェブサイト『環球ネット』が昨年末に実施した、最近十年間の中国を最も象徴する漢字を選ぶネット投票でも、他の漢字を圧倒して「被」が一位、「変」が二位に選ばれた。よって、いまの中国の世相を最も反映している漢字が「被」だと考えて間違いないだろう。

＊

これまで中国で生活してきて、医療ミスに遭っても、濡れ衣を着せられても、「仕方がない」「これも運命だ」と言って諦める人を見てきた。しかし、ネットがこれだけ発達し情報があふれる現在、社会の不平や不満の声は瞬く間に広まり、個人の利益の保障を求める声はますます増大している。政府も以人為本《イーレンウェイペン》（人を以って本位となす）、和諧社会（調和の取れた社会）を築くべく法整備を進め、秩序ある世の中に変えていこうと懸命だが、いかんせん人口が多く国土が広い中国では問題が絶えず抜け道も多い。そうした問題の多くが権力と権限を有する役人の腐敗や汚職と密接に絡んでいる。「被」には庶民の政府への批判の意思が込められているのだ。

第10景　中国人にとって春節とは快楽の祭典である　2010.3

春節の風物詩

中国は中華民国の時代から太陽暦を採用しているが、祝日の多くが依然として旧暦である。今年（二〇一〇年）は二月十四日に旧正月すなわち春節《チュンチエ》を迎えた。大晦日の夜は爆竹と花火が轟々と鳴り響き、一夜明けると北京市内の寺院や公園は廟会《ミアオホイ》（縁日）で大変な賑わいだった。春節とはいつを指すのか、一般的には、大晦日もしくは初一《チューイー》（旧暦のお正月の一日目）から初七《チューチー》までを指すが、初一だけが春節という人もいれば、初一から初十五《チューシーウー》の元宵節《ユエンシアオチエ》までだという人もいる。以前はもっと長く、旧暦の十二月八日の腊八節《ラーパーチエ》、もしくは十二月二十三日の祭竈節《チーツァオチエ》（小年《シアオニエン》ともいう）から元宵節までを春節と言っていた。

年末

毎年、小年《シアオニエン》を過ぎると、スーパーや市場は年越しの準備をする買い物客でごった返す。春聯《チュンリエン》（縁起の良い美辞麗句を細長い赤色の紙に筆で記した字句で、家のドアの両脇に貼る）や年画《ニエンホワ》（家の中に飾る縁起の良い絵）を彩る赤色であふれ、スーパーには年男と年女が厄除けに着ける赤い下着売り場が特設される。街じゅうが赤いランタンで真っ赤に染まり、次第に新年をお祝いする雰囲気に包まれていく。

　この時期、街のあちこちに何重にも重ね着した人たちの長蛇の列ができる。大学生や出稼ぎの農民工が帰省するため、列車の切符を買い求めるためだ（註：現在はネット販売が普及し、こうした光景は見かけなくなった）。家族と一緒に春節を迎えようと、今年も延べ二億人以上が国内を大移動した。こうした混雑は春節前後四十日間続き、年末年始の帰省ラッシュのことを「春運《チュンユン》」とよぶ。特に、鉄道の切符は入手しづらく、黄牛《ホワンニウ》（ダフ屋）が切符を買占め転売したり、偽造切符が毎年必ず問題になる。今年は一部の地域で切符に名前と身分証明書番号が印字された実名制切符が実験的に導入されたが、改札に手間取って評判は散々だった（註：二〇一二年一月以降、全国のすべての鉄道切符に実名制が導入された）。二〇〇一年から春節期間中だけ鉄道運賃が通常より数十パーセント高く設定されたこともあったが、評判が悪く二〇〇七年に廃止された。

春節が近づくと、駅やバス停で大きな荷物をいくつも抱えた農民工の姿をよく目にする。故郷で帰りを待つ家族へのお土産がいっぱい詰まってるのだろう。現金が必要なこの季節には、未払いの給料の支払いを求め、ストライキや労働争議が多発する。犯罪やスリが急増するのもこの季節だ。「スリに気をつけて」は春節前によく聞く挨拶言葉だ。

年の瀬に面白いニュースがネットを賑わした。広東省の東莞東駅《トンクアントン》で、窓から列車に乗り込もうとする乗客を、駅員が後ろから押して手伝ったとして、同駅長と同駅共産党書記が更迭された。処分を下した広東省の鉄道管理局がその理由を管理不行き届きと発表すると大きな反響を呼び、多くのポータルサイトが賛否を問うたところ、九〇パーセント近くの人がこの処分に反対した。私もかつて夜行普通列車の二等席に乗ったとき、無座《ウーツオ》（立ち席）の切符を持った乗客が窓から乗りこみ、三人掛けボックス席の下に新聞を敷いて横になったり、吊棚によじ登って寝ている姿を何度か見たことがある。ましてや「春運」期間中に窓から列車に乗ることは、それほど不思議なことではない。東莞市は世界の工場と呼ばれ、人口の約八〇パーセントを農民工が占めており、列車に乗り遅れないよう手を貸した駅員の行為は、逆に賞賛されてしかるべきだ、と多くの人がこの処分に抗議した。

二〇〇八年の春節前、中国中南部で大雪が降り、電送線が切断されて鉄道ダイヤが大混乱したことがある。当時、広州駅には五十万人以上が足止めを余儀なくされ、政府は帰省を取りやめるよう呼びかけたが、それでも故郷へ帰ろうとする人は止まなかった。北京五輪でも戒厳令並みの警備が軒並み話題になったが、春運の安全運行もしかり、中国では強い統制力がなければ、あらゆる問題に対処できない。

大晦日

大晦日の夜は家族が親の家に集まる。北方では手作りの水餃子を食べる習慣があるが、最近は外食する人も増えている。「年夜飯《ニエンイエファン》（大晦日に家族で食べる食事）予約受付中」と今年は多くのホテルやレストランで看板を見かけた。一年で最も稼げるときなので、レストランは二、三時間の交代制を取っていた。だからといって餃子を食べなくなったわけではなく、春節特別番組「春節聯歓晩会《チュンチエリエンホワンワンホイ》」（中央テレビが製作する日本の「紅白歌合戦」のような番組、略して「春晩《チュンワン》」と呼ぶ）を見ながら夜食に年越しそばならぬ年越し餃子を食べる。地方のテレビ局も独自の「春晩」を製作しているところがあり、北京テレビは今年、ジョー山中がゲスト出演していた。映画『人間の証明』（中国語タイトル『人証《レンチョン》』）は八〇年代に中国で大ヒットした。ジョー山中が歌った主題歌「草帽歌《ツァオマオコー》」を今でも口ずさめる中国人は多い。

大晦日の夜に爆竹と花火は欠かせない。夜の十一時四十分ごろ、いよいよはげしくなると、爆音と光と火薬の臭いで、街はあたかも戦争のような状態になり、新年を迎えた瞬間、最高潮に達する。今年、私は北京の街中にあるチベット仏教寺院の雍和宮《ヨンホーコン》の近くで新年を迎えた。隣の人の話し声も聞きとれないほどの轟音が耳をつんざき、花火で黄金色に輝いた雍和宮の瑠璃瓦が暗闇に浮かび上がる。氷点下五度の寒さも忘れる賑やかさだ。車道を占領して花火を打ち上げるため、車はその間通行できない。道路は燃えカスで赤一色だ。中国人の友人は爆竹と花火に一千元以上使ったと得意げに話していた。厄除けとは言うものの、日本の除夜の鐘をおごそかに打ち鳴らすのとは全く異なる。

今でこそ大晦日は新年を迎える喜びで盛り上がるが、北京では一九九三年から二〇〇六年まで、爆竹と花火を市街地で鳴らすことが禁じられていた。火事と怪我人が続出したからだった。アパートの窓から空をめがけて花火や爆竹を打ち上げたり、胡同《フートン》とよばれる路地裏で火事が起きると、消防車は道幅が狭くて入れないため消火作業ができないからだった。そうしたなか、年越しの気分を少しでも味わおうと、爆竹音を録音したCDが一時発売されたが、市民の間で爆竹復活を望む声は絶えなかった。

大晦日前日、北京市政府は、爆竹と花火は指定の場所と時間帯に安全に使用するよう携帯メールを市民に一斉送信した。市街地は大晦日と初一は終日、初二《チューアー》から元宵節までは夜七時から深夜〇時まで打ち上げが許可された。元宵節の前日にも同様の携帯メールが市政府から届いた。これには大きな教訓があるからだ。去年の元宵節、まだ建設中だった中央テレビの新社屋屋上から違法に打ち上げられた花火が建物に引火して、高さ一五九メートル、三〇階建てビルが全焼する大火災が発生した。そのためか、今年は警察官とパトカーを多く見掛けた。ちなみに今年の春節、我が家の近所にあるバーが爆竹で全焼していた。

庶民が歓喜に湧く一方で、中国の国家指導者は春節が近づくと地方へ赴き、地元の人たちと歓談したり一緒に餃子を包む様子が、ニュースで報じられる。胡錦濤国家主席は年末年始に福建省の農村や台湾企業を訪れ、温家宝首相は広西チワン族自治区を大晦日まで訪れ、旱魃の被害を受けた地域や少数民族などを慰問した。温首相は二〇〇三年に就任して以来の八年間、一度も家族と一緒に春節を過ごしたことがないという。貧困地域の弱者をねぎらうことは、国内の安定に欠かせないからだ。

新年〜元宵節

初一から拝年《バイニエン》（年始回り）が始まる。昔は親戚や年長者宅へ手土産を持って挨拶に出向くのが慣わしだったが、いまは電話や携帯メールで済ませる場合が多くなった。大晦日の夜には「過年好《クオニエンハオ》！　拝年了《パイニエンラ》！」（新年おめでとう）など一斉送信の携帯メールが何十通と届く。廟会は今年、北京市内の六十三ヶ所の寺院や公園などで行われ、家族連れでどこも大変な賑わいだった。春節五日目の破五《ポーウー》（炊飯や掃除など正月に禁忌とされる行為がこの日から許され、水餃子を食べるのが慣わし）を過ぎると、正月気分も次第に薄れていく。

都会では大晦日の夜が最も賑やかで、初七を過ぎると平常の生活に戻るが、農村のお正月はまだまだ続き、春節を締めくくる元宵節で最高潮に達する。通りにはお祝いの隊列が繰り出し、夜は家々の門前にランタンを灯し、新年最初の満月を眺めながら、北方では元宵《ユエンシアオ》（白玉団子に胡麻ペーストや小豆餡が入ったもの）を食べる。

二〇〇二年の春節、中国の伝統的な春節の雰囲気を味わおうと、私は陝西《シャンシー》省北部を訪れた。山西《シャンシー》省の壺口《フーコウ》から黄河を渡って陝西省の宜川《イーチュアン》へ入ったのは、春節の十日目だった。宜川に着いたその日の夜、大勢の人が街の中心にある広場に集まっていたので私も近寄ってみると、「今晩から二日間、宜川県蒲劇《プーチュイ》（山西省の伝統演劇）団が『花灯記《ホワトンジー》』を上演します」と張り紙があった。広場の奥に目をやると、石造りの古い戯台《シータイ》（野外舞台）がぽつんとあった。

開演前に楽屋を覗いてみた。楽屋といっても裸電球がぶら下がった、水道も通っていない簡素な部屋で、出演者たちは主役脇役に関係なく、みんな所狭しと衣装やメークの準備に追われ出番に備えていた。突然訪れた見ず知らずの私にも、お正月だからか、話しかけるとみんな笑顔でこたえてくれ、表情はいきいきしていた。

夜八時に開演、ざっと数えて三百〜四百人が広場に集まっていた。お年寄りは持参した腰掛に座り、その他大勢は立ち見だ。舞台に身を乗り出してじっと俳優の動きを見つめている子供もいた。二時間あまりの公演中、途中で帰る人はほとんどいなかった。娯楽が少ない農村では、春節の屋台芝居を楽しみに、遠路はるばるやってくる人もきっと多いのだろう。

翌朝、町をぶらぶらしていると、秧歌踊りの隊列に出くわした。一チーム約二十~三十人で、赤や白の衣装を身につけ、手には扇子や飾りのついた傘を持っていた。なかには老人や子供だけのチームもあった。楽隊の男たちは軽トラックの荷台に乗り込み、銅鑼をたたいたり、チャルメラを吹いたりしていた。車体には「今後三年間で一万畝（約六六七万平方メートル）のリンゴ畑を新たに作付けします」などと地元政府が定めた発展目標が記してあった。賑やかな音楽にあわせてパレードが始まり、役所の前に着くと、立ち止まってひと踊りしてから敷地内へ入っていく。今度は、胸鼓《シオンクー》（胸に縛り付けた小太鼓を叩きながら踊る）の隊列が近づいてきた。宜川胸鼓は陝北《シャンペイ》（陝西省北部を指す）を代表する太鼓踊りで、楽隊の乗った軽トラの車体には宜川県青年蒲劇団、「艶陽照宣川《イエンヤンチャオイーチュアン》、胸鼓震破天《シオンクーチェンポーティエン》」（うららかな春光が宣川を照らし、胸鼓が天を揺るがす）と書いてあった。食堂から出てきたおじいさんが、飴とタバコがいっぱい入ったお盆を楽隊のリーダー格の男性に手渡した。写真を撮っていたら、この男性が「カメラマンか、一緒に乗るか」と声をかけてくれたが、私が持っていたのはコンパクトカメラなので申し訳なく、笑顔でお礼を言って丁重にお断りした。

宜川から小型の乗り合いバスに乗って延安《イエンアン》へ向かった。途中通り過ぎた雲岩鎮《ユンイエン》では人影をほとんど見掛けなかった。砂埃で霞んで見える土窟洞《トゥーヤオトン》（黄土高原の山肌に掘った横穴式の伝統的な住居）を見て生活が苦しいのだろうと察したが、どの窟洞の入り口にも赤い紙の「春聯」が張られていた。春節を迎える中国人の特別な感情を感じた。

延安は十一年ぶりだった。一九九一年に初めて来たときは地図さえ売っていなかったが、今や高層ビルやホテルやデパートが林立し、街が新しく生まれ変わったかのようだった。街中に設営された特設ステージで、子長《ツーチャン》県人民劇団の公演が始まった。民族舞踊、民族歌唱、寸劇などを楽しく観たが、スピーカーの音が割れて俳優が何度も舞台袖に目をやり苛々しているのが可哀想だった。

その後、延安から北へ約二五キロのところにある安《アン》塞《サイ》へ向かった。ここへ来たのは安塞腰鼓《アンサイヤオクー》（腰に縛り付けた小太鼓を叩きながら踊る）を見るためだった。ホ

元宵節のお祭りの様子（宜川県にて）

テルに荷物を置いて早速出かけると、街中から楽隊の音楽が聞こえてくるので、音の鳴る方へ向かって行くと腰鼓隊が行進していた。白い上着に赤いジャケット、白いタオルで頭を包み、腰には帯を巻き、手には赤いハンカチと太鼓のバチを持っていた。音頭を取る大きな太鼓打ちが二人、銅鑼を鳴らす男が数人いて、まず傘頭《サントウ》（音頭とりの歌い手）が民謡を歌った。この老人の声はかすれていてあまり上手くはなかったが、洗練されていないからこそ、それが却って本当の民間文化なんだと実感した。その後、男女約三十人の隊列は身体全体で楽隊の音楽に合わせながら、まるで狂ったかのように踊り始め、腰鼓隊が移動すると見物の群衆もぞろぞろと続いた。

元宵節の前日、県の役所に近い運動場で、銅鑼や太鼓が打ち鳴らされているのを耳にし、私は駆け付けた。三〇〇メートルのトラックがある運動場だった。踊りの練習に励む人たち、飴をぬったサンザシの串を売る行商、見物人、黒山の人だかり。明日の本番に備えて、みんな衣装を身につけ、楽隊の音楽に合わせながら踊っていた。作り物のロバの背中に足を通し、手に鞭を持って自分の足で歩いている女の子が可愛らしかったので、私が近寄って写真を撮ろうとすると、恥ずかしそうな表情を浮かべた。

元宵節当日、延安の市街地では舞踊隊によるパレードが盛大に行われた。秧歌、踩高蹺《ツァイカオチアオ》（高足踊り）、跑旱船《パオハンチュアン》（船を模した山車）、それに安塞腰鼓と宣川胸鼓など、陝北の各地から選ばれた演者たちがお互いの技を披露した。街中の大通りは身動きが取れないほどの人ごみで、工事中の建物の屋上まで祭りを見物する人たちで埋まっていた。

*

あれから八年が過ぎたが、当時の情景がいまだに目に焼きついている。去年天安門前で行われた中国建国六十周年記念式典のパレードに、安塞腰鼓の隊列があった。驚いたことに、パレードの順番は六番目だった。「毛沢東思想万歳」の絵文字を掲げた隊列の二つ後に登場し、演者約一千人が一斉に踊りだした。安塞腰鼓の次には、鄧小平の肖像画と「堅持鄧小平理論」（鄧小平理論を堅持せよ）の絵文字を掲げた隊列が現れた。中国人が伝統や文化をいかに重視しているかをよく示している。中国ではいまようやくにして、伝統文化や風習を見直し保存する動きが急速に進んでいる。

先日閉幕した全人代では、春節の連休を十日または十五日間に延長してはどうかと議論され、ネット調査では六〇パーセント近くがそれに賛成した。中国は何分国土が広いので帰省するのに一日で着かない人も多く、休みが一週間では故郷で過ごす時間が短すぎるというのが主な理由だ。春節は二〇〇五年に端午の節句などとともに国内の無形文化遺産に登録された。ユネスコの世界無形文化遺産に登録すべきだとの声も多い。

現在、中国では、八〇年代から約三十年余り続いた西洋一辺倒の価値観からの転換が行われており、伝統を重んじる中国らしさを主張するようになった。国力が向上し、物質的な豊かさを手に入れ、世界が中国に一目置くようになったからこそ、中国スタンダードを堂々と主張できるようになった。今後ますます発展を続ける中国、春節を祝う爆竹の音も、今後ますます騒がしくなるだろう。

第11景　食の安全と中国人の交渉術について考える

毒餃子事件について思うこと

2010.4

二〇〇七年十二月から翌年一月にかけて、中国製冷凍餃子を食べた千葉県と兵庫県の三家族十人が中毒症状を訴え、五歳の女児が一時意識不明の重体となった。あれから二年以上が過ぎた二〇一〇年三月二十六日、中国公安当局は冷凍餃子に有機リン系殺虫剤メタミドホスを混入した容疑で、製造元である天洋食品の元臨時従業員の身柄を拘束したと発表した。身柄拘束のニュースは日本では大々的に報じられたが、中国では大した話題にはならなかった。事件発生直後は日中両国の世論が対立し、双方の捜査当局はいずれも「自国で農薬を混入した可能性は極めて低い」と主張し意見がぶつかり合ったが、これでようやく真相が解明された。今回は餃子事件がこれまで中国でどのように報じられてきたか、そして中国の人々は事件をどのように受け止めているかについて考えてみたい。

＊

今回の騒動は二〇〇八年一月三十日、厚生労働省が中国製冷凍餃子を食べて食中毒が発生した旨を、在日中国大使館を通じて中国の食品安全問題を統括する国家品質監督検査検疫総局に伝えたことがそもそもの発端だった。これに対して、中国政府の対応は迅速だった。同総局は同日、餃子の製造元である河北省の天洋食品を閉鎖し、製品の回収と輸出の停止を命じ、中国外交部は翌三十一日の記者会見で、更に詳しい情報を日本側に提供することを約束した。その後、地元の河北出入国検査検疫局は二月二日に行った記者会見で、工場の立ち入り検査を実施した結果、異常はなかったと発表、翌三日、中国政府は国家品質監督検査検疫総局や商務省などから構成された調査団を日本に派遣した。

では、こうした一連の経緯を中国メディアはどのように報じてきたのだろうか。

中国各紙が今回の騒動を初めて報じたのは二月一日の朝刊だった。各紙とも、国家品質監督検査検疫総局が前日一月三十一日の記者会見で「製造元の天洋工場から農薬は検出されず、何ら異常はなかった」と発表された内容で、ただ事実を淡々と伝える記事だったが、そのほとんどが署名記事だった。

続報は二月三日に報じられた。「工場から農薬は検出されず、立ち入り検査の結果、異常はなかった」と河北出入国検査検疫局が前日の記者会見で発表した内容だったが、各紙ともに国営通信社の新華社が配信した記事を転載し、すでに報道の統制が行われていた。

その後、中国各紙は政府の記者会見の発表だけを記事にし、事件の背景を紹介したり、分析する記事を一切報じなかった。四川大地震や多発する炭鉱事故など記者が見聞きし感じたことを独自の視点で書く記事が最近増えつつあるが、重大案件については政府の判断で報道規制が敷かれる。中国の国情を考えた場合、制限を設けず野放しにすると混乱に拍車をかける可能性が高いからだ。それとは対照的に日本のメディアでは、事件発生直後から関係者、消費者、専門家、政府高官などの証言や見解を元に、農薬混入の可能性をあらゆる角度からシミュレーションし、農薬は中国の工場で混入された可能性が高いという意見で占められていた。

しかし、こうした日本の報道に中国から批判が噴出した。中国外務省報道官は一月三十一日の記者会見で、中国メディアはどうして餃子事件について報道しないのかと問われ、「事件は現在調査中で、調査結果はまだ明らかになっていない。真相が解明されるまで、メディアは軽率な判断を慎まなければならない」と述べ、二月一日付の人民日報系の『環球時報』は「日本メディアが中国餃子を包囲攻撃している」という見出しを掲げて長文の論評記事を掲載し、日本政府の対応と日本メディアの報道姿勢を厳しく批判した。中国政府は北京五輪を半年後に控え、今回の騒動を大事にしたくはなかったのだろう。日本側の通報を受け、中国政府が迅速な対応を取ったことは、その決意の表れだった。しかし、政府間による合同調査が実施される前から、日本の政府高官や識者が中国側の問題だと発言したことは、中国政府にとって面子をつぶされることにほかならなかった。だが、その後、日本側の調査によって、包装袋に穴が開いていたことや、未開封袋の内側からメタミドホスが検出されるなど新たな事実が次々と浮かび上がってくる。日本では中国の製造や梱包過程で何者かが農薬を混入した可能性が極めて高いという見解が圧倒的多数を占めるようになった。

これに対し、中国は〝反撃〟に乗り出す。日本政府が二月四日に調査団を中国に派遣し、六日の記者会見で「工場から異常は見つからなかった」と発表すると、翌七日、中国メディアはこの日本側の発表を一斉に報じた。我々の感覚からすれば調査団の発表は捜査過程の一つの段階にすぎないが、中国では、日本政府が中国側の潔白を認めたことにすり替わってしまったのだ。中央テレビはこのとき初めて餃子事件について報じた。同日、国家品質監督検査検疫総局幹部は日本調査団と面会し、「中国側で人為的な破壊行為は行われておらず、毒物が混入された可能性は低い」と述べている。

また、二月三日から訪日していた中国側調査団は、日本の生協から千葉県で健康被害が出た同じ製造日の冷凍餃子の譲渡を受けて、六日に帰国した。十四日付の中国各紙は、国家品質監督検査検疫総局が検査を行った結果、それら冷凍餃子から農薬は検出されなかったと報じた。

さらに、二月十六日付中国各紙は、「毒餃子は中国と無関係」「徳島県知事が毒餃子は中国と無関係と証言」などと大きな見出しを掲げた記事を詳報した。徳島県内の生協で販売された中国製冷凍餃子から農薬が検出されたため調査したところ、店内で使用した殺虫剤が原因だったと十四日に徳島県知事が発表した。それを中国メディアは「中国とは無関係だったことが判明」と大々的に報じたのだ。「毒餃子は中国と無関係」と各紙が一面に見出しを付けたため、多くの人が天洋食品の毒餃子事件と混同した。私自身、「ほら、やっぱり日本で混入されたんじゃないか」と何人かの友人に言われた。

また、大阪府は二月十九日、中国から輸入したニラまんからメタミドホスが検出されたと発表した。国家品質監督検査検疫総局は二十二日、このニラまんは山東省の食品工場二社が製造したものだが、両社とも日本側が百パーセント出資する独資企業であり、原因は日本企業の管理不備であると発表し、中国各紙は翌日、この記者会見の内容を大々的に報じた。

二月二十日、中国公安省から構成された中国側調査団が訪日、両国の警察当局による捜査が始まり、日本の警察庁は二十二日、「日本国内で混入された可能性はきわめて低い」と中国側に見解を伝えた。二十五日、今度は日本の警察庁幹部が訪中し、中国の公安省と協議を始める。国務院新聞弁公室は二月二十八日に公安省と国家品質監督検査検疫総局の合同記者会見を開き、公安省幹部は「メタミドホスの混入が中国国内で発生した可能性は極めて低い」と中国側で混入された可能性を否定、また日本側は捜査に非協力的だと述べた。翌日、中国各紙はこの発表を大きく報じた。日本の警察庁は中国側の見解に「看過できない」と反論、科学的なデータを提出するよう要求した。このように日中の捜査当局の対立が表面化したのだが、こうした捜査上の意見の食い違いや争点について、中国メディアは一切報じなかった。そして、三月六日、天洋工場がある河北省副省長は「中国国内で事件が起きた可能性はすでに排除された」と断言した。

＊

以上のように、中国は二月一日の初報から「工場から農薬は未検出、異常なし」の一点張りで、日本側調査団のお墨付きを報道するも、日本での捜査状況や調査結果については全く報じなかった。もちろん、包装袋に穴が開いていたことや未開封の袋の内側からメタミドホスが検出された事実も、中国では一切報道されていない。新事実のほとんどが中国側に分が悪かったからであろう。そして天洋食品の中毒事件とは関係のない徳島や大阪で発生した別件の農薬事件を詳報し一気に反撃に出た。公正さを欠いた報道だと言わざるをえない。

こうした中国側の報道だけを見ていたら、農薬は間違いなく日本で混入されたと誰もが思うだろう。また、「死者すら出ていないのに日本人はどうしてこんなに騒ぐんだ」とよく言われた。日本では製造日を偽装しただけで翌日のトップニュースになるが、中国では食中毒で死者が出ても、大きなニュースにならない。日本はまた中国を貶めようとしている、と多くの中国人が思ったであろう。

ただし、中国側は表向きには過失はないと強調していたが、その可能性を完全に否定していたわけでもなかった。「中国側で混入された可能性は極めて少ない」と繰り返しながらも、「人為的な事件だ」「中日関係の発展を望まない極端な分子によって起こされた可能性がある」「あらゆる可能性が考えられる」と再三にわたって言及していた。「人為的な事件」とは二月八日に初めて使われて以来、何度も繰り返されてきた。五輪を間近に控え、各国で選手の食糧をいかに確保するかで議論が起きていたため、中毒事件を食の安全と切り離すことが急務だった。

その後、中国ではチベットや新疆での紛争、オリンピック聖火リレー妨害問題、四川大地震、と立て続けに大きな問題が発生し、さらに華やかな北京オリンピックの開会式にかき消されるかのように、毒餃子の話題は少なくなっていき、やがて人々の話題にも上らなくなった。

＊

そして、事件発生から二年以上が過ぎた二〇一〇年三月二十六日、新華社は容疑者拘束を発表した。「事件発生以来、中国政府は事件を非常に重視し、二年間にわたるたゆまぬ努力をへて、中国の警察当局はこのほど容疑者呂月庭《リュイユエティン》を拘束した」二十七日付中国各紙朝刊は「中国が対日輸出餃子中毒事件を解決」という見出しを掲げ、新華社の記事を転載したが、『人民日報』など政府主要紙は容疑者拘束について速報せず、四月四日になって容疑者逮捕と報じた。犯行は同社の臨時従業員によるもので、給料や待遇への不満から注射器で農薬を注入したというが、詳細は明らかにされていない。

では、容疑者拘束を、中国の人々はどのように感じたであろうか。中国で混入された可能性が極めて低いはずの今回の事件、中国政府の二年間にわたるたゆまぬ努力の結果解明されたのは、工場内部での犯行という事実であった。中国がこれまで報じてきた内容と、明らかに辻褄が合わない。ネットには「中国政府に失望した」「私個人の名において日本に謝罪する」などの書き込みが出ていた。

事件発生からかなり時間が経っていたので、容疑者の拘束には驚いたが、それ以上に私が驚いたことは、日本政府が中国政府に感謝の意を表したことである。二十八日付中国各紙は「日本政府は中国が毒餃子事件を解決したことに感謝」という見出しで、岡田外相と鳩山首相の感謝の言葉を一斉に掲載した。「日本の岡田外相は二十七日、餃子中毒事件が解決へ一歩踏み出したことについて、中国政府の多大な努力に感謝の意を示した」「鳩山首相は中国側関係者の努力を評価し、さらなる真相究明を期待し、日中関係がより発展することを望む」などと報じた。

中国政府は、犯行は日本側によると断定し、日本側の対応を厳しく非難してきたが、実は中国側の犯行だと判明した。それに対して、日本政府は中国政府に感謝した。公式報道しか知らされてこなかった中国の国民には、果たしてこの論理の展開はどのように映るであろうか。さらにまた、今回の事件が仮に日本側の犯行であったとしたら、中国政府は日本政府に感謝の意を表したであろうか。二〇〇五年の反日デモの再現となったかもしれない。もちろん、日本政府が餃子事件を重要外交問題として中国政府に再三の申し入れを行ってきたからこそ、事件は解決に至ったのであろう。

二〇〇八年八月に訪中した福田首相（当時）は胡錦濤国家主席に事件の早期解明を要請した。日本政府の感謝の言葉はこうした経緯を踏まえた発言だと思われるが、外交問題までに発展し、両国の国民感情にこれほど大きな影響を及ぼしたこの事件を、感謝の一言で終わらせるわけにはいくまい。言うべきことを言ってこそ正常な二国間関係といえるのではないだろうか。事件解決を手放しで賞賛する日本政府の態度に、私は疑問を感じた。

第12景　相手の立場で戦争を記憶するということ

戦争と相互理解

2010.6

今年（二〇一〇年）五月下旬、中国の温家宝首相が日本を公式訪問した。東シナ海ガス田共同開発の早期条約締結交渉の開始、毒餃子事件を受けて「食品安全推進イニシアチブ」の合意、またアニメや映画を通じた文化交流の促進など、多くの合意事項が取り決められた。また温首相は都内で太極拳やジョギングをして市民と交流したり、上智大学野球部でキャッチボールやバッティング練習に参加するなど、親しみやすい人柄を強くアピールした。帰国した翌日に鳩山首相が辞任を表明して中国側の面子を潰した以外は、実り多い三年ぶりの公式訪問だった。

温首相は日本滞在中にNHKのインタビューにも応じ、その映像と発言は中国メディアでも大きく報じられた。韓国の哨戒艦沈没事件から中国の軍備増強や政治改革まで内容は多岐にわたったが、なかでも今後の日中関係や国民の相互理解についての発言は、大変興味深かった。「若い世代の感情の隔たりをいかに改善するか」の問いに、温首相は「歴史と現実の問題をいかに認識するかが大切だ」と答え、「われわれが歴史を鏡として未来へ向かおうと強調するのは、決して日本を恨み続けるためではなく、歴史の悲劇を繰り返さないためだ」と付け加えた。

＊

二〇〇一年十月の小泉首相（当時）の訪中以降五年間ストップしていた日中首脳の相互訪問が、二〇〇六年十月の安倍首相（当時）の訪中により再開されると、長い間吹き荒れていた嵐が突然しずまりかえったかのように、日中政府間の関係は改善された。しかし、これは両国の相互理解が進んだからではなく、安倍元首相以降、日本の首相が靖国神社に参拝しなくなり、中国も二〇〇五年の反日デモ以降、対日政策を大きく変更するなど、双方の政府が互いの国民感情に火が付かないよう自制しているからにすぎない。首相が再び靖国に参拝したり、食品事故で死者が出るような事態が起きれば、お互いの世論は再び激しく燃え上がり、政府間の関係も再びこじれるであろう。今の日中関係は極めて脆弱な基盤の上に成り立っている。

　日中間の感情の隔たりとして、温首相が指摘した〝歴史〟とは、いうまでもなく日本人の日中戦争に対する歴史認識を指す。二〇〇五年に中国各地で起きた反日デモ以降、中国では過激な反日行動は影を潜めているが、中国人の反日感情は依然として根深い。「日本人は反省していない」「まだ中国に謝罪していない」と多くの中国人が考えている。A級戦犯が合祀されている靖国神社に首相が参拝したり、戦争を肯定するかのような発言が日本の閣僚から何度も飛び出せば、日本政府が戦争を肯定しているとしか中国人には思えないであろう。重慶大爆撃（旧日本軍が一九三八年から一九四三年まで断続的に行った無差別空襲）や強制連行（戦時中に日本の炭鉱などに連行され、苛酷な労働を強いられた）など多くの賠償請求訴訟が現在も続いている。先日お会いした八十歳を超えた中国の老人は「今までで一番嬉しかったことは、日本が降伏したときと文化大革命が終わって四人組が失脚したときだった」と語っていた。普段は親日のおだやかな老人である。また、家族や親戚が抗日戦争で犠牲になったという人は多い。例えば死者を一万人とすると残された家族も同じ数以上いて、その人たちも犠牲者なのだ。そしてその犠牲者たちの多くは今も生きている。中国では戦争は過去のことではなく、戦争終結から六十五年を経た今に至るも、人々の心の中に記憶と傷跡が深く残っている。柳条湖事件（一九三一年九月十八日、中国では「九一八《チューイーパー》事変」と呼ばれる）、盧溝橋事件（一九三七年七月七日、「七七《チーチー》事変」）、など中国人にとって特別の日に、日本人が中国で大声で騒いでいたら、いまだに侮辱されているとしか思えないだろう。以前、日本人が多く居住するマンションで七月七日に七夕祭りを催すという広告を見かけた。中国人が見たらどう思うであろうか。

　二〇〇四年九月に北京で日本映画祭が開催されたとき、映画『父と暮せば』が上映された。この物語は原爆を人類共通の問題として考え、戦争の悲惨さを語りかける名作であるが、当時私は、原爆を生き延びた日本人の苦悩を描いたこのストーリーを、観客は理性的に受け入れられないだろうと心配でならなかった。「日本人も戦争の被害者です」とは中国でよく耳にする言葉だが、これは中国政府が庶民の根深い反日感情を和らげるために用いる言葉であり、日本人である私たちが真に受けてはいけない。芸術作品を鑑賞する中国人は知識人で、日本に理解がある人たちが多い。しかし、その人たちの意見が中国人を代表していると思ったらそれは間違いだ。同年こまつ座が香港で『父と暮せば』を上演したとき、「今度は南京大虐殺をやろう」と中国側スタッフから意見を寄せられた、と関係者から聞いたことを思い出した。

二〇〇八年十二月、北京で行われた映画祭で、ひめゆり学徒隊の生存者の証言を集めたドキュメンタリー映画が上映されたが、中国人の観客が「良かったです」と本心で言っているとは思えなかった。

七、八年前に石川達三著『生きてゐる兵隊』を戯曲にしたいと中国の演出家から相談を受けたことがある。日本人が中国で戦争をテーマに上演または上映するのであれば、まずは日本軍がかつて中国で何をやったかを題材に選ぶべきで、それから人類悪としての戦争を訴えるべきであろう。

故杉村春子が対談の中で、一九五六年に中国を訪問したときのことを以下のように述べていた。

> あたしが一番いまだに肝に銘じていることは、上海に行って、上海大廈《タイガ》って、一番高い建物だったんですよ、ガーデンブリッジのそばにある。ガーデンブリッジは、ほら、「犬と支那人は渡るべからず」っていう札が立ててあったですよね。そこの上に登ると、「ウースンクリークはあっちだ」って中国の人が言ったんですよ。思わず「あたしの親しい友だちが戦争で亡くなった」って言ったの。そしたら、「中国の人たちはほとんどの家庭が全部犠牲を払ってなんとか」って。あたし、もうどうしていいかわかんなかったですよ。なんでそういう心のないことを言ったんだろうと思ってねえ。
> （大笹吉雄『女優　杉村春子』集英社、一九九五年）

ほとんどの中国人は、日本人に向かって戦争の話題を自分から持ち出そうとはしない。それは過去のことだからではなく、中国と交流する相手を敬い、思いやる気持ちからきている。しかし、日本人が相手の気持ちを汲み取らず不用意な発言を何気なく口にすると、心のなかに積もった鬱憤が爆発し、突然の豹変に私たちは驚くしかない。侵略された側の人々の気持ちを察し理解することは、簡単ではない。戦争について言いたくはないが言わずにはいられないのが、中国人の日本人に対する正直な感情ではないかと私は感じている。

*

一九九七年に私が一度中国から撤退したのは、日本人として中国で暮らしていく限界を感じたからだった。戦後五十周年や愛国主義教育が繰り返し叫ばれていたことも、日本人として居心地が悪い理由ではあったが、普段の生活で嫌な思いや不自由を感じたことはほとんどなかった。今から思い返すと、そう感じ取れなかっただけなのかもしれない。中国での滞在が長くなり、深く中国人と関わるようになると、言葉の裏に見え隠れする日本人に対する複雑な感情を感じるようになった。外国人という立場を一歩踏み越えて中国社会に入ろうとすると、お前は日本人だろ！　と激しいバッシングにもあった。

二〇〇〇年以降はこのような中国人の反日感情が過激な行動となって爆発し、反日デモや日本製品ボイコットなどが度々行われたが、こうした行動はいずれも小泉首相の靖国参拝、日本の国連安保理常任理事国入り反対、歴史教科書問題、チチハルで起きた遺棄毒ガス事件（二〇〇三年八月に黒竜江省チチハル市の建設現場で、旧日本軍が遺棄した毒ガスが入ったドラム缶が見つかり、四十四名が毒ガスによる被害を受け、そのうちの一人が死亡した）など、歴史問題が常に導火線となっている。もちろんすべての中国人が反日感情をむき出しにしていたわけではなかったが、日本人だとわかると嫌な顔をされたり、日本人は嫌いだと面と向かって言われたことは何度もあった。争いを避けるためにタクシーに乗ったとき韓国人だと偽ったこともあった。日本に理解のある中国人も極力日本を話題にしようとせず、これまでは「日本友人《リーペンヨーレン》」と言って紹介してくれていたのが、「国際友人《クオチーヨーレン》」に変わったりもした。自分たちは疎外されていると感じながら、反日という現実に向かい合って生活した日々が、今となっては懐かしい。もちろん、いまも見えないプレッシャーを感じながら生活している。

では、どうすれば中国人の日本に対する感情を和らげることができるのだろうか。首相が靖国神社に参拝しなければいいのか、「侵略戦争でした」「間違っていました」と謝れば解決するのか。私はそうは思わない。二〇〇六年十二月から日中の専門家による歴史共同研究が始まり二〇一〇年一月に報告書が発表された。学術的に歴史の事実を明らかにすることは大切だが、未来思考の日中関係を構築しようとするのであれば、お互いが国民感情のレベルで相手の歴史認識を知る努力が欠かせない。中国で生活しながら私が感じることは、中国人は決して今の若い日本人から謝罪や反省の言葉を聞きだそうとしているわけではない。アニメやゲームが大好きな若者は本当に多いし、品質の高い日本製品は中国製品よりずっと人気が高い。日本を訪れる中国人観光客は今後ますます増えるだろうし、勤勉な日本人から学ぶことが多いと言うのもお世辞ではない。しかし、中国人は、歴史に無頓着で中国人の感情を平気で逆なでする日本人に我慢できないのだと思う。今恨みに耐えて笑顔で接しているのに、日本人はどうして中国人の気持ちを慮ることができないんだ、そんな苛立ちが蓄積される一方、それに気付かない日本人。私たちはもっと相手の心を察することが必要だと思う。

＊

相互理解を妨げるもうひとつの原因として、温首相は〝現実〟の問題も指摘したが、具体的にそれが何なのかは言及しなかった。温首相はまた「両国の指導者、メディア、教育界は両国民の意思疎通に取り組み、相互理解を深めなければならない」と言い、更には「(日本)メディアは今後、両国民、特に若者が互いに信頼していないという調査結果を公表しないことを望む」などと訴えた。

しかし、である。五年前の反日デモは中国メディアが連日日本批判を繰り返して、世論を誘導したことが深く関係している。首相の靖国参拝にしてもただ断固反対と唱えるだけで、小泉元首相の在任中、日本人がなぜ参拝するのかを分析したり、解説した記事や論文を私は見たことがなかった。当時私はこれではいけないと思い、靖国神社の経緯や問題点を紹介する文章を中国で発表しようとしたが、敏感な問題だからという理由で結局台湾の雑誌社を紹介された。日中関係について自由な議論が制限され、問題の複雑性が国民に知らされなかったことが、暴徒化した反日運動を招いたことは明らかだ。毒餃子報道についても前述のとおりである。

中国で愛国主義が高揚していることについて温首相は、「中国の青年の愛国精神は肯定されるべきだ」とふまえたうえで、「私たちに平等に接する国家や民族に対しては、私たちも平等に応えなければならない」と述べた。首相は日本に到着すると、日中友好団体や友好人士と真っ先に会談し、中日友好貢献賞を授与した。その日の夜、日中友好七団体と華僑四団体が共催した歓迎夕食会では、日中関係において最も重要なことは相互理解、相互信頼だと出席者に訴えた。

相手の行動ばかり非難したり、長年付き合いのある人たちと交流するだけではなく、お互いに相手の立場に立って、自分と異なる意見にも耳を傾けることが相互信頼の出発点ではないだろうか。

第13景　これから留学するあなたへ

日本語教師

2010.7

昨年九月から北京の大学で日本語を教えている。七月初旬、期末テストの採点を終えて、成績表を教務課に提出し、夏休みを迎えた。この一年間は授業とその準備に追われ、なかなか思うように教えられず思い悩む日が続いたが、今となってはあっという間に過ぎ去った一年間だった。今回は日本語を教えて感じたことを振り返ってみたい。

＊

中国の新学期は日本とは違って九月から始まり、春節休暇を挟んで前期と後期に分かれる。前期は初級クラスを週四コマ、上級クラスを週三コマ、後期は初級クラスを週七コマ担当した。中国の大学の講義は朝八時から始まる。一コマ五十分で、十分間の休憩を挟んで、それからまた五十分講義が続く。二コマで一セットだ。

初級クラスの受講生は十四人で、女子学生が十二人、男子学生が二人だった。みんな大学二年生で、一年後に全員、日本へ留学する。日本語は初級レベルで、あいうえおからスタートした。上級クラスは十人で、女子学生が七人、男子学生が三人だった。全員が日本語能力試験の一級（現在のＮ１）を取得していて、流暢な日本語を話した。そのうち五人は日本での留学を終えて帰ってきたばかりで、あとの五人は半年後に出発を控えていた。

日本語を教えて何が大変だったかというと、何もかもが大変だった。かつて日本で中国語を教えたことがある。指導法を学んだことはなかったが、大学時代から外国語として中国語を勉強してきたので、自分が習った通りに教えればよかった。何が難しくて、どこでつまずきやすいかは、自分自身がよくわかっていた。しかし、母語の日本語はそうはいかない。日本人だから日本語が簡単に教えられると思ったら大間違いだ。

たとえば、外国人が学ぶ日本語の文法は、私たちが小中学校で習ったものとかなり違う。国語の授業で、動詞の活用は未然、連用、終止、連体などと習ったが、日本語教育では「ます形」「て形」「ない形」などの文型に分類して学ぶ。形容詞は、「高い」「大きい」など語尾が「い」で終わればイ形容詞といい、日本語でいう形容動詞の「にぎやかな」「きれいな」など「な」で終わればナ形容詞という。「李さんは背が高いです」の否定形は、「背が高くないです（高くありません）」と日本人なら子供でも話せるが、多くの日本語初級者は「高いじゃありません」と答える。イ形容詞の否定形は「い」を取って「くない」を接続する。ナ形容詞文「ここは静かじゃありません」や名詞述語文「これはペンじゃありません」と同じだと勘違いする学生が多い。

次に「は」と「が」の使い方が問題になる。自己紹介するときに「私は王です」とは言うが、「私が王です」とは言わない。「李さんは背が高いです」の「〜は〜が〜です」の構文もなかなか上手く使えない。「は」は主語でもあるが、この場合の主語は「李さん」ではなく「背」なので、「は」は主題だと説明する。中国語では「小李的個子很高」（李さんの背は高いです）としか言えない。「李さんの背は高いです」は間違いではないが、日本語としてはしっくりこない。

継続動詞と瞬間動詞を使い分けることも難しい。たとえば、「食べる」は継続的な動作なので、「ご飯を食べています」は現在進行形だが、「開く」は瞬間的な動作なので、「窓が開いています」は結果の残存を意味する。「デパートで働いています」なら職業を、「上海には二回行っています」なら経験を、「王さんは痩せています」ならそのものの状態を表すように、「〜ています」の用法は多い。

「窓が開いています」と「窓が開けてあります」は、ともに窓が開いている状態を述べている。「開いています」と言うと、誰かが窓を故意に開けた場合と、風などで自動的に開いた場合が考えられ、動詞は自動詞「開く」を用いる。誰かが目的を持って窓を開けたことを強調して伝える場合は「開けてあります」となり、この場合は他動詞の「開ける」を用いる。「窓を開けておきます」なら準備を表し、「開けてしまいました」は完了や後悔の念を表す。「て形」をマスターすると表現の幅がぐっと広がる。

そのほか、自動詞と他動詞の区別を説明するのも難しい。日本人は「お茶を入れました」とは言わず、「お茶が入りました」と自動詞を使って話す。「二〇〇八年に北京五輪が開催された」というように、「した」ではなく「された」と受身で表すことを説明するのもなかなか難しい。

上手く説明できなかったり、適切な例文が思いつかなかったことが何度もあった。質問にすぐ答えられず考え込み、次回説明しますと言ったことは一度や二度ではない。そんなときは冷や汗が出て、学生に申し訳ない気持ちでいっぱいだった。

授業の前日は準備が終わらず、睡眠時間が短くなり、翌日の授業中頭が回らなくなったことも何度かあった。一回の講義を準備するのにその何倍もの時間が掛かることを知り、教師の仕事の大変さがわかった。そして毎日が日本語漬けになり、他のことが何もできなくなった。北京に国際交流基金の図書室があり、日本語教育のテキストや指導書が多くあったので、何冊も借りて勉強した。いつしか本棚は日本語の教材やプリントでいっぱいになった。

決して上手に教えられたとはいえない。それでも学生はみんな最後まで授業についてきてくれた。学生はみな真面目で、朝八時から始まる授業でも、毎回ほぼ全員が出席し、無断欠席する学生はいなかった。みんなの一所懸命な表情から日本語を早く覚えたいという真剣な気持ちを感じ、それに応えなければと授業に力が入った。時々反応が鈍かったり、だれることもあったが、それは私が上手く説明できなかったからだ。

＊

初級と上級クラスでそれぞれ演劇の発表を行ったことがあった。初級クラスはいくつかのグループに分かれ、各グループがそれぞれ習った表現を駆使し脚本を書いて演じた。題材は桃太郎、日本料理屋、ショッピング、「名探偵コナン」など実に多彩で、映像や音楽も使う熱演だった。日本語を習い始めてわずか数ヶ月で、ここまで感情豊かに台詞を言えるとは思いもよらなかった。上級クラスは全員で約三十分間の演劇をした。ストーリーは女子学生が創作したもので、コナン、古畑任三郎、新撰組、光源氏などが一つの話の中に登場する、実に面白い、独創性あふれる内容だった。

かれらと接してわかったことは、みんな日本のアニメが大好きだということだ。何人もの学生から、私は日本のアニメが大好きです、と聞いた。なかでも圧倒的な支持を得ていたのは「コナン」で、その他「ナルト」「銀魂」「ワンピース」などもみんなよく知っていた。かつて麻生元首相が「漫画の殿堂」を作ろうとして、国民から大ブーイングを受けたが、あながち間違ってはいないと思った。日本の漫画はもはや娯楽というジャンルを超えて、日本を代表する文化であることを実感した。

上級クラスの学生たちとは何度か日本料理を食べに行った。ある時、私が会計を済ませると、その次の授業終了時、一人の学生が近寄ってきてお金を払いますと言い、払う要らないの押し問答となってしまった。するとその学生はお金を机の上にポンと放り投げ一目散に走り去ってしまった。また、ある院生が結婚することになり、結婚式に招待されたりもした。京劇の本やぬいぐるみをもらったこともあった。みんなの優しい心遣いがうれしかった。

*

これからみんな日本へ留学して、いろいろな経験をするだろう。私は日本語教師としてはまだまだだが、留学に関しては先輩としてアドバイスができるかもしれない。留学について、私が思うことをいくつか書いてみたい。

まず、留学を思い出で終わらせないでほしい。帰国してから「日本は清潔で便利だったね」「また行きたいね」などとまるで旅行に行ってきたようでは、あまりにも寂しい。留学とはその国に留まって学び、生活することだ。そこで暮らす人々と交流して、自分の知らない新しい価値観に接し、時には立ち止まり考えて悩む、そうした経験を積み重ねて、新しい自分を発見する過程が留学だ。留学は決して目的ではない。

留学前に、「何を学びに行くのか」「目的は何なのか」と言う人が多い。三年目ともなれば話は別だが、最初は留学に目的はいらないと私は思う。一九九一年に中国に留学しようと決めたとき、私は留学の目的でずいぶん悩んだ。当時はただ中国で生活したかったからだった。そして、その選択は今でも間違っていなかったと自信を持って言える。

出発前に決めた目的は、自分の興味のある範囲で決めたものでしかない。まずは生活して、楽しいことや嫌なことなど色々体験して、自分の知らない世界や価値観を感じてほしい。何をするかはそれから考えればいい。私は中国で暮らし始めて、毎日が新しい発見の連続だった。日本の常識では理解できないことばかりで、自分がいかに未熟で、無力なのかを思い知った。異文化に接して、当たり前が当たり前でないと感じ、そしてどうしてなんだと、色々と考えるようになる。そこからすべてが始まる。出発前に思い悩まずに、まずその国へ飛び込んでほしい。

逆に、留学前と帰国してからで考え方が変わっていないとすれば、それは生活体験が足りなかったということだ。留学を終えて、何がやりたいのかがわからなくなるくらいで、有意義な留学生活を送ったんだと思う。たった一年の留学中に就職活動をしている人もいるが、それでは何をしにきたのかわからない。焦らなくてもいい、帰国して気持ちを整理してから考えればいいと思う。日本へ行く人だけでなく、これから留学する日本の皆さんにも声を大にして言いたい。

次に、大学の授業は真面目に出席しなくてもいい。聞きたくない授業に出るくらいなら、あちこちに出掛けて、いろんな階層の人々とどんどん交流してほしい。大学には知識人しかいない。彼らはみんな温和なので居心地がよく、嫌な思いをしなくてすむだろう。しかし、それでは庶民が何を考えて暮らしているかわからない。ぜひいろいろな日本人と接して、その人たちが何を考えて生活しているのかを感じ取ってほしい。こうした体験は、教科書や本には載っていないので、生活の中で自分が感じるしかない。地域研究をするとき、その国の風俗や風習、その土地の人々の考え方などを抜きにしては語れない。もちろん騙されたり、嫌な思いもするだろう。私もそんなことの連続だった。でも、そうした経験をしたからこそ、中国人の日本に対する複雑な感情が徐々にわかってきた。そこで嫌だと投げ出すのではなく、どうしてこうなんだと一歩立ち止まって考えてみると、自分に問題があったり、無意識に相手を傷つけていたことに気がつく。そうした経験の一つひとつが研究テーマにつながる。大学の講義を聴いて、図書館や部屋に閉じこもっているだけでは、その国の本当の姿は見えてこない。工場や商店でアルバイトしたり、友達と飲み歩くのもいい、青春18きっぷで一人旅するのもいい。その国の人たちと同じ目線で、同じ立場で、ぜひ生活してほしい。

もちろん、毎日授業に出ず、遊んでばかりいたら、あっという間に時間は過ぎてしまうだろう。そして、留学が残り三ヶ月ぐらいになると、今まで自分は何をやっていたのか、何も目に見える成果を残せていないことに気付き、焦り出す。私がそうだった。しかし、一年や二年の留学で、私はこれをやりました、などと言えるはずがない。たくさん友達ができて、あちこちへ行って、とても充実した毎日でした、でいいと思う。そう思えることは、そんなに簡単なことではない。留学で最も大切なことは、最初にも書いたが、色んな経験を通じて、自分がこれからどう生きていくかを知ることだ。一年間じゃ足りないと思えば、もう一度行けばいいし、何かやりたいことが見つかったら、それに打ち込めばいい。もう二度と行きたくない、と自分で納得してそう思うのであれば、それはそれで大きな収穫だと思う。一番駄目なのは、何も感じずに帰国することだ。

学部生のみんなは勉強はあまり頑張らずに、ぜひ色々な日本を見て、感じてほしい。院生は論文を書かなければならないので、遊んでばかりいられないと思うが、研究テーマを変えざるをえないくらい思い悩んだ状態で、帰国してほしい。自分の知らない世界を感じ、体験して、思い悩み、苦しんでこそ、誰も考えたこともなければ読んだこともない、新しい視点の論文が書けるのだと私は思う。みんな、がんばれ！

第14景　地雷を踏んだ日本政府

尖閣諸島沖漁船衝突事件(1)

2010.10

この五年あまり、良好過ぎる日中関係に戸惑いを感じながら中国で生活してきたが、ここへきて二国関係は大きな暗礁に乗り上げてしまった。

今年（二〇一〇年）九月七日、尖閣諸島沖で中国漁船と海上保安庁の巡視船が衝突した。海上保安庁は、漁船が故意に巡視船に体当たりしたとして、中国人船長を公務執行妨害で逮捕した。これに対して、中国外務省は強い抗議を表明し、十九日、容疑を否認する船長の拘置延長を石垣簡易裁判所が発表すると、同日夜、政府間交流や民間交流事業の中止を通告した。中国政府の強い圧力を受け、それまで国内法に基づき処分すると明言してきた日本政府は態度を一転させ、那覇地検は二十四日、処分保留で船長を釈放すると発表した。中国政府はこの決定を評価するどころか、日本政府に謝罪と賠償を要求する声明を発表した。

今回の事件を通じて、日中の政府間のみならず、両国の国民感情は決定的に悪化した。では、中国側の反応を政府、メディアそして世論の立場から振り返ってみたい。

まず、中国政府は事件発生直後から猛烈な抗議を繰り広げた。主な発言は以下の通りである。

・9月7日　中国外務省報道官談話「中国の漁船や乗組員の安全を脅かす行動を取るべきではない」
宋濤《ソンタオ》外務次官が丹羽駐中国日本大使を呼び出す。「違法な妨害行為を停止すべし」

・9月8日　胡正躍《フーチョンユエ》外務次官補が丹羽大使を呼び船長の即時釈放を要求。

・9月9日　中国外務省報道官談話「日本側が国内法を適応することは、荒唐無稽で違法かつ無効である」

・9月10日　中国外務省報道官談話「日本側がこのまま暴挙を続ければ、自ら報いを受けることになる」
楊潔篪《ヤンチエチー》外相が丹羽大使を呼び出す。「釣魚島の主権と本国公民の権益を守る中国政府の決心は揺るがない」

・9月12日　戴秉国《タイビンクオ》国務委員（副首相級）が未明に丹羽大使を呼び出す。「日本側は情勢を誤らないよう、賢明な政治決断を求める」

中国政府は、外務次官、外務大臣、国務委員（実質的に中国外交を統括し、外相より立場は上位）と序列に従って、船長の即時釈放を日本政府に要求するが、船長の拘置延長が発表されると、閣僚級以上の交流停止、日中航空交渉の中止、石炭輸出交渉の延期などの対抗策を打ち出し、翌二十日には軍事関連施設に不法侵入したとして、建設会社フジタの社員ら日本人四人の身柄を拘束した。中国人船長は逮捕から十六日後に釈放されたが、日本人の拘束は二十日間に及んだ。ちなみに釈放された日は、中国の人権活動家、劉暁波氏にノーベル平和賞が授与された翌日だった。その後、中国側は上海万博に招待する予定だった日本の学生ら約一千人の訪中団の受け入れを延期し、自治体や民間団体の交流もストップ、更にはレアアースの対日輸出を停止した。

露骨で威圧的な中国政府のやり方に、「ちょっとやりすぎじゃないか」という中国の友人もいた。中国政府の言い分はこうだろう。「即時に無条件で釈放しなければ、いかなる結果も日本側が責任を負うことになる」と再三警告してきたが、日本政府は我々の忠告を受け入れなかった。よって我々は予告通りに対抗措置を発動したにすぎず、事態の悪化を招いたのは日本政府だ。

二十三日には温家宝首相が国連総会で、国家主権や領土保全では「屈服も妥協もしない」と表明した。中国政府はこれまで国際社会で二国間問題を取り上げることを非難していたので、首相自らが国連総会で領有権を主張したのには驚いた。そして、その翌日、船長が釈放されると聞いて更に驚いた。中国政府のチャーター機で帰国した漁船の船長が、両手にVサインでタラップに立ち、花束を受け取っていた。英雄の凱旋帰国を繰り返し報じるテレビの中継を見ながら、日本政府の外交力のなさに開いた口がふさがらなかった。しかも中国政府は船長の釈放を評価するどころか、日本側に謝罪と賠償を要求した。

＊

次に、中国メディアは今回の事件をどのように報じたのか。事件発生翌日の中国各紙は「日本の巡視船が中国の漁船に衝突」と見出しを掲げて一斉に報じたが、その後は各紙とも中国外務省の談話や日本大使を呼び出して抗議を行ったなど事実を淡々と伝えるだけで、人民日報系の『環球時報』が連日一面で日本を厳しく非難していた以外、報道は抑制されていた。

十一日、中央テレビが「神戸の王子動物園でパンダが急死」と何度も報じているのを見て、私は、中国政府は今回の事件で日中関係の悪化を望んでいないと感じた。国営放送の中央テレビは党と政府の喉と舌と言われるが、日中関係が良好なときは、日本のハイテク技術がいかに優れているか、どこでどんなお祭りが行われたかなど、日本の最先端技術から季節の話題までたっぷり報道している。しかし、日中関係がひとたび悪化すると、一転してこうしたニュースは報じられなくなる。アナウンサーが眉間にしわを寄せて声高に、「日本がまたこんなことをやった」と国民感情を荒立てるように報道する。それが最も顕著だったのが二〇〇五年春に反日デモが起きたときだった。当時中国メディアは、日本の国連常任理事国反対、小泉首相（当時）の靖国参拝、歴史教科書問題などを取り上げ、徹底的に日本批判を繰り返したことで世論に火がついた。しかし、今回は他のニュースと何ら変わらぬ扱いで、更には、多くの日本人がパンダが死に悲しみにくれているという報道を見て、今回は五年前の反日デモのようなことにはならないなと感じた。いつも日本に対し辛口のコメントをするニュースキャスターの水均益《シュイチュンイ》氏が冷静沈着だったのには驚いた。専門家はコメントの最後に必ず〝戦略的互恵関係を維持することは日中双方の利益だ〟と付け加えた。事態の悪化を望まない当局の指導があったのだろう。

＊

では、中国の世論はどうだったか。北京では日常生活で漁船衝突事件が話題になることもほとんどなく、日本の世論とは対照的だった。

ネット上では、満州事変が勃発した九月十八日を間近に控えて、デモへの参加を呼び掛ける書き込みが多く飛び交っていた。北京の日本大使館は十五日、中国在住邦人向けに、中国人に接する際に言動や態度に注意し、日本人同士で騒がないなど、安全確保に注意するよう呼びかけた。

そして十八日当日、小雨が降るなか、午前九時二十分頃から約二時間、反日デモが決行された。集合場所の建国門外《チエンクオメンワイ》にある日本大使館前（当時）には、若者から中年までざっと七十人から百人ほどが集まり、一人がメガホンを口に当て、「七十九年前の今日、九一八事変が起きた。そしていま、船長が不法に拘束されている」と演説をぶつと、それに群集が呼応して「打倒《ターオ》小日本《シアオリーペン》！　滾出釣魚島《クンチューティアオユイタオ》！」（小日本を打倒せよ！　釣魚島から出て行け！）、「勿忘国耻《ウーワンクオチー》！　還我船長《ホワンウォーチュアンチャン》！　立即《リーチー》放人《ファンレン》！」（国辱を忘れるな！　船長を返せ！　即時釈放しろ！）、「美国人滾出亜洲《メイクオレンクンチューヤーチョウ》！」（アメリカ人はアジアから出て行け！）などと叫んでから、国歌を歌った。

しばらくすると、デモ隊はスローガンを叫びながら北へと移動を始め、中国外務省前に到着すると、建物の外から外務省に向かって「打倒日本軍国主義《タータオリーペンチュンクオチューイ》！」（日本帝国主義を打倒しろ！）、「中国人崛起看来《チョンクオレンチュエチーカンライ》！」（中国人は立ち上がれ！）、「主権神聖《チューチュエンシェンション》！」（神聖なる主権！）などとスローガンが叫んでいたが、警官の指示で北へと誘導された。その間も「東方紅《トンファンホン》」「九一八《チューイーパー》」の合唱、「打《ター》倒倭寇《タオワーコウ》！」（倭寇をやっつけろ！）、「毛沢東思想万歳《マオツォートンスーシアンワンソイ》！」（毛沢東思想万歳！）、「両岸同胞団結起来《リャンアントンパオトワンチエチライ》！」（両岸同胞は団結せよ！）などスローガンは尽きない。

そして朝陽門外の交差点に達したとき、ついにデモ隊は警官隊に静止された。「じゃあ一列に並んで亮馬橋《リアンマーチアオ》の日本大使館へ行こう！」「君たちの気持ちはわかる。政府がついているじゃないか」。こうしたやりとりがしばらく続いた後、デモ隊は自然解散した。

今回のデモは、デモ隊約百人に対して警察隊は二百人以上いた。二〇〇五年の反日デモが数千人規模であったことを考えると、かなり小規模だった。投石や破壊行為はなく秩序整然と行進していた。服装や訛りのある話しぶりから、デモの参加者はほとんどが地方出身の若者のようだった。

中国はここ数年、物価の上昇や就職難で、みんな生活することに必死だ。日本以上に厳しい競争社会といっても過言ではない。二〇〇五年の反日デモのときは、北京の大学に通う大勢の学生が隊列に加わり、各大学はデモの参加を禁ずる通達を出したが、今では都会育ちの大学生の姿はほとんど見掛けなくなった。日本製の電気製品や化粧品は相変わらず大人気で、日本へ旅行したという中国の友人もここ数年で急に増えた。日本製品の不買を訴えても、共鳴するのは豊かさから取り残された人たちだけだ。

北京の街の様子も普段と何ら変わらなかった。前回の反日デモが起きる前は、買い物やレストランで日本人だとわかると嫌な顔をされたり、嫌味を言われたこともあった。上海では日本人留学生が暴行を加えられ怪我をする事件が発生した。しかし、今回はバスやタクシーに乗っても、下町のレストランに入っても、日本語が話しづらい危険な空気を全く感じなかった。むしろ気になったのは、北京と天津の日本人小学校が満州事変が起きた九月十八日に運動会を予定していたことだ。中国人の記憶に深く刻み込まれたこの日を避ける配慮が日本人には必要だ。八月六日に広島でアメリカ人がパーティーを開いたら、日本人はどう思うであろうか。

＊

一つの事件が日中関係全般に影響を及ぼす。日本人は改めて中国のカントリーリスクを再認識したと思う。そして今後中国とどう付き合っていくべきなのか、日本人一人ひとりが考えるきっかけになったと思う。では、これからどうすべきなのか。

まず、船長は処分保留のまま釈放されており、事件はまだ解決していない。事件をこのまま風化させるのではなく、日本政府はビデオを公開し、中国側に真実を主張すべきだ。

十月四日、アジア欧州会議（ＡＳＥＭ）で菅首相は温家宝首相と会談を行い、日中関係は早くも改善に向かっている。政府・民主党は日中関係への配慮からビデオの公開を見送る方針だという。日本政府はなぜもっと毅然とした態度がとれないのだろうか。謝るべきは謝り、主張すべきはあくまで主張すべきである。小泉元首相の靖国参拝について、良し悪しは別として、毅然とした態度で参拝し続け自分の意志を貫いたことは、今後日本は侮れない存在だと中国に大きな衝撃を与えた。「小泉は嫌いだけど立派だ」という中国人は多い。

小さな漁船が大きな巡視船に体当たりするわけがないと中国メディアが報じており、多くの中国人は海上保安庁の巡視船が漁船に体当たりしたと信じている。このような状態で政府間の関係が改善しても、お互いの国民感情は更に悪化するだけだ。日本政府は公務執行妨害で船長を逮捕し、国内法に基づいて処分すると一度決めたのなら、法治国家として最後まで筋を通すべきで、中国政府が聞く耳を持たないのであれば、菅首相が中国の国民に向けて直接メッセージを発することもできたはずだ。小手先の対応でその場しのぎの外交を続けていては、国益を損ねるだけだ。

＊

自民党の谷垣総裁が船長逮捕後に釈放するのも選択肢の一つだと言って非難を浴びたが、十三日に他の乗組員と一緒に船長も釈放すべきだったと私も考える。那覇地検は二十四日、「国民への影響や今後の日中関係も考慮した」として船長を釈放した。菅首相は「検察独自の判断だった」と強調していたが、政治的判断が影響したことは明らかだ。そもそも日本は、起こりうる中国からの圧力をどれほど想定して船長の拘置延長に踏み切ったのだろうか。もし船長を起訴していれば、中国政府は更なる報復措置を講じたであろう。中国と本気で喧嘩できないのであれば、二〇〇四年三月に中国人七人が魚釣島に上陸したときのように、政治的判断ですぐに強制送還すべきだった。

事件発生当初、中国外務省は日本大使を連日呼び出し抗議を行った。これは日本への抗議というより強硬な国内世論を意識したもので、日本政府がこのまま国内法にこだわれば、中国政府も厳しい対応を取らざるを得ないというメッセージが当然含まれていただろう。主張しつつ相手に選択肢を与える政治的な判断ができなかった日本の外交に問題がある。

そろそろ日本政府は対中外交の再構築を真剣に考えなければならない。日本人は問題が起きると争いを好まず、話し合いで解決しようとするが、中国はテーブルにつくまえにまず相手より有利な立場に立とうとする。そして自分の弱点と不利な要素は隠しつつ、自分が勝てる土俵で相手を攻撃する。無理な要求だと知りつつ相手の出方を伺い、少しでも多くの利益を得ようとするのだ。最終的にはお互いが納得できる妥協点で折り合えばいい。外交も、ビジネスも、買い物の値切り交渉も基本は同じだ。「二百元だ」と吹っかけられて「はい」と素直に買う人は誰もいない。要らないと言えば「百元でどうだ」と必ず折れてくる。それでも買わなかったら「友達価格で五十元でどうだ」となる。わずかな利益がある限り、ぎりぎりまで交渉してくる。これが中国社会の常識なのだ。「日本人は考え方が単純ですね」と中国人によく言われる。相手の立場を考えて行動するのは日本人の美徳だが、中国社会では通用しない。そろそろ中国と戦略的に付き合う術を我々も身に付けねばなるまい。私などよりビジネスの現場で苦い経験を積んだ方々はたくさんいる。民間人大使を起用したのも戦略的互恵関係を深めるためだけではないはずだ。隣人中国とはこれからもずっと付き合っていかなければならない。今回の事件を今後の教訓として生かすことができるかどうかが大切だ。

第15景　内陸部での不可解な反日デモ

尖閣諸島沖漁船衝突事件(2)

2010.11

十月四日、菅首相と温家宝首相がブリュッセルで懇談したことで、緊張した日中関係は改善へ向かうと思われたが、十月十六日に中国各地で大規模な反日デモが起き、関係は再び悪化してしまった。激動のこの二ヶ月間を振り返ってみる。

*

十月十六日、西安《シーアン》、成都《チョントゥー》、鄭州《チョンチョウ》で大規模な反日デモが起きた。その後各地に飛び火し、綿陽《ミエンヤン》（十七日）、武漢《ウーハン》（十八日）、徳陽《トーヤン》、長沙《チャンシャー》（二十三日）、宝鶏《パオチー》、蘭州《ランチョウ》（二十四日）、重慶《チョンチン》（二十六日）などでも数千人から一万人以上のデモが起きた。北京は普段と何ら変わらなかったので、まさかこんな事態になるとは思いもよらなかった。西安に留学している知人の話を聞いて愕然とした。校内でデモへの参加を呼び掛けるチラシが配られ、いつも気さくに声を掛けてくれていた近所の食堂のおじさんが、挨拶すらしてくれなくなったという。大学は学生がデモに参加しないよう学内のネット回線を遮断し、わざわざ週末にも臨時の授業を行ったという。「一人だと怖くて外出できない」と聞いて、ただ驚くしかなかった。

中国で大規模な反日デモが起きたのは、約五年半ぶりだ。両首脳が戦略的互恵関係を発展させていくと同意した矢先に、なぜ反日デモが起きたのか。反日デモが起きる二週間前、十月二日に東京などで反中デモが行われたことを、中国の新聞やネットは大きく取り上げていた。その後「十六日に日本の右翼団体ら約三千人が、東京の中国大使館を包囲攻撃する」というニュースがネットで広まると、「我々も立ち上がろう」「午後二時集合、スローガンや小道具は各自持

「祖国を守り、日本製品をボイコットしよう」。このようなステッカーが街のあちこちで見られた

参」などとデモ参加を呼び掛ける書き込みが多く見られるようになった。日本の反中デモに対抗するかのように、反日が叫ばれたのだった。

新華社と四川省の地元メディア以外はデモのことを速報しなかったが、参加者や目撃者がルポや写真をネットに掲載したため、多くの中国人が知っていた。一部デモ隊は日系スーパーや日本料理屋を襲撃し、日本車や日章旗を焼き払うなど暴徒化した。

今回の一連のデモには不可解な点が多い。まず、デモが起きた場所が四川省や陝西省など内陸部の地方都市だけで、北京や上海など沿岸部では起きなかったことだ。中国の都市は規模により一線都市（北京、上海、広州、深圳の四都市）、二線都市（地方の中核都市）、三線都市（地方の小都市）などに分類され、西安、成都、蘭州などは二線、綿陽、徳陽、宝鶏などは三線都市に属する。これらの都市は二年前の四川大地震の震源地に近く、特に綿陽と徳陽は大きな被害を受けた。生活水準も沿岸部と比べて立ち遅れている。また、日本人や日系企業の数も沿岸部に比べて少なく、日本への影響も限られている。不満のはけ口として政府が反日デモを容認した可能性は十分に考えられる。

では、デモは官製だったのか。西安や成都でデモが起きた前日、中国共産党第十七期中央委員会第五回全体会議が北京で開幕し、習近平《シーチンピン》政治局常務委員が中央軍事委員会副主席に選出され、次期最高指導者に内定した。社会の安定が何よりも優先されるこの時期に、デモを容認するとも考えにくい。軍部や対日強硬派の台頭などと推測されるが、本当のところは分からない。

デモ発生から三日後、中国外務省の報道官は記者会見で、「一部の群集が日本側の誤った言動に義憤を表明することは理解できるが、愛国の情熱は法律に基づき理性的に表現すべきで、非理性的な違法行為には賛成できない」と政府の立場を表明した。中国政府の言い分はこうだろう。漁船船長が不法に逮捕されたが、日本政府は罪を認めて釈放した。温首相は菅首相の要請を受けて懇談を行い、双方が関係改善に向けて努力することで同意した。しかし、日本側は関係改善を進めるどころか、政治家や政府閣僚が反中的な言動を繰り返し、国内の反中世論を煽っている。暴力行為はよくないが、反日デモを行う若者たちの気持ちは、多くの中国人の感情を代弁している。

船長釈放後、日本国内では民主党の対中外交が厳しく非難され、中国に挑発的な言動が相次ぎ、世論の反中感情はこれまでになく高まった。中国大使館や中華学校に脅迫状や実弾が届いたこと、中国人観光客を乗せた観光バスが右翼団体に包囲されたことなどを、中国メディアは大きく報じていた。中国側が敏感に反応した日本側の言動は主に以下の通り。

・10月9日　原口前総務相ら超党派議員が軽飛行機で尖閣諸島沖を視察
・10月13日　衆議院予算委員会が漁船ビデオの国会提出要求を議決
・10月14日　前原外相の発言「国会議員は体を張って実効支配していく腹づもりを持ってもらいたい」
・同日　日本の外務省がグーグルの日本法人に尖閣諸島の中国語表記の削除を求める
・10月15日　前原外相の発言「(尖閣諸島の領有権を)我々は一ミリとも譲る気持ちはない」
・10月18日　前原外相の発言「中国のとってきた措置は極めてヒステリック」
・10月21日　前原外相の発言「(領有権棚上げについて)「鄧氏の一方的な言葉であり、日本側が合意した事実はない」

中国政府の日本批判の矛先は前原外相に向けられた。胡正躍外務次官補は十月二十一日、「(前原外相は)連日、中国を攻撃する発言をしている」と批判、また多くの雑誌や新聞も前原特集を組み、「中国脅威論を唱える反中分子が挑発的な言動を繰り返している」と強く非難した。人民日報系の雑誌『環球人物』(十月二十六日発行)は日の丸の鉢巻をした前原外相の合成写真を表紙に掲載し、田母神俊雄氏、桜井よしこ氏とともに「日本の三大タカ派」と紹介した。

中国高官が日本の外相を名指し批判し、主要メディアもこれでもかと前原外相批判を展開した。なぜここまで露骨な前原批判を行ったのか。それは国内の対日強硬派や反日世論の批判が、日本と関係改善を進めようとする現政権に向きかねないと判断したからだろう。日本的な感覚だと、外務大臣であれ発言は個人の意思として尊重され、それに納得できなければ与野党を問わず公然と批判できるが、中国の要人の発言に私情が含まれることはありえない。日本外交のトップである前原外相の発言は、日本政府が日中間の合意を否定することを意味する。また、漁船船長の逮捕をめぐり、中国政府は外務次官補、次官、外相、そして国務委員と順次ランクを上げて抗議を行ってきたが、日本政府はそれに応えなかったため、最後に温家宝首相が登場した。ナンバー2の前原氏の一連の発言は、中国として見逃すことはできなかった。

その後、反日デモはますますエスカレートし、宝鶏（二十四日）、重慶（二十六日）などでは「腐敗撲滅」「住宅価格高騰反対」「多党制を認めよ」などと公然と反政府を主張するスローガンが現れた。反日デモが反政府へ向かったのは、二〇〇三年十月に西安の西北大学で起きた反日デモと同じだった。政府はデモの鎮静に乗り出した。デモ関連のサイトが閲覧できなくなり、デモへの参加を呼び掛ける書き込みが削除された。北京市内の大学では私服警官や警備員が巡回を行い、大学が運営するネットの掲示板が閉鎖させられた。『人民日報』は二六日、「愛国の情熱を自らの仕事の積極性に切り替えよう」と評論で訴え、新華社も同日、「理性を欠いた違法な行為には賛成しない」と自制を呼び掛けた。反日デモが社会の安定を脅かしかねないと判断したからだった。

＊

今回の一連のデモを振り返ってみると、領土問題で決して妥協しない中国政府の主張が改めて強調されたが、それと同時に、水面下で日本と関係改善を模索していた事実も見逃せない。この間、中央テレビは日本のロボット技術の高さや日本のある納豆研究者の研究成果が中国の健康食品会社の納豆商品に悪用されて困っているなど、日本に好意的なニュースも連日報じていた。

前原外相についても批判を繰り返すだけでなく、中央テレビは本人の生い立ちや人生観などを紹介する特集番組を組んでいた。私は十月二十五日の再放送を見たのだが、父親が自殺して苦労したこと、尊敬する人物は坂本竜馬と廣田弘毅で、廣田は日中戦争の拡大を望まず戦争を外交手段で終結させようと尽力したこと、また、鉄道ファンで車掌の制服を着て嬉しそうにＳＬに乗っている姿を好意的に紹介していた。また、前原外相を強烈に批判した前述の『環球人物』の同じ号では、「日本では信号無視する人が極めて少なく、車は常に歩行者を優先させる」「交通事故死亡率は先進国で最も低い」と日本のマナーの良さを賞賛していた。

中国の外交手法は原理原則が明確で極めて強権的だと言われる。確かに我々の感覚からすれば、自分の否は一切認めず相手に謝罪の要求を繰り返す発言にただ驚かされるばかりだ。しかし、こうした威嚇を伴った外交的圧力を、額面通り受け止めてはいけない。常に相手の出方を伺いながら妥協点を模索しているのだ。政府間交渉、ビジネスの現場でも同じであろう。たとえば、「領土問題で我々は断じて妥協しない」と中国政府は一貫して主張しているが、一方で「中日の戦略的互恵関係は必ず発展させなければならない」と繰り返している。これは誰が聞いても相矛盾する発言だ。相手が妥協しない限り関係は修復できないと言いつつ、その一方で関係修復のシグナルを絶えず送り続けている。そしてひとたび問題が発生すると、「我々は日本と友好関係を発展させたいと願っている。問題を引き起こすのはいつも日本側だ。問題の責任は完全に日本側にある」などと頑なに原則論を繰り返す。今回の反中デモの参加者や反中的な発言を繰り返す日本人は「日本の右翼」「一部のよこしまな考えを持つ日本人」と表現し、一般の日本人とは明確に区別している。

起こりうるあらゆる可能性を考慮し、どんな問題が発生しても対応できるよう実に計算された外交術だ。日本の外交にこうした駆け引きや戦略があるとは思えない。柳腰などと言っていては中国と対等に渡り合えるはずもなかろう。

スローガン「共産党は素晴らしい」に誰かがスプレーで「?」マークを書き足していた。

Ⅲ 2011年

民間交流に思う

東日本大震災

中国映画『譲子弾飛』(邦題:さらば復讐の狼たちよ)

第16景　すべては信頼関係から

民間交流に思う

2011.1

二〇一〇年十一月十四日、APEC首脳会議に出席するため来日していた胡錦濤国家主席は、菅首相と首脳会談を行った。その晩、中央テレビは夜七時のニュースで、にこりともしない胡主席が菅首相と握手している映像を流し、翌日は正午のニュースで、会談は「日本側の求めに応じて」行われたと強調した。十月に中国各地で反日デモが起き、十一月に入ってからもネット上にはデモを予告する書き込みが後を絶たなかった。もし日本で笑顔を振りまき関係改善を喜んでいれば、国内の反日勢力から激しい反発が起こりかねない。首脳会談の開催がわずか十分前に発表され、会談時間がわずか二十二分間だったことも、中国側が国内の反日世論を意識したからだろう。

一方、日本では会談翌日に行われた記者会見で、菅首相は「(日中関係を)私が首相に就任した六月に戻すことができた」と首脳会談の成果を述べ、世論の激しい批判を浴びた。漁船衝突事件で中国側から謝罪と賠償を要求されながら関係改善を手放しで喜ぶ姿を見て、多くの日本人が民主党に外交は任せられないと感じたに違いない。

中国側にとっては今回、日中両首脳が握手をすることが目的だった。トップ会談の実現は中国政府が日本との関係改善に舵を切ったことを意味する。それまで政治の風向きを見据え、日本との交流に躊躇していた各方面（ビジネス、地方自治体、民間団体など）はこれ以後、交流再開へと動き出した。

対日関係改善への動きは中国の報道にも表れていた。首脳会談の前日、中国人二十五名を乗せたパナマ船籍の貨物船が西表島沖で遭難した。日本の海上保安官が中国人乗組員三名を救助したことを中央テレビは繰り返し報じ、荒波に溺れる中国人を日本人が懸命に助けようとする生々しい映像を何度も流して、「日本側は期間を延長して救助作業を行っている」と数日間に渡り続報した。このニュースを見ながら、四川大地震のとき日本の救援隊が遺体に深々とお辞儀する映像が報じられ、大きな共感と反響を呼んだことを思い出した。

この頃日本では、漁船衝突事件の映像がネット上に流出して大問題となっていたが、一方の中国では全く取り上げられず、ロシアのメドベージェフ大統領が国後島を訪問したことが大々的に報じられていた。その後、朝鮮半島の延坪島で北朝鮮による砲撃事件が勃発し、米空母が中国と目と鼻の先の黄海に派遣され、米韓合同軍事訓練が始まると、漁船事件は話題すら上らなくなった。こうして段々と漁船事件は報じられなくなり、それはあたかも二〇〇八年の毒餃子事件を彷彿させた。

＊

胡主席が訪日して日中関係が改善へと動き出す前、神戸市に拠点を構える劇団道化座が北京公演を行った。当時はまだ日中間の交流事業の多くが延期に追い込まれていたため、不測の事態が起きるかもしれないと一抹の不安があったが、十一月三日と四日に行われた二回の公演はともに満席で、大盛況のうちに幕を閉じた。

中国の内陸部で起きた反日デモには大勢の学生が参加したため、その後北京の大学でも学内を巡回する警備員を増員するなど警備体制が強化されていた。そうした状況のなか、今回の公演会場は北京師範大学の構内にある北国劇場だった。道化座は中国側に公演の延期を打診したが、主催者の返事は「予定通り行います」だった。

公演前日、ゲネプロが終わると、私は中国側プロデューサーT氏に誘われてタバコを吸いに劇場の外へ出た。T氏は今回の公演に至るまでの経緯を話してくれた。まず、劇場側から公演中止を要請された。学生が暴れるなど万一の事態が起きれば責任を負えないことが理由だった。また、大学近くのホテルから日本人の宿泊を拒否された。二十人以上もの日本人が宿泊すれば、学生が抗議に押し寄せるかもしれないからだ。

その他各方面からも中止を打診されたそうだが、彼は諦めなかった。万一の事態が発生した場合は主催者が全責任を負う、チケットは販売せず内部公演とする、構内にポスターは貼らない等の条件を受け入れ、公演開催にこぎつけた。ネットでも前売り券発売の情報が掲載されていたが、実際には販売されておらず、公演ポスターは公演当日、劇場入り口に一枚張ってあっただけで、街角ではもちろん、大学構内でも一枚も見かけなかった。

では、中国側主催者はなぜこれほどリスクを抱えてまで公演を決行したのか。T氏曰く「九〇年代から私は劇団を引率して何度も日本公演を行いました。そのほとんどが道化座さんによる招聘でした。民間の劇団で運営が決して楽ではないにもかかわらず、いつも私たちを温かく迎えてくれました。日本公演に参加した劇団員たちはみんな感謝しています。自分たちがこれまで世話になっていながら、いま日中関係が敏感だからといって公演を中止することは私にはできません。そもそも政治と文化交流は何の関係もないでしょう」。そういいながら、「私は何も恐れない」と力を込めて話すのを聞いて、心のなかでは心配してるのだと感じた。

十一月三日午後七時半、開演ブザーが鳴ると、まずT氏が挨拶をし、最後に「いま日中関係は非常に敏感な時期ですが、本日ご来場くださった皆さまは、日本のお芝居を冷静に観劇してくださると信じています」と締めくくった。そして幕が上がった。演目は「早安《ザオアン》媽媽《ママ》！」（原題「おはよう、母さん！」）。ストーリーはある家庭の日常を丁寧に描いたもので、芝居は静かに進行し、やがて、穏やかな歓声のなかで幕が下りた。終演後に劇団関係者と観客による交流会が行われた。

「初めて日本のお芝居を観ました。表現が繊細で素晴らしかったです」「中国には日常を淡々と描いた作品が少ないのでとても感動しました」。演出家の査明哲《チャーミンチョー》氏やドラマ『大地の子』で養父役を演じた朱旭《チューシュイ》氏も大絶賛だった。

日中間の多くの交流事業が次々と中止に追い込まれるなか、私は道化座の訪中公演を観て、日中関係の将来にまだ望みがあると感じた。道化座は一九八七年に初めて訪中公演を行って以来、今回で十五回目だ。九三年から私は道化座の訪中公演に度々携わってきた。十五年ほど前だったか、中央戯劇学院の当時の院長が「道化座さんとは日本の劇団のなかで最も中身の濃い交流を行っています」という話を通訳したのをよく覚えている。

中国と継続して交流を行うことは、言うほど簡単ではない。いわゆる〝文化交流〟はコンサートやイベントなど継続性のない交流事業が多い。多額の助成金が支給される、そうした事業が果たしてどれほど相互理解に貢献しているか疑わしい。更に、拝金主義がはびこる今の中国では、儲からない文化交流は歓迎されない。道化座の特筆に値するところは、中国側がそういった利益を度外視して、何十年と交流を続けているところだ。

なぜそれができるのか。それは、これまで積み重ねてきた信頼関係に他ならないだろう。中国がまだ閉鎖的だった時代から、様々な困難を乗り越え築き上げてきた友情の絆は深い。中国には「飲水不忘挖井人《インショエプーワンワーチンレン》」（水を飲むときには井戸を掘った人を忘れない）という諺がある。中国人はこうした人たちを老朋友《ラオポンヨウ》と呼んで厚くもてなす。

また、中国ではビジネスや文化交流に関わらず、政府の支持を取り付けることが重要なため、政府高官が来賓に招かれる場合が多い。しかし、道化座の訪中公演で私はこれまで一度も役人の姿を見たことがない。この劇団は中国の演劇人たちと地道な演劇交流を細く長く続けているのだ。これこそ草の根の民間交流といえるのではないだろうか。公演当日はかつて訪日公演に出演した俳優や年配の演劇関係者の姿を多く見かけた。久々の再会を心から喜ぶみんなの笑顔を見ていると、自分も初心に戻ったような気がした。

長く交流を続けていると様々な問題が発生する。双方の意見が真っ向から対立したことも一度や二度ではなかった。しかし、相手への敬意と信頼があれば、関係が途絶えることはない。今回の公演は中国文化省（日本の文化庁にあたる）に所属する国家話劇院が主催する第四回国際戯劇祭の招待作品として上演され、海外からは韓国、ベトナム、香港などの劇団も参加したが、渡航費が支給されたのは道化座だけだった。

＊

日中首脳会談に話を戻す。両首脳は戦略的互恵関係を発展させること、民間交流の促進などで合意した。正直、またかと思った。十二月に内閣府が発表した世論調査では、中国に親しみを感じない人が八〇パーセント近くに達したが、日本はますます中国への依存を深めている。中国は好きではないが、仕方なく中国と付き合っているのだ。かつて反日デモが起きた時、日本が嫌いだと叫びながら日本製の電化製品を使っている中国人を蔑む日本人がいたが、それとどう違うのだろうか。

善隣友好ではなく、中国とはWin-Winの関係で付き合っていこうというが、果たしてそれで上手くやっていけるのだろうか。外交もビジネスも草の根の交流も、人間関係の上に成り立っている。国益や利益だけが交流のものさしになったら関係が行き詰まることは、今回の漁船事件からも明らかだ。

中国で長く暮らしていると、日中関係が良好なときほど違和感を覚える。そう感じるのは私だけではないだろう。しかし、デモが起きて反日世論が加熱する一方で、書店には多くの日本人作家の翻訳本や日本の観光ガイドブックが平積みで並んでいる。日本と付き合いのある中国の人たちは、そうした過激な行動を「何もわかってない奴らがまた騒いでいる」と言っていた。しかし、十三億人中の圧倒的多数が日本人と実際に会ったことも、話したこともない人たちだ。いずれまた大規模な反日デモが必ず起きるであろう。

では、どうすれば圧倒的多数の人たちの日本に対する感情を和らげることができるのだろうか。中国社会が成熟するのを待てばいいのか、はたまた民主化すれば対日感情はよくなるのか、それともいっそ仕方がないと諦めて終わるのか。

今回のデモを見てもわかるように、過激な行動を起こす人たちは、日本に対する不満と同じほど今の中国社会に不満を抱いている。そして彼らの多くは、金や権力と無縁で、時代の流れに乗り遅れた社会的弱者だということだ。つまり、マイホームやマイカーを持つような富裕層を対象に日本を紹介するだけではなく、日本人と接したことがなく、ステレオタイプでしかまだ日本を理解できない人たちと交流する機会を設けることが大切だ。権力や名誉や金儲けと関係なく、庶民の視線で地道な交流を続けている道化座のような日本人がいることを中国人に知ってもらうことは、日本を見つめ直す手がかりになると私は思う。またそれは、中国人が自分たちの生活を見つめ直すきっかけにもなるだろう。

東日本大震災(1)

第17景　絶賛から批判へ、地震と原発の衝撃

2011.5

今回は東日本大震災が中国でどのように報じられ、またどのように受け止められたかを振り返ってみたい。

地震発生当日の三月十一日、中国では日本の国会に相当する全国人民代表大会が開催中だったが、中央テレビ国際チャンネルは地震発生直後から被害状況を詳報し、翌日から新聞各紙は連日一面トップ、テレビは大津波で家屋が流される衝撃的な映像を繰り返し流した。アナウンサーは「今こそ隣人に手を差し伸べよう!」と呼び掛け、「日本は孤独ではない!」と何度も叫んだ。二〇〇八年五月に起きた四川大地震や昨年(二〇一〇年)四月の青海玉樹《ユイシュー》大地震が記憶に新しい中国人にとって、他人事とは思えなかったのだろう。「被災地では略奪は起きず、騒ぎ立てる人は誰もいない」「被災者は譲り合い、列に並んでいる」——中国メディアは日本人の秩序正しさと防災意識の高さを絶賛した。「中国で同規模の地震が起きたら、犠牲者は数十万人を超えるだろう」「我々は日本人のように冷静に行動できない」「日本人に学ぶことは多い」——中国では表立って日本を賞賛するとバッシングに遭うが、今回ばかりはこうした日本賞賛の言葉で溢れかえった。中国の友人からは「家族を北京に呼び寄せたほうがいい、家は提供するぞ」「日本は必ず蘇る、頑張れ!」といったメールが次々と届き、胸が熱くなった。かつて四川大地震で日本政府が派遣した救援隊が他国に先駆けて現地入りしたことや、発見した遺体に深々とお辞儀したことは中国で大きな反響を呼んだ。今度は私たちが恩返しする番だと多くの人が考えたに違いない。

*

しかし、三月十五日を境に状況は一変する。福島第

一原発で爆発が相次ぐと、テレビの震災特集は原発特集に切り替わり、爆発の瞬間や焼け焦げた原子炉建屋の映像が何度も流れた。中国の原発専門家は原子炉の稼動中に事故が起きたチェルノブイリとは全く異なると安全を強調したが、中央テレビのアナウンサーはすぐにも放射能が中国に飛来するかのような発言を繰り返した。岩手県で活動する中国救援隊を取材中の中国人リポーターは「私がいま着ているこの服に果たして放射能がどれくらい付着しているか、全く想像すらできません！」とコメントしていた。震災直後から大勢の中国人記者が被災地に入り現地リポートを行ったが、原発事故が発生すると、余震が続いていたこともあり自分たちが感じる恐怖感ばかりが報道されるようになった。

こうした報道に人々は敏感に反応した。「放射能が中国まで飛んで来る」と携帯メールで噂が広まり、メディアが「ヨウ素を含んだ塩は被曝を予防する効果がある」と紹介したことも手伝って、翌三月十六日、中国各地で塩の買占め騒動が起きた。翌十七日に私が近所のスーパーへ行って見ると、調味料コーナーは年配者でごった返し、塩は売り切れて一袋もなく、醬油、酢、ワカメ、インスタントラーメン（粉末調味料に塩分が含まれているため）などもかなり品薄になっていた。

政府は社会の混乱を危惧したのだろう、メディアは一転、「放射能は極めてわずかで人体に全く影響を及ぼさない」と安全をアピールし始めた。

＊

この頃、日本では大勢の外国人が慌しく帰国し始めた。なかでも中国人が圧倒的に多かった。それは在日外国人のなかで中国人が最も多いことももちろんだが、過熱する国内の原発報道を見て驚いた家族が執拗に帰国を促したことが大きい。また、中国人が政府の公式発表やメディアの報道を信用しないことも関係している。塩の買占め騒動が起きた後、国際ニュースの多くはリビア情勢に変わり、原発事故の扱いは急に小さくなったのを見て、私は二〇〇三年に中国で大流行したSARSのことを思い出した。当時、北京の病院で感染者が確認されたとき、北京では全人代が開催中だったため、社会の混乱を恐れた政府が情報を迅速に発表しなかったため、その結果大勢の犠牲者が出た。今回も同じことが起こるのではないか、と多くの人が感じたに違いない。また、中国でも枝野官房長官と東京電力の記者会見が連日生中継されたが、彼らの曖昧な答弁は人々の不安を煽った。「政府は本当のことを言っていない」「自分の身は自分で守る」、中国人特有の考え方が日本脱出を加速させた。

一方、中国では「小泉純一郎が震災で死去した」「漫画家や女優の誰々が津波に流されて行方不明」などの偽ニュースがネット上で飛び交っていた。情報統制が敷かれる中国では、ネット上の情報や噂話のほうが公式報道より迅速かつ正確である場合がある。しかし、その一方でデマやがせネタも後を絶たない。二〇〇四年のSARSのときも緑豆のお汁粉やお湯に溶かして飲む風邪薬が予防になるなどのデマが絶えなかった。中国共産党は建国後、迷信や因習などの撲滅に取り組んできたが、今回の塩騒動では大勢の人が噂に踊らされ、いまだにデマが社会を脅かす存在であることが明らかになった。スーパーの空っぽになった商品棚を眺めながら、中国の崩壊や転覆を望むのであれば、武力などの力は不要で、まことしやかにデマを流せば自滅していくのではないか——ふとそんな考えが頭をよぎった。いずれにせよ今回の塩騒動で中国社会の脆さが浮き彫りとなった。

また、多くの中国人が放射能に戦々恐々としていたが、東京では計画停電が実施されながらも、人々は普段どおり出勤していることを知ると、「日本人はなぜ逃げないのか？」「被曝するより仕事のほうが大切なのか？」と多くの中国人から問いかけられた。そんなとき私は、「日本人は政府に対して文句や不満は多いが、いざというときは助けてくれるという信頼感がある。だから、自分で判断して行動しようという発想がわかないんだと思う」などと答えていた。しかし、日本政府へのこうした信頼感は、その後あっけなく崩れ去った。今さら撤回することもできず、自分の発言を悔やんだ。

＊

塩の買占め騒動以降、原発報道は目立たなくなったが、福島周辺で大気中や海水から高濃度の放射性物質の漏洩が相次いで確認され、農作物や食品などの被害状況が明らかになると、中国の国家品質監督検査検疫総局は三月二十五日、福島や茨城など五県で生産された食品等の輸入を禁止すると通達した。環境保護省は原発事故後から毎日、国内各地の放射線量の測定値を公表していたが、三月三十日には全国十八の省、自治区、直轄市で大気中から原発事故で放出された極めて微量の放射性ヨウ素131が検出されたと報じ、続いて四月二日には、全国各地の港湾や空港で三月十六日から四月二日まで実施した放射能検査で、入国人員、航空機、船舶やコンテナから計十件の基準値を超える放射線量が検出されたと発表し、その全てが日本からの便だった。

放射能がすでに自分たちの生活を脅かしているとわかると、中国では日本を非難する声が増え始めた。「日米両政府の退避地域が違うのは、日本政府が情報を隠蔽しているからだ」「東電と日本政府の初動ミスが大惨事を招いた、これは人災だ」、ヘリコプターによる原発への放水作業については「人民解放軍が出動したほうがずっと迅速で効率的だ」などと言う声が聞かれた。しかし、少なくとも三月下旬ごろまでは日本への応援と非難が半々だったように思う。とりわけ中国メディアは塩騒動以降は一貫して冷静な報道を続けており、三月二十七日から中央テレビは『日本災区行《リーベンツァイチュイシン》』（日本被災地訪問）という特集番組を放送して、岩手や宮城の被災地の状況を現地リポートした。中国人研修生二十人を救って自分は犠牲になった宮城県女川町の佐藤充さんのことが何度も紹介され、被災者の忍耐強さや日本人がいかに冷静かなど、好意的な内容が目立った。しかし、事態が日々深刻化しているにも関わらず、報道がますます冷静になるのを見て私は強い違和感を覚えた。

もう一つ気になったのは、中央テレビが毎晩七時のニュースで必ず放射性物質が検出された地域名を一つひとつ読み上げ、そのうえで「人体への影響はなく、いかなる防御措置も必要はない」と繰り返し強調していたことだった。環境や原発などの専門家が「大丈夫です、全く心配ありませんよ」とインタビューに答えていた。政府の情報公開の姿勢を国民にアピールし不安を取り除くことが目的であろうが、絶対に安全だと断言しつつ地名を全て読み上げるほど詳細に被害状況を報道するのを見て、私は、今後日中間で摩擦が生じた際に、中国政府は今回の原発事故を外交カードに利用するのではないかと、戦略的な意図を強く感じた。

*

四月四日、東京電力が低濃度の汚染水を海に排出すると、世論の対日感情の悪化は決定的となった。しかし、中国政府の対応は依然として冷静で、国際法に違反する可能性があると直ちに抗議した韓国外務省や、事前に通告がなかったと懸念を表明したロシア政府とは大きく違っていた。六日付の『環球時報』は社説で「日本は汚染水処理で周辺国の同意を得るべきだ」と報じ、八日に中国外務省の報道官は「日本側からは正式な通知があった。国際法に基づいて行動し、適切な措置で海洋環境を保護するように望む」と談話を発表したぐらいで抗議は示さなかった。

中央テレビは東電幹部が記者会見で謝罪する映像を

何度も流した。「国民の皆様に心よりお詫び申し上げます」と深々と頭を下げる映像とその日本語字幕を見て、放射能被害に不安な近隣諸国に対して言及がなかったことに、私は強い違和感を覚えた。二日後に枝野官房長官が国内外への連絡が不十分だったと不手際を認め、その数日後、中国メディアのインタビューでお詫びする映像が何度も報じられたが、国内問題を処理するかのような東電と日本政府の対応には明らかに落ち度があった。もし同様の事態が逆に近隣諸国で起きたとすれば、日本中大騒ぎになったであろう。海外で過熱する原発事故の風評に対して、菅首相は四日、ＥＵに対して食品の輸入規制緩和などを要請し、四月下旬から日本政府はヨーロッパ、中国、韓国などで食品の安全性や風評被害についての説明会を開催した。しかし、海外で風評が蔓延したのは日本政府の情報発信力のなさと情報公開への不信感の裏返しに外ならない。たとえ汚水排出が苦渋の選択であったとしても、事態を見守る立場でしかない外国政府へ十分な説明を行うべきで、外交が機能していなかったことに私は強い危機感を感じた。

　汚染水排出について中国政府はコメントを控え、報道も日本政府ではなく東電の対応を非難する内容が多かったが、九日の『人民日報』は「放射性廃液放出で独断専行するな」と題する論評を掲載し「他国に損害がもたらされるかどうかについては日本が一方的に判断することはできないし、この種の国境を越える原子力危機にも日本が単独で対処することはできない」と強調した。

＊

その後、中国の農作物に放射能汚染が確認されるようになった。四月五日には北京、天津、河南などのほうれん草から国内の農作物から初めて微量の放射性ヨウ素１３１が検出され、七日には北京のほうれん草とレタス、浙江省の芥子菜、山東省と湖南省のほうれん草、広東省の油麦菜《ユーマイサイ》とレタス、海南省のレタスなどに被害が拡大した。環境保護省は八日、全国三十一の省、自治区、直轄市のうち雲南をのぞく全土でセシウム１３４とセシウム１３７を検出したと公表した。国家品質監督検査検疫総局は同日、日本の食品などの輸入禁止措置をこれまでの五県から十二都県に拡大すると発表した。

　土壌汚染や農作物の被害が中国全土に及ぶと、支援の声は聞かれなくなり、「初めから日本に支援などしなくてよかったんだ」「日本は世界に謝罪し、損害賠償を払うべきだ」などのコメントがネット上に溢れた。

香港で多くの日本料理屋が風評被害で倒産したことがニュースになり、上海在住の友人によると近海で捕れた魚を誰も食べなくなり、漁業関係者は大打撃を受けているとのことだった。

この頃になると私の周りの中国人は震災や原発を話題にしなくなった。それが日本人への配慮なんだと私は感じた。今回の原発事故は多くの中国人が人災だと思っており、しかも海外に配慮しない日本政府の対応を目の当たりにして、私には弁明する余地がなかった。

「日本政府と東電は事態の収束に向けて懸命に作業を行っている」などと言えば、外国人には言い訳としか聞こえない。仮に中国で大事故が起きて、日本で暮らす中国人が「中国政府はいま懸命に復旧作業をしているんだ」などと言ったら、おそらく多くの日本人は理性的に受け入れられないだろう。

*

こうした厳しい非難が噴出したのは、中国政府が震災発生後、次々と無償援助を提供したにも関わらず、日本側は受け入れに積極的ではなかったこと、また地震発生当初に「日本頑張れ！」と応援したにも関わらず、その後の日本側の対応に多くの中国人が裏切られたと感じたからではないかと思う。

中国政府は地震発生翌日の十二日、三千万元（約三億七千五百万円）相当の援助を行うと発表し、十三日にはレスキュー隊員十五名を岩手県大船渡市に派遣、四月三日までにテント九百張、毛布二千枚、応急灯二百個、水六万本、仮設トイレ六十個、ゴム手袋一万組、スニーカー二万五千足を提供し、追加支援としてガソリン、軽油を各一万トン無償で提供した。しかし、三月二十九日に程永華《チョンヨンホウ》中国大使は記者会見で、援助物資を自分たちで被災地まで輸送するよう日本側から求められたこと、ガソリンと軽油を積んだ中国のタンカーが愛媛県と広島県で荷下ろしするよう要求されたこと、北京空港には当初救助隊八十人、救助犬十二頭がスタンバイしていたが日本側は十五人しか受け入れなかったことなど、日本側の受け入れ体制に不満を表明した。私も中国の知人や友人から「人道援助に政治を持ち込むな」「四川大地震のとき日本から届いた救援物資は、中国政府が被災地まで送り届けた」などと不満の声を聞いた。その他、中国の海軍病院船や防核ロボットの提供を日本政府が拒否したこと、四川大地震のとき日本政府の支援金は今回中国政府が提供した金額よりずっと少ない等、感情的な議論がネット上で多く見られた。

＊

今でも世界各国で日本を応援する声が広がっていると日本では言われているようだが、少なくとも中国国内では原発事故発生以後、そのような雰囲気は感じられない。温家宝首相は来日前の五月十三日に、「日本の苦難を中国人は自分のことのように感じている」と発言したが、実際は多くの中国人が冷めた目で見ている。もちろん、中国赤十字会や民間の企業や団体、日本語を学ぶ学生などから多くの支援や義捐金が寄せられ、銃器メーカーの三一重工は東電に約百万ドル（約八千万円）の高圧ポンプ車を無償で提供した。北京の日本大使館のブログには三月二十四日までに五千件近い見舞いや義損金の申し出などの書き込みがあり、在上海日本領事館には三月二十九日までに約一千六十三万元（約一億二千七百五十六万円）の義捐金が集まったという。

しかし、これらの支援の多くは震災直後に寄せられたもの、または企画されたもので、こうした心温まる支援を差し伸べてくれる中国人は、日本人と交流があり、日本人の優しさや思いやりの心を知っている人たちだ。つまり、今回多くの支援が集まったからといって、それが多くの中国人の感情を代表しているとはいえない。

もちろん、日本語を学ぶ学生や日系企業の中国人従業員、四川大地震で被災した人たちの支援には胸が熱くなる。しかし、第九景でも取り上げたように、中国で行われる寄付活動の多くは個人の意志と関係なく、組織が動員して行う場合が多く、我々が考える一人ひとりの善意の気持ちの集まりとはちょっと違う。今年（二〇一一年）三月下旬に日本で公開予定だった映画『唐山大地震』の馮小剛《フォンシャオカン》監督が五十万元（約六百二十万円）を寄付したことが日本寄りだと非難されて以後、芸能人による寄付は一人当たり十万元（約百二十万円）にほぼ統一された。また、欧米各国、香港、台湾や韓国では多くの芸能人が先頭に立って震災チャリティーコンサートを開いて支援を呼び掛けていたが、中国大陸で同様の行動があったと私は聞いたことがない。一部で小規模な活動は行われたが、中国メディアはほとんど報じていない。中国では日本と交流のある団体の中で日本支援を呼びかけることは平気だが、大衆が相手だと「戦争で中国人がどれほど日本人に殺されたのか」と感情的な議論が起きるため、まだまだ憚られている。多くの人が目立たないようひっそりと支援を届けてくれたに違いない。台湾では多くのスーパーや個人経営のお店に「日本がんばれ！」のチラシが貼ってあると聞いたが、中国では全く想像できない光景だ。逆に私は日本への寄付活動を行っていた中国人学生たちが、原発事故以後は肩身の狭い思いをしているのではないかと、今も心苦しい。

*

震災から一ヶ月が過ぎた四月十一日、中央テレビは震災一ヶ月の特集番組を放送した。地震、津波そして原発事故の三部から構成され、中国人リポーターはじっと被災者の声に耳を傾けていた。スタジオのアナウンサーは今度は憤ることなく、「日本は実際どれくらい危険なのか?」「日本人はなぜ避難しないのか?」「中国への影響は本当にないのか?」と質問を投げかけていた。それは多くの中国人が抱える不安を代弁していた。中国人リポーターは、「原発周辺の一部の地域を除いて飲用水も農作物も安全だ」「今日も強い余震があったが人々は冷静で、普段と変わりない生活をしている」「福島の人よりその周辺の人のほうが緊張している」などと伝えていた。今回は悲惨な状況のなかで必死に生きている被災者の気持ちに寄り添い、ありのままを伝えようとする記者の気持ちがその表情から伝わってきた。また、日本在住の中国人が電話インタビューで、「日本人が冷静に行動できるのは政府への公信力《コンシンリー》(大衆に信頼される力)があるからだ」とコメントしたのが印象的だった。

この日、『人民日報』に菅首相の名義で震災支援に対する感謝メッセージが掲載され、『環球時報』は一面トップに「日本の首相が感謝状を発表した」と見出しをつけて大きく報じた。これで悪化した対日感情も少しは収まるかとほっとしたのも束の間、翌十二日、日本政府は福島第一原発が最も深刻なレベル7級に相当すると発表した。

第18景　被害を受けたのは私たちだけではない

東日本大震災(2)

2011.8

震災から一ヶ月が過ぎた翌日の四月十二日、日本政府は福島第一原発の事故の評価をレベル5から最悪のレベル7に引き上げた。前日、中央テレビが放送した震災一ヶ月の特集番組の中で、中国の原発専門家は「福島の事故で放出された放射能はチェルノブイリの十分の一にも満たない」「北京のほうれん草を二トン食べても、X線写真を一枚撮って浴びる放射線量に過ぎない」と安全性を強調した矢先の発表だった。まさに最悪のタイミングだった。

しかし、汚染水を海に排出したときと同様に、中国政府、メディアの反応は冷静だった。同日、温家宝首相は菅首相と電話会談を行い、「震災の救援や復旧などにおいて、中国側は日本との協力を強化する用意がある」と前置きしたうえで、「周辺国への影響を十分重視し、国際法を遵守して中国側に正確な情報を提供するよう求め、また中国外務省の報道官は「日本側は迅速、全面的かつ正確に世界各国に情報を提供することを希望する」と述べるにとどまった。中国メディアは『環球時報』が翌十三日に「日本はどうやってレベル7を一ヶ月も隠し通すことができたのか」という見出しで、「菅政権はまず国民を危険に陥れ、次に近隣諸国を誤った方向に導こうと企んだ」「お詫びは表面的でしかない。より正式かつ厳粛に釈明すべきだ」などと論評を発表したが、その他各紙は「(中国への影響は)チェルノブイリには遠く及ばない」「日本政府と東電の事前の判断に問題があったわけで、状況が悪化したわけではない」などと淡々と報じた。北京でほうれん草の値崩れが始まり、よく行くレストランの店員が「ほうれん草炒めを注文する人が減った」と言っていたが、激しい感情を表す人はいなかった。なぜかというと、人々の関心はこのときすでに、放射能の恐怖から国内の食品安全問題へと移っていたからだった。

今年三月以降、中国各地で食品安全事故が相次いで発生した。瘦肉精《ショウロウチン》（赤身肉の割合を増やすことができる食品添加物）事件、河南省南陽《ナンヤン》市の毒ニラ事件、豚肉を牛肉に変える「偽牛肉」事件、染色饅頭《マントウ》（蒸しパン）事件、毒もやし事件等々枚挙に暇ない。そのうち瘦肉精が入った豚肉を中国の食肉最大手メーカーの子会社が製造し、上海や広東などで大勢の中毒者が確認され、また染色マントウは上海の大手スーパーで販売された。都会の市民は食品への安全意識が高いため関心が集中し、メディアは連日大々的に報じた。そんな最中、中国商務省の報道官が四月十九日の記者会見で、日本食品の輸入制限を実施するのは「公共の衛生と安全を守るためだ」と、バツが悪そうに発言していたことを思い出す。最近では、中国の牛乳の安全基準は世界で最も低い、という専門家の発言が話題になっている。

＊

話を原発事故に戻す。レベル7の発表以上に中国人が敏感に反応を示したのは、四月十六日と十七日に菅首相が米国の主要紙に感謝文を寄稿したときだった。「日本が米国だけに感謝した」と報じられると、「中国や韓国など近隣諸国に感謝するのが先だ！」と批判が相次いだ。米軍が最大時で約二万人の人員を投入し実施したトモダチ作戦が、震災直後の救援活動や物資輸送に決定的な役割を果たしたことは日本人なら誰でも知っているが、中国ではトモダチ作戦がほとんど報じられなかったため、「日本はいつも米国の機嫌ばかり伺っている」と多くの人が感じたのだろう。領海問題で日米が連携を強化していることは大々的に報じられるが、被災地支援で米軍が果たした役割については知られていない。

こうした中国世論の批判に応えるかのように、菅首相の寄稿が四月二十一日、中国各紙に掲載された。同月十一日には菅首相が世界各国に向けて書いた感謝メッセージが『人民日報』に掲載されている。二十一日の寄稿は中国政府と国民に向けて書かれたもので、中国各紙に掲載された。内容は、まず救援隊派遣や支援物資の提供などに謝意を示し、原発事故収束へ向けての日本政府の決意を述べ、そして三月十八日に胡錦濤国家主席が北京の日本大使館を訪れ、弔問記帳したことに対して謝意を述べた。同盟国でない中国の国家元首が外相を伴い記帳所を訪れ、被災者に哀悼の意を表したことは異例だった。当時は原発が相次いで爆発し、日本支援の声が非難へと変わりつつあった。

そんなとき、胡主席は震災で日本人が受けた苦痛を「感同身受《カントンシエンショウ》」（自分たちが体験したように感じている）と述べ、引き続き必要な援助を行うと表明した。温首相もこの言葉を使っており、今回の震災に対する中国政府の基本的な立場を表すキーワードといえよう。これは日本政府と国民へのメッセージであると同時に、日本政府を支援する方針に変わりがないことを国内に伝える意味が込められていたと考えられる。また、胡主席は原発事故には言及しなかった。日本支援を明言せず、事故への憂慮を表明していたら、その後日本への厳しい非難の声が中国世論から噴出していたかもしれない。

日本政府の感謝の言葉は更に続いた。四月二十二日に新華社は「中国の対日地震救援が日中の国民感情を近づけた」と題する丹羽中国大使のインタビュー記事を配信し、中国側への謝意、震災が日中経済へ及ぼす影響、事故収束への決意などが綴られていた。在中国日本大使館のサイトでは四月十一日に「中国の皆さん、東日本大震災へのご支援ありがとうございます」の感謝文を掲載していた。

＊

その後、震災、原発関連のニュースは減り、五月三日からは中央テレビも毎日行ってきた中国各地の放射線量を報道しなくなった。そして、五月十二日の四川大地震三周年の記念日が近づくと、テレビや新聞はこぞって復興の成果を宣伝した。「三年間で復興事業を完成させると掲げた政府の目標は九五パーセントが完成した」「これは共産党の指導の下で成し遂げた『中国の奇跡』だ」と絶賛した。アナウンサーが「奇跡」と高揚して読み上げるのを、一日に何回聞いただろうか。温首相は九日、四川省の被災地で行われた会議で「現地の発展と生活条件は震災前を上回った」、復興の大成功は「社会主義制度の優越性を十分に示している」と発言した。被災者はテレビのインタビューに口を揃えた。「立派な住宅を建てていただき、政府には感謝の気持ちでいっぱいです」

一週間ほど復興を賛美する報道が続き、その合間に時々報じられる日本の震災関連のニュースといえば、「日本人は政府や東電の隠蔽に怒り爆発」「菅政権支持率急低下」、五月十一日には「菅首相は政府の対応の誤りを初めて認める」など日本人が政府の対応を非難する内容ばかりだった。中国政府がいかに素晴らしく、日本政府がいかに無能かを鮮明に対比させていた。

五月二十二日、第四回日中韓首脳会議が東京で開催された。前日に韓国の李明博大統領と温首相は専用機で仙台入りし、福島で震度3の地震が起きるなか、宮城や福島の避難所を訪問し被災者を見舞った。その後、三国首脳は福島県産の野菜や果物を試食し、日本の食品は安全だと世界に向けて強くアピールした。海外の風評被害に歯止めをかけたい日本政府の外交目的が見事果たされたわけだ。しかし、今回の首脳訪問を中国から観察していると、その印象は全く異なるものだった。

その日の夜、NHKの七時のニュースは、三国首脳が福島産のさくらんぼを笑顔を浮かべて試食するシーンをトップで伝えたが、中央テレビの夜七時のニュースは、食の安全宣言については一切報じず、温首相が廃墟に向かって献花し、宮城県と福島県の避難所を訪問し被災者を見舞う内容だった。翌日に中央テレビ国際チャンネルはさくらんぼを試食する映像を流したが、多くの国内メディアは取り上げなかった。逆にネットでは、「温首相が福島産の食品を無理やり食べさせられた」と話題になっていた。中国が禁輸する福島産のさくらんぼを温首相が美味しそうに試食する映像を中国の国民が見たら、日本に利用されているとしか思えないだろう。

では、中国側はなぜここまで譲歩したのか。それは対日関係改善への強い意欲の表れであろう。昨年（二〇一〇年）九月の漁船事件以降、日中関係は緊張化し、その一方で日米両政府はますます連携を強化した。こうしたなか、来年（二〇一二年）は中韓国交正常化二十周年、日中国交正常化四十周年、そして、新しい指導者を選出する第十八回党大会が開催される。日本との関係改善は、国内の安定のためにも必要だ。

首脳会談後、原子力の安全や防災等で合意文書や首脳宣言が発表され、食品輸入規制の緩和や訪日ツアー客の増加など日中間の交流は回復へ動き出した。六月十八日には温首相が福島の小学生に返信したことが報道されるなど、友好的な対日政策が続いている。日本近海での中国海軍の活動が注目を集めているが、軍と政府の対日方針は決して一枚岩ではない。

＊

震災から四ヶ月が過ぎた現在、震災後の復旧および復興への取り組みと、原発事故への対応について、中国人がどのように感じていたかを振り返ってみたい。

まず、日本政府への不信感の高まりが挙げられる。事故発生から二ヶ月経って初日からメルトダウンしていた事実を認め、安全宣言したばかりの福島産の牛肉から放射能が検出された。海外から見れば、日本政府は情報を隠蔽し、真実を公表しなかったとしか思えないだろう。しかも政治は菅首相の不信任案決議の提出や与党内の対立などを繰り返し、被災者のことを考えているようにはとても見えなかった。

とりわけ今回、中国人が日本政府の対応に不満をもったのは、原子炉の冷却作業を行うときだった。戦後、日本では人命はすべてにおいて尊重されなければならないと教えられてきたが、中国では全体の利益が全てに優先し、そのため個人や少数が犠牲になることは止むを得ないと考える。大災害が発生すると若い兵士が殉職し、烈士として顕彰される。なかでも共産党員は先頭に立って模範的な行動を示さねばならない。自衛隊の出動に時間を要したことは、上意下達が絶対の中国では考えられず、多くの中国人は、今回もし中国政府が陣頭指揮を取ったら、迅速に事故を収束できたと考えている。

次に、欧米各国のダブルスタンダードへの不満である。今回の原発事故がもし中国で起きていたら、世界中から非難を浴びたであろう。日本政府と東電の情報開示の遅さと混乱する対応は、世界から非難されて当然だった。しかし、同盟国の米国が日本を擁護したことで日本は難を逃れた、それは台頭する中国を抑え込むためだ、と多くの中国人が考えている。

そして、今回の原発事故を反面教師として中国国内で安全意識が高まったことが挙げられる。世界の流れは脱原発だが、中国政府は高い経済成長を持続するため、原発推進の立場に変わりない。今回の事故について中国政府の対応が冷静だったことは、こうした国内事情も働いている。しかし、危機管理体制が中国よりはるかに整っている日本で大事故が起きたことは、高層マンション火災、食品事故、炭鉱事故、橋梁の落下や道路の陥没など事故が絶えない中国のずさんな安全管理を見直すきっかけとなった。たとえば、最近北京と深圳《シュンチェン》の地下鉄エレベータが急停止し多くの死傷者が出たため、北京のあちこちのエレベータやエスカレーターが安全点検のため停止している。また、今年（二〇一一年）七月二十三日に浙江《チョーチアン》省温州《ウエンチョウ》市で起きた高速鉄道事故で四十三人が死亡したことも、人々の安全管理に対する関心をよりいっそう高めている。

*

最後に、今回の震災を海外から見た場合について述べたい。日本政府と東電が非難されるのとは対照的に、日本人の礼儀正しさや忍耐強さは海外で評価された。中国でも日本人を賞賛する声をあちこちで聞いた。しかし、第十七景でも少し触れたとおり、日本には世界中から寄せられた沢山の支援や励ましの声が届いているが、世界中の、なかでも近隣諸国の人々がどれほど原発の影響に不安と恐怖を感じていたか、果たして人々にどれほど伝わっていたのだろうか。私の周囲では、中国人以上に韓国人のほうが原発事故を深刻に考えていた。それゆえ、日本から感謝の言葉は聞こえてきても、世界に迷惑をかけたことに対する申し訳ないという気持ちは聞こえてこない。首相が首脳会談でお詫びの言葉を述べれば、それでいいのだろうか。

事故発生当初は海外の過大な報道が風評被害を招き、事故は収束に向かっていると言っていたにも関わらず、二ヶ月経ってようやく事故は最悪の事態だったと認めた。これは国民だけでなく世界中の人々からも欺いていたと批判されても仕方がない。地震と津波と放射能の三重苦の被害を受けても、文句も言わずに、忍耐強く頑張っている日本人の姿を見て、海外の多くの人が「がんばれ！」と励ましてくれた。それに対して日本人は「ありがとう」と応えた。東北の人たちの苦しみは想像を絶する。しかし海外からしてみれば、少なくとも韓国や中国などの近隣国からすれば、日本は加害者なのだ。この点は、戦争に対する日本人の加害者意識の低さにも繋がっている。毎年八月十五日が近づくと、戦争の悲惨さを訴え不戦の誓いをあらたにするが、ほとんどが被害者の視点でしか語られない。

自分たちが受けた苦しみを想うだけでなく、他の国々の人々が日本によって受けた苦しみを思う必要がある、と私は思う。

第19景　中国人の娯楽、ブラックユーモアで社会を斬る

中国映画『譲子弾飛』（邦題：さらば復讐の狼たちよ）

2011.12

　これほど痛快で熱い中国映画を観たのは初めてだ。二〇一一年の正月映画『譲子弾飛《ランツータンフェイ》』（監督・主演：姜《チアン》文《ウェン》、音楽：久石譲）だ。話題の映画だったのでＤＶＤを購入し、自宅で紹興酒をちびちびやりながら見始めると、いきなり冒頭からぐいぐい引き込まれ、観終わったときはそのパワーに圧倒されてしまった。翌日も興奮は冷めず、映画館へ足を運んでもう一度観直し、そしてあらためてこれはすごい映画だと感じた。何がどうすごいのか。監督の社会への怒りがスクリーンからこれでもかこれでもかと伝わってくるのだ。最近は、過度の商業化に走った作品が多く、監督の熱い思いを感じられる作品が少なかった。気概ある作品に出会えたことに何より興奮した。

　ストーリーはいたって簡単だ。時代は中華民国、辛亥革命がいったん成功するも軍閥が各地を割拠し国内は混乱していた。賄賂で官職を買収し赴任地へ向かう馬邦徳《マーバントー》（葛優《コーヨウ》）らを乗せた豪華列車を張麻子《チャンマーツ》（姜文）率いる馬賊が襲撃する。張たちは金品を略奪しようとするが、馬は官職買収のためすでに金を使い切ってしまっていた。そこで張は自分が地方役人に扮して赴任地の鵝城《オーチョン》へ向かうことにする。ところが、そこには人身売買とアヘンの密売で財を成した悪党・黄四郎《ホワンスーラン》（周《チョウ》潤發《ユンファ》）が人々を搾取し横暴の限りを尽くしていた。張たち七人の群盗たちは虐げられている民の味方となり、武力と知力を駆使して黄らと闘争を繰り広げ、最後には権力を恐れる民衆を奮い立たせ自由を勝ち取る。

　ありがちな勧善懲悪劇で、ストーリーの展開も『七人の侍』とどことなく似ている。しかし、二〇一〇年十二月に中国全土で公開されると大反響を呼び、公開第一週の興行収入は中国映画歴代最高の一・七億元を記録した。では、中国人はこの映画のどこにこれほどまでに熱狂したのか。いかに現代中国を風刺し、パロディーとして描かれているのかをストーリーを追って見ていきたい。

＊

まず冒頭の賄賂で官職を買収した馬邦徳が張麻子たちに襲撃されるシーン。中国では賄賂による官職の売買が今でも公然と行われている。今年（二〇一一年）は五年に一度の地方議会選挙が中国各地で実施されており、中国政府は不正撲滅に躍起になっている。「票の買収、官職売買、賄賂など不正行為による官職買収、不正採用、選挙妨害などの問題を徹底的に取り締まり、鉄の規律で歪んだ邪気を排除しなければならない」。今年十一月に中国共産党中央規律検査委員会書記の賀国強《ホークオチアン》が視察先で行った演説を中央テレビは大きく報じ、テレビの画面には駐車禁止のマークの中に「賄賂厳禁！」の文字が映し出された。しかし国家指導者がいくら贈収賄を禁じても腐敗は一向に減らず、地方政府高官が連日のように汚職で摘発されている。そしてそれを国営メディアが大々的に報じ、高官にも厳罰を科していると国民にアピールする。事態はそれほどまで深刻なのだ。映画の中で馬邦徳は二十万元で官職を買い、その何倍もの見返りが得られると言っている。

張麻子：金は？
馬邦徳：官職を買った。
張麻子：買ってどうするんだ？
馬邦徳：金を儲ける。
張麻子：いくら儲かる？
馬邦徳：倍ぐらいは。
張麻子：どのくらいで？
馬邦徳：一年。
張麻子：俺を一年も待たせる気か？
馬邦徳：いや、半年、半年だ、上手くやれば一ヶ月で十分だ。

馬邦徳が乗っていたのは十頭の白馬が牽引する馬列車だ。馬列車の馬列《マーリエ》とは中国語でマルクス＝馬克思とレーニン＝列寧を省略した言い方で、馬列主義でマルクス・レーニン主義を指す。かつて高らかに叫ばれたこの中国共産党の指導思想も、今では誰も口にしなくなった。この列車には元娼婦で馬の妻（カリーナ・ラウ）、役人の幕僚である湯師爺《タンシーイエ》（馮小剛《フォンシャオカン》）らも同乗し、一緒に飲み食いして快楽にふけっていた。非近代的な馬が列車を牽引する、これは生産性の低い社会主義体制が、西洋の近代文明を意味する資本主義へ邁進していることを表し、そしてそれに乗っているのが腐敗役人と娼婦たちだとネット上で騒ぎになった。張が放った銃弾は見事列車に命中し、十頭の馬はバラバラに解き放たれ、列車は脱線し三百六十度空を舞って池に墜落する。

その後、馬賊の張麻子は馬邦徳に、役人の職を奪われた馬邦徳は襲撃で死んだ湯師爺に扮し、そして馬の妻は依然として役人夫人のまま鵞城に到着する。そうした彼らを女たちが無表情で黙々と和太鼓を打ち鳴らして出迎える(日本人の女性和太鼓奏者が出演している)。地域を牛耳る黄四郎に逆らえない鵞城の民は張麻子にも同じように叩頭するが、張は「皇帝はもういない、頭を下げる必要なし」と言って空に銃砲を放つ。

張はそもそも金儲けのために鵞城へやって来たが、かつては辛亥革命に参加した革命家であった。しかしその後世の中が混乱し、生きていくために馬賊にならざるを得なかった。張はいう。「貧乏人からは決して金を奪わない」「ぶんどった物は民に分け与える」ここまで映画を観た観客は、張麻子がかつて中国革命を指導した毛沢東とそっくりであることに気付く。毛は官僚勢力や地主を打倒し、農民に土地を分け与えて人民中国を築いた。

実は黄四郎も張麻子と同様にかつて辛亥革命に身を投じたが、その後権力を私物化し贅沢三昧の生活を送っていた。しかしそうした生活を掻き乱す者が突然現れて当然黙っているはずはなく、張が主張する公平を逆手に取り張麻子を貶めようとする。

麺屋でのやり取りは映画前半のハイライトだ。張の義理の息子小六《シアオリウ》は麺を一碗食べて代金を払おうとするが、黄四郎の手下・胡万《フーワン》(陳坤《チェンクン》)に脅された店主は二碗分の代金を請求する。「俺は一碗しか食べていない!」と小六がいくら叫んでも、胡万は「嘘をつくな!」と威嚇し、店主は怖くて本当のことが言えない。小六は身の潔白を証明するため、なんと割腹して腸の中から血まみれになった一碗分の麺を取り出す。そしてあえなく息を引き取る。

中国人はこのシーンを冷静に見られなかったに違いない。不正な役人に屈し不当な境遇にある中国人は山ほどいる。地方役人に濡れ衣を着せられ、それを晴らしにはるばる北京まで陳情に来る人、「冤」(冤罪)と書いた白い紙を両手に掲げて「温家宝さん、助けてください!」と叫ぶ人、共産党員でないため話語権《ホワユイチュエン》(発言する権利)がない、実力があってもコネがなければ正当に評価してもらえないと嘆く人など、これまで出会った多くの人たちの悲痛な表情を思い出した。しかし、責められるべきは黄四郎と子分の胡万だけではない。麺屋の店主や周りの野次馬も同じ穴のムジナなのだ。抵抗する勇気のない店主、権力におもねって両手を叩いて喜んで見ている大衆たち。小六は血まみれの麺を取り出して、「俺は一碗しか食べていなかっただろう！」と身体を震わし何度も叫んだが、店にいた客はみんな見て見ぬふりをしてぞろぞろと帰ってしまった。自分が間違ったことをしていると知りながら生きている人は決して少なくない。

＊

今年（二〇一一年）十月に中国の広東省で起きた幼児ひき逃げ事件は日本でも大きく報じられた。防犯カメラには十八人の通行人が映っていたにも関わらず、誰ひとりとして道に倒れているこの二歳の女の子を助けようとしなかった。これは逆に加害者扱いされたり、中国の救急車は有料制で、また病院で検査や診察を受ける際は前払い制のため、貧しい農民工や身元不明者を助けて診察費を代わりに払うと、立て替えたお金が戻ってこないことがあるからだ。また、今年十一月に中央テレビは、バスに乗っていた老婆が突然意識を失ったため、バスの運転手が乗客を乗せたまま近くの病院に直行し、老婆は一命を取り留めたことを大きく報じた。映像のなかで看護師が「お婆さんはあなたが運転するバスに轢かれたのか」と問い詰め、乗客の一人が「運転手は善意で病院まで運んだんだ」と、乗客十数人の署名を手にして運転手に罪はないと訴えた。

人心の崩壊は道徳観の喪失となり中国社会の至る所に現れている。中国政府はいま社会主義道徳観というスローガンを提唱し、中央テレビは「最も美しい中国人」「道徳模範風采」などのコーナーを設けて、「××さんに学ぼう」「道徳模範の××さん」などと美談を連日紹介している。しかし、問題の根源を直視せず英雄として祭り上げる官営メディアの宣伝教育を、多くの庶民は冷めた目で見ている。腐敗撲滅を訴える当の役人が腐敗行為をしているのだから、誰が自分から率先して自己を犠牲にしようとするだろうか。不義を正すには正直者が損をしない社会を築くしかない。

また、あの手この手を駆使して何とかして金を儲けようとする馬邦徳は、黄四郎に媚びない張麻子に問う。

馬邦徳：あんたは立ったままでいたいのか、それとも儲けたいのか？
張麻子：俺は立ったまま儲ける。
馬邦徳：無理だ。

「我是想站着還把銭挣了」（立ったまま儲ける）は、ネットで大流行した言葉だ。「立ったまま」とは権力にひざまづかないことを意味する。姜文監督のこれまでの作品を思い出すと、言おうとしていることがわかる。

二〇〇一年にカンヌ映画祭でグランプリを受賞した映画『鬼子来了《コイツライロ》』（邦題『鬼が来た！』）は、検閲許可を受けずにカンヌに出品したため国内で上映禁止と数年間の映画製作禁止処分を受けた。また、一九九四年に公開された『陽光燦爛的日子《ヤンクアンツァンランダリーツ》』（邦題『太陽の少年』）は文革期に北京で暮らす少年たちを描いた作品だ。当時大学の講堂で学生たちと一緒にこの映画を観た私の知人が「冒頭部分、真っ青な空に突然銅像の手が現れ青空を遮ったんだ。カメラがだんだん引いていって、それが毛沢東の像の手だとわかると、もうみんな拍手喝采でしばらく鳴り止まなくて大騒ぎになってね、結局もう一度始めから映画を上映したんだ」と教えてくれたことを思い出す。

映画『譲子弾飛』が上映されるや否や、ネット上でセリフに込められた真実を深読みする書き込みが殺到したことについて、姜監督は「政治的に解釈されすぎで、映画とは関係がない」と言っている。しかし、姜文作品が常に政治や世の中を痛烈に風刺していることは誰もが疑わない。

映画のクライマックス、黄四郎と丁々発止のやりとりをしてきた張麻子はついに三日以内に黄四郎の首を刎ねると宣言する。そして張はそれまで黄四郎から奪っていた大量の銀を街の大通りにばら撒いた。夜になると銀は全てなくなったが、民衆はその銀でマージャンに興じ、翌日（二日目）には銀を黄四郎にそっくり返してしまった。それを知った張は、今度は大量の銃を道いっぱいにばら撒いた。前日と同じように日が暮れると銃は全部なくなった。そして翌日（三日目）、張と群盗たちは通りに出ると「銃を持って、俺について来い！」と大声で大衆に呼びかけた。しかし、何度叫んでも誰も家から出て来ない。結局一緒について来たのは数羽のガチョウだけだった。

かつて魯迅は〝国民性改造〟を唱え中国人に怒ることを訴えた。このシーンは、文句は言うが行動できない民衆の弱さを表している、ガチョウにすら及ばないと言わんばかりに。日が明るいうちは誰一人として銀や銃を取りに行こうとしなかった。「なぜだかわかるか？」張の問いに、群盗たちは「（黄四郎が）怖いからだ」と答える。張は言う、「恐怖心の中には怒りがある。大衆の怒気を呼び覚ますんだ！」。

黄四郎には本人そっくりの替え玉がいることを張は知っていた。張は黄四郎の替え玉を殺すと本物に見立てて、「黄四郎を捕まえたぞ！」と民衆の面前に曝し出した。すると彼らは黄四郎が死んだと思いこみ、一斉に家から飛び出すと、かつて奪われた自分たちの財産を取り戻そうと黄の邸宅へ狂ったように全速力で走り出した。その先頭を走っていたのが、黄四郎の側近の武挙人だった。

その後、張麻子が本物の黄四郎に「俺にとって金とお前とどっちが大切だと思う？」と問いかけるシーンがある。続けて言う「金もお前も大切じゃない、お前がいなくなることが大切なんだ」。権力を笠に私腹を肥やす人間がこの世から消え去ることがみんなの幸せなのだ、と。

こうして鵞城は黄四郎の支配から解放された。しかし、これでめでたしめでたしというわけではない。張麻子の下で活躍した仲間たちが鵞城で知り合った娼婦と一緒に上海へ行くと言い出したのだ。理由は「(兄貴と一緒にいると)ちょっと疲れる」からだ。かつて自分たちが襲撃した馬列車に乗って、上海の浦東《プートン》へ向かう。「上海、それとも浦東へ行くの？」「上海は浦東で、浦東は上海だ」、歓声が列車から聞こえてくる。そんな様子を眺めながら、張麻子は一人寂しく鵞城を去る。そして終映。

その後、黄四郎がいなくなった鵞城の人々に平穏な暮らしが訪れたのだろうか。世の中が混乱し再び新たな黄四郎が生まれたかもしれない。弱者に富を分け与える使命を果たした仲間たちは、限りなく資本主義に近い上海で贅沢三昧の生活を送るのだろうか。張麻子の最後のセリフはこうだ。「老六、老二、だんな、奥さん、みんな見ただろ？」、自分のもとを去っていく仲間を見届けながら、ぼそっとつぶやく。老六、老二は黄四郎と戦って犠牲になった仲間たちだ。彼らは何のために命を犠牲にしてまで戦ったのか。だんなとは馬邦徳で、奥さんとは元娼婦の妻のことでいずれも殺されている。彼らも結局のところ犠牲者なのだ。

多くの中国人が日本を始めとする列強の侵略に立ち向かい、そして共産党が内戦で国民党を打ち破り、中華人民共和国を建国した。誰にも搾取されない理想の社会を目指して、多くの人々の命を犠牲にして手にした。しかし、その後中国は混乱が続き、人々は政治に翻弄され、百年前と変わらない腐敗と汚職が蔓延する現実がいま目の前にある。映画は冒頭から富と権力に対する怒りや憤りに満ち溢れていたが、最後は虚無感しか残らない。

タイトル『譲子弾飛』(直訳は〝弾丸を飛ばせ〟)の如く、映画の中で張麻子は何度か銃を放った。馬列車襲撃、鵞城に着いた時、公平を叫んだとき、麺屋で息子を殺されたとき、銃撃戦のとき、銃をばら撒いて民衆を奮起させようとしたとき、これらはすべて革命を起こせと言う意味だ。立ち上がれ、悪に立ち向かえと。そして弾丸はすべての中国人の心に向かっても放たれた。それは国のために命を犠牲にした人々に報いるための、そして不正腐敗を繰り返す役人やいつかは自分も権力の甘い汁を吸いたいと心密かに願う大衆に向けられた、さまざまな意味が込められた銃弾だと私は感じた。

今年は辛亥革命百周年を祝い各地で盛大なイベントが行われ、多くの映画、ドラマや演劇などが製作された。これらの記念作品は共産党こそが辛亥革命の正当な継承者だと賛美しており献礼映画や献礼演劇と呼ばれる。この『譲子弾飛』はそうした政府お墨付きの献礼映画ではない。しかし、この作品は中国の近現代史を真正面から描いている。そして姜監督のような真実に向き合い社会矛盾を公言できる人こそが、本当の愛国者なんだと思う。

*

作中の政治風刺は私が取り上げた他にもまだたくさんあり、ネット上ではちょっと深読みしすぎではないか、と思える分析もある。人それぞれの境遇が違えば、受け取り方も人それぞれなのだ。中国人がどのように世の中や人間関係を風刺するのか、この映画を観て感じ取っていただきたい。

この映画のもう一つすごいところは純粋な娯楽映画としても十分に楽しめるところだ。社会派の作品にありがちな難解で説教臭いセリフが全くなく、ギャグ満載で笑いが絶えない。小六の仇《あだ》を討つため張麻子が黄四郎から権力と財産を略奪する決意を新たにし、その間に描かれている張麻子と黄四郎の腹の探り合い、両者の間を自分の利益しか考えないでうろちょろする馬邦徳の三人の掛け合いは実にユーモラスで、観客を全く飽きさせない。香港映画の大スター周潤發《チョウユンファ》は、権力の象徴である黄四郎を持ち前のコメディーを交えて貫禄抜群の演技であり、その黄四郎の替え玉を周潤發のそっくりさんが演じているのも実に楽しい。中国で圧倒的な知名度と人気を誇る葛優は、狡猾な馬邦徳を実に愛嬌たっぷりに演じている。馬はもともと書生だったが権力と色事におぼれ、平気で嘘をつき自分の損得勘定しか頭にない。その半面どことなく憎めない人間らしさも持ち合わせており、どこにでもいそうで、観客が最も親しみを感じる役柄だろう。メッセージを伝えつつも痛快な商業映画に作り上げた監督の手腕は見事としか言いようがない。

また、この映画が検閲を突破したことに多くの人が驚いた。しかし公開後間もなく、国家ラジオ映画テレビ総局（現国家新聞出版ラジオ映画テレビ総局）が上映回数を制限するよう各映画館に通達を出したとネット上で騒動になり、一月には早朝と夜中の誰も行きたがらない時間帯にだけ上映されていた。中央テレビが今年（二〇一一年）の春節に放映する予定だったが、それも直前になって別作品に差し替えられた。中国映画界で最も権威のある華表奨（国家ラジオ映画テレビ総局主催）の授賞式が今年八月に行われたが、全部門でノミネートすらされなかった。中国のアカデミー賞とも呼ばれる金鶏奨（中国映画協会主催）でもノミネートはゼロだった。その理由を主催者は「エントリーがなかったから」と発表している。

吉林省・長春の幼稚園。旧満州時代の新京神社の鳥居が敷地入り口にそのままの姿で残っていた。

Ⅳ 2012年

東日本大震災一周年

日本人の歴史認識について

昆劇からみる中国

90年代の中国パンク

第20景　中国メディアの報道からみる日本人観の変化

2012.4

東日本大震災一周年

　東日本大震災から一年が過ぎた二〇一二年三月十一日、中国メディアは特集を組んで震災一周年を大きく報じた。今回は中国のテレビや新聞が震災一周年をどのように報じたか、さらにそうした報道から垣間見える中国人の日本観の変化について報告したい。

＊

　まず、新聞各紙は一面に「日本震災一周年」の見出しを立て、なかでも北京の『新京報』は十一ページにわたって特集を組み、津波で全てを失いゼロから再出発する若者夫妻、仮設住宅で暮らすお年寄りが編み物をして寂しさを紛らしている様子等、被災者が懸命に生きる姿を大きく報じていた。また、福島原発で放射能と向き合って作業する人たちを「忘れられた英雄たち」と称え、震災後は全国で防災訓練が頻繁に実施されていること等、冷静かつ客観的な記事が並び、批判的な内容は最後の一ページのみで、日本政府と東電に対するものだった。

　また、これまで高圧的な対日報道を繰り返してきた『環球時報』が、十二日に「日本が一日も早く地震の影響から抜け出すことを心から祈る」と題した社説を掲載したのには驚いた。「日本社会の忍耐強さはすばらしく、どんな困難にも耐えうる国であると確信する」と肯定的に評価し、感情的にならず「平常心」で日本を論ずるよう読者に訴えた。

　『新京報』は、光明日報グループと南方報業グループが共同出資するタブロイド紙で、二〇一一年七月に起きた高速鉄道事故では鉄道省の対応を批判するなど社会の不正を暴く独自報道が際立ったが、同年九月に北京市共産党委員会宣伝部の管理下に置かれた。その理由は当局の言論統制の強化だと噂されている。一方の『環球時報』は人民日報社が発行する国際問題専門紙で、対外強硬路線でよく知られている。十二日付の『新京報』『環球時報』、新華社が発行する『参考消息』（外国の通信社や新聞社の記事を翻訳・掲載する日刊紙）などに野田首相の寄稿が掲載され、更には『環球時報』には中国の支援に感謝する丹羽中国大使のお礼の言葉も掲載されていた。周知のとおり、中国は今秋の党大会で新しい指導部が誕生する。放射能汚染の危険を煽るような報道をすれば、反日世論が再び高まり国内情勢が不安定になりかねない。また、今年（二〇一二年）は日中国交回復四十周年にあたり、中央テレビの対日報道は年初から対日友好のシグナルともいえるロボットや先端技術、四季の文化などの紹介が再び盛んに報じられている。今年二月に河村たかし名古屋市長が「いわゆる南京事件はなかったのではないか」と発言した際も、中国外務省は過剰な反応を示さなかった。

その他各紙は一面に見出しを立ててはいたが、事実を伝える淡々とした内容で、目立った記事は掲載されていなかった。また、各ネットサイトは二、三日前から震災一周年の見出しを立てコーナーを設けていたが、そのわりに記事は少なかった。

＊

では、テレビはどのように伝えたのか。中国で最も権威ある国営放送の中央テレビの震災特集を取りあげたい。中央テレビは日本と違い、総合、国際、軍事、スポーツなど多くの専門チャンネルに分かれており、ニュース、総合、国際、英語などの各チャンネルで震災特別番組が組まれた。そのうちニュースチャンネルは一周年当日の午後一時から二時間にわたって『あれから一年・東日本大震災一周年』を放送した。二、三日前から一日に何度も番組の予告が流れていた。主な内容は、①被災地の復興状況、②日本政府と東京電力の震災と原発事故への対応の検証、③被災者の今の様子で、四人の記者が被災地からリポートしていた。復興は順調に進展していないと強調、福島県の瓦礫処理は、放射能汚染を懸念する地方自治体が受け入れを拒否し五パーセント程度しか完全処理ができていない、いまだ大勢が仮設住宅で不便な生活を強いられ、被災者の政府への不信感が高まっている、記者が原発から二〇キロ地点で放射線量を測定すると、東京の百倍以上の数値が検出され、被災地に仕事がなく人口流出が加速し、高齢者へのケアが大きな問題となっている等々。東京で行われた日本政府主催の東日本大震災一周年追悼式典の模様も中継していた。

　また、政府と東電の震災及び原発事故への対応については、今回の複合災害は天災であり、人災でもあったと総括し、東電の責任回避が事故の収束を遅らせ、細かい指示を出しすぎた菅首相の独断専行が指揮系統を混乱させたと指摘した。そうしたなかで枝野官房長官だけが孤軍奮闘し、表情ひとつ変えず連日記者会見を行ったと持ち上げた。また、スタジオに招かれた原子力の専門家は、現在の福島原発の状況は抑制状態にあり、最近日本では反原発の声が弱まっている、全ての原発が停止すると日本経済に大きな影響が及ぶため長期の稼動停止は難しい、などとコメントした。番組の後半では、震災以後に国民の意識や価値観に変化が生まれていることを取り上げた。婚姻率の向上、テレビドラマ「家政婦のミタ」が高い視聴率を得たこと、「絆」が二〇一一年を表す漢字になったことなど、家庭を大切にし何気ない日常に喜びを感じる生き方がいま日本で見直されていると紹介した。

　このように、中央テレビは政府と東電の失態を厳しく非難したが、被災者は希望を失わず懸命に生きていると伝えていた。

　ただ気になったのは、四人の記者が被災地からリポートしたが、被害が甚大で復興には相当の時間がかかると強調するばかりで、なぜ瓦礫処理や移転計画が進まないのか、復興のどこに問題があるのか言及しなかったことだ。そのため視聴者は漠然と日本政府と東電の対応が遅いと感じるだけで、被災地の実際の雰囲気はあまり伝わってこなかっただろう。

＊

　その一方で印象に残ったのが、中央テレビの総合チャンネルが放送した震災特番『小崔災区行』（崔さんの被災地レポート）だった。崔さんとは、中央テレビの人気キャスター崔永元《ツオイヨンユエン》さんで、かつて中国で大反響を呼んだ中央テレビのトーク番組『実話実説』（真実を語ろう）の司会者だ。この番組は、庶民の関心の高い社会問題について専門家、ゲスト、それに観客を交えて議論する中国初の参加型討論番組で、崔さんは一九九六年の番組放送開始以降、二〇〇二年に鬱病を患い番組を降板するまで、弱者の目線で社会の不正や不平を問いただし正義感に溢れていた。その後、二〇〇三年に復帰して始まったのが『小崔説事』で、今回の震災特番もこの番組の枠内で放送された。二〇〇七年に私はゲストでこの番組に出演したことがあり、崔さんの気さくな人柄を今でもよく覚えている。

　今回の特番でもそんな崔さんの人柄がよく表れてい

た。自ら震災地を訪ね、被災者やボランティアなど被災地で生活している人々の声に真剣に耳を傾け、復興がなぜ遅れているのか、被災者がいま何を考えているのか細かく丁寧に伝えていた。

崔さんはまず福島県大波地区を訪れ、県が実施する放射線の除染作業を行う現場を訪ね人々から話を聞いた。そこでは作業員が屋根や外壁を洗浄し、窓枠を丁寧に拭き取っている。汚染された土壌を除染する作業員が「一番難しいのはよその家の庭なので、大事なものを取ってしまうと申し訳ないから、気をつけてやらなくてはなりません」と話すのを放送し、日本では個人が土地を所有し、政府はそれを無断で侵害できないことをさりげなく伝えていた。

崔さんは近くの崖に登って柿の実をいくつか取り、福島県内のNPOを訪ねた。ここでは近隣住民が野菜や果物を持ち込んで放射線量を測定している。拾った柿の数値を測定してもらうと、セシウム134が一八一・二一ベクレル、セシウム137が二二八・三〇ベクレル、合計四〇九・四一ベクレルで、今年（二〇一二年）三月三十一日までの日本のセシウム暫定基準値五〇〇には達していなかったが、NPOスタッフは「出荷できますが、私は食べません」と言い、「政府の発表する放射能値を信用していますか」という崔さんの問いに、別のスタッフは「私は信じていません、たぶん低いところの数値を発表しているんだと思います」と答えていた。

その後、崔さんは中国人留学生たちと一緒に宮城県南三陸町を訪れ、瓦礫撤去のボランティアに参加した。被災地でもごみの分別が徹底していることを留学生が説明する。そして近くの仮設住宅で一人で暮らすおばあさんを訪ねた。このとき崔さんを含め中国人全員が正座をしていたのに私は驚いた。日本人からすればなんということのない映像だが、実は中国人は正座ができない。かつて中国人宅で何気なく正座をしたら周りから感嘆の声が上がったことを思い出す。彼らは無理して正座をし、被災者に最大の敬意を払ったのだ。そうした同胞の姿に視聴者は感動をおぼえたであろう。

それから、取材班は宮城県南三陸町歌津にある地域の振興団体を訪れ、津波で自宅を失った住民の高台への集団移転について代表から説明を聞いた。一戸当たり最大一〇〇坪の宅地を国が貸し出し被災者は建設費を自己負担するのが一つ、資金調達が難しい人は持ち家を諦めて復興住宅に入居することになる、という説明に対し、崔さんは「日本政府は人道的な救済措置を取らないのか」と問いかけ、代表は、日本は個人の財産の形成に税金の支援が使えないこと、またそれに異議を唱える学者もいるなどと説明した。

代表は更に、昨日まで奈良県の十津川村を訪れていたと話し始めた。震災後に十津川村出身の医師が避難所に駆けつけてくれ、村からも義捐金が届けられた。その村が昨年（二〇一一年）九月に台風十二号に襲われ大きな被害を受けたことを知り、仮設住宅で暮らす被災者で義捐金を募り、一千二百四十七世帯から集めた八十七万円を持って届けてきたと話した。「私たち被災を受けた者は支援をいただくだけではなくて、自分たちも何かできることをお返ししたいという思いをみんな持っています」という言葉に、崔さんはいたく感動したようだった。

最後に、崔さんは南三陸町が主催する地域住民のための高台移転説明会を見学した。行政側が「いかがでしょうか」と移転案について住民に意見を求める。姿勢は正座だ。胡坐をかいている住民から質問が相次ぐ。町役場の職員が「よろしくお願いいたします。どうもありがとうございました」と深々と頭を下げて説明会はお開きとなった。威張り散らす役人が多い中国ではなかなか見られない光景だ。

その他にも、開店を二日後に控えた南三陸町の仮設商店街を訪ねた。食料品店の店長が、人口が減っているのでお客さんが来てくれるか微妙ですと不安を口にすると、崔さんは突然取材を中断して買い物を始めた。そしてオープン当日、崔さんは再びお店を訪れ、午前中は入場制限をするほどの大繁盛だったと店長から聞くと、「これでもう心配しなくてもいいですね」と微笑んだ。

このように総合チャンネルの震災特番は、放射能と向き合って生きている人々、津波で全てを失った被災者、民間の支援団体やボランティア、そして行政がいまどんなことをして、どんな問題があり、どんな話し合いが行われているかを放送し、具体的な「被災者」が見えてくる内容だった。

＊

それから数日後、日本の友人から興味深い震災特集を見たと連絡があった。NHK－BSが五回シリーズで放送した「震災後を歩く――海外ジャーナリストの見た日本」の、三月十三日に放送した中国人記者が被災地を訪ね歩いた第二回が良かったという。この中国人記者の名前を聞いて驚いた、崔永元さんだった。数日後、私はこの番組を見て更に驚いた。番組の映像は中央テレビが放送した特番とほとんど同じなのだが、崔さんのコメントが全く違っていたのだ。思い返してみれば中央テレビの番組の冒頭で、今回はNHKの招待で取材チームは日本の被災地を訪れた、とテロップが流れていた。

では、どこが違っていたのか。

まず、柿の放射線量を測定した福島県のNPOで、崔さんはそこに置いてあった地域のミニコミ誌に興味を持つ。「こうした情報誌の発行は政府への届け出が必要ないのですか」と民間団体が自由に新聞・雑誌を発行できることに驚く。政府とは別に民間団体が独自に放射線量を測定していることについては、「中国のNGOが特に学んでほしいのは専門知識に基づいた取り組みです。NGOの役割はスローガンを掲げることではありません。(放射線量が記録されたデータを指して)このような客観的なデータを通じて人々を納得させることに意味があるのです。スローガンを掲げるだけでは政府がする効果のない仕事と変わらないのです」とコメントした。

南三陸町で行われた高台移転説明会では、「特筆すべきは役人たちの誠実な態度です。私は中国の『人民は公僕』という言葉を思い出しました。良い役人を賞賛するための称号です」とコメント。崔さんが説明会で発言した住民に「これからも行政との対話が続いていくのですね」と問うと、「そういうことですね、一回や二回ではすまないですね」と返事が返ってきた。住民と役人が対等の関係にあること、むしろ役人は公僕であることが見て取れるやりとりで、中国共産党のメインスローガン「人民に奉仕する」がここ日本ですでに実現しているとと皮肉っているかのようだった。

そして、取材を終えた崔さんは、「彼らの自立心が強くたくましい、今は厳しい状況ですが、努力して仕事を探し生計を立てる方法を見つけようとしています。中国の国民や当局が学ぶべき多くのことを発見しました」と締めくくり、被災地で自由に新聞が発行されていたことについては「私たちもそうしたいと思います。国家の発展を本当に望むのなら、報道の自由が尊重されるべきです。メディアが社会を監督する力が育てば、政府の透明な運営が実現するでしょう、そうすれば過ちは少なくなるでしょう」と中国政府が行う情報統制を批判した。

崔さんのコメントは番組作りの趣旨に沿ったものに選別されていると思うが、国営放送局に勤務する崔さんが、なぜここまで突っ込んだ発言を繰り返したのか。三月十六日発売の雑誌『環球人物』の特集記事を読んでその理由がわかった。表紙は崔さんの上半身写真で、タイトルは「崔永元　難しい選択」、崔さんが中央テレビを辞めるという噂に答える形でインタビュー記事などが十三ページにわたって掲載されていた。

番組で沈黙する時間が長くなったのはどうしてかとの記者の問いに、「制限ばかりで多くのテーマを取り上げることができず、話題がどんどん限られ気持ちが滅入ってくる。最後には嫁姑問題以外はもう何も取り上げることができないような気持ちになる」と答えている。その他には、「記者になってたくさんの裁判を見てきた、ほとんどの人が自分に有利な人脈を探そうとする。一番重要なのは権力者に後押ししてもらうことだからだ、そうすれば裁判に負けることはほとんどない」。また、崔さんはこのほど閉幕した国政の諮問機関である全国政治協商会議の委員も務めている。「この二年で会議の雰囲気はずいぶん良くなった。特に分科会討論ではタブーが減ってみんなが本音を話すようになった」「全人代と政協の代表がここで同窓会や同郷会を開いていては皆さんに申し訳ないじゃないか」

以上の言葉には、メディア人としてのプライド、正義感、良心、決意と責任感があふれ、崔さんの人となりが伺える。それが中央テレビの映像、NHKの番組の中でのコメントに表れていた。

前述のテレビ番組「実話実説」（真実を語ろう）には、スローガンを掲げて美辞麗句を並べるのではなく、問題を直視し実際に中身のある話をしようという意味が込められている。今でも「講真話《チアンチェンホワ》」（真実を話す）、「敢説話《カンシュオホア》」（真実を話す勇気）は現代中国を理解する上でのキーワードだ。既得権益を守るために真実から目をそらし、そのため不正の横行や道徳心の崩壊など、互いが互いを信用できない不信任社会が問題となっている。

＊

震災一周年特集で私がもうひとつ印象に残ったのは、三月十二日発売の雑誌『南都週刊』の特集記事だ。同誌は広東省の広州が拠点の南方報業グループが発行する週刊誌で、同グループの系列紙『南方週末』『南方都市報』と並んで革新的な読み応えのある記事が多い。雑誌の表紙は陸前高田の一本松の写真で、二十一ページにわたって震災を特集している。そのなかに『原発と隣り合わせて』と題した福島県相馬市在住の中国人の寄稿文があった。この文章には、福島の人たちと一緒にここで生きていく決意が述べられており、私は深く感動した。

原発事故発生後、日本で暮らす大勢の中国人が一斉に帰国した。この人の周りでも多くの中国人が帰国し、収まったころに日本にもどってくると「あいつは脱走兵だ」と同僚から冷たい目で見られたという。この人自身も事故発生の夜、会社に無断で福島を離れ帰国した。しかし「職場に戻ると、皆が心から喜んで私を迎えてくれた」。そしてこの人は福島に留まることを決意する。私はふと考えた。もし中国で大災害が起きて私が黙って帰国して、その後中国にもどってきたら皆は歓迎してくれるだろうか。この人がどれほど日本社会にとけ込み、同僚や周りの日本人から高い信頼を得ているかがわかる。

放射能の危険については「危険はどこにでもある。ここには放射能の危険があるが、中国には三聚氰胺《サンチュイチンアン》（メラミン）、地溝油《ティーコウヨウ》（下水から採取した再生食用油）、蘇丹《スーホン》紅《タン》（工業用着色料）などがあり、どちらが危険といえるだろうか。飛行機に乗っているときに浴びる放射線量は、ここで数ヶ月生活して浴びる数値より多いかもしれない」。原発事故後に関東地方などで検出された放射線量は、実は中国各地の放射線量より低かったことが中国人の間で大きな話題となっていたことを思い出す。「自分にとって一番大切なのは何なのか。放射能から身を守ることとか、満足な生活を送ることとか。私は多少の代価を払ってもいい、だから放射線は気にしない」

「全くわけがわからなくなる時がある。福島の電柱を大阪へ持っていこうとすると、『福島のものはいらない』と抗議活動が起きる。福島人はわかった。自分たちがもっとがんばらないと故郷は復興しないんだと」

外国人がここまで言うのは容易ではない。相手を頼るのではなく自立しなければならないと考えるのは、崔さんと通じるところがあるように感じた。

彼の日本人評は続く。「日本人の理解力は素晴らしい。他人への猜疑心も極めて少なく、とても単純な民族だ。あまりにも単純すぎて頭の回転がにぶいとさえ感じる。相手の気持ちの裏を読もうともしない。騙そうと思えばいつでも騙せる。でも絶対に騙してはいけない。一度でも騙されたとわかると、二度と信用してもらえなくなるからだ」。これほど簡潔に核心を突いた日本人評を、私は今まで一度も聞いたことも読んだこともない。

数日後、街の雑誌スタンドを通りかかると、たくさんの雑誌が平積みされているなか、『南都週刊』だけがほとんど売り切れて品薄になっていた。反響が大きかったことがうかがえる。

*

東日本大震災以降、中国人の日本人を見る目が変わった。これまでは「日本に学ぼう」と直接言わずに、まず日本の問題点を挙げ連ね、最後に付け足すように「われわれは日本の優れたところを見習うべきだ」と言葉少なに伝えていた。感情的に日本を受け入れられない人が多いため、日本寄りだと非難されかねないからだ。それが震災以降、売店や近所の人から「日本人は礼儀正しい」「中国人は絶対に真似できない」と日本人を絶賛する声が聞かれるようになった。その後中国も放射能汚染の危険にさらされると、支援の声はたちまち非難へと変わったが、状況が落ち着いてくると動揺せず忍耐強い日本人を称える声が再び囁かれるようになった。

　また、大地震に際しても被災者同士がお互いに助け合い、自力で生活を立て直そうとする姿に大きな衝撃を受けたに違いない。国家体制が異なる中国では、災害が起きれば中央政府が被災者の生活を全面的に保障する。よって被災者に自力で生活再建しようという意識は生まれない。中国で「維権《ウェイチュエン》」（権利や利益の擁護）という言葉が叫ばれて久しいが、社会的な不公平感を感じながら生活している労働者や農民工など社会的弱者は、要求はするが奉仕の精神に欠けている。日本から学ぶべきことが多いといった崔さんの言葉は、震災を通じてきっと多くの中国人の心に届いたに違いない。

　多くの中国人が政治や歴史と切り離して日本や日本人を冷静に考えられるようになったのは、戦後初めてではないだろうか。このチャンスを逃してはならない。だからこそ河村名古屋市長の「いわゆる南京事件はなかったのではないか」など、不用意に中国の民族感情を駆り立てるような発言は慎まなければならない。中国人の民族感情が理解できなければ、国益をいくら主張したところで、それは空虚なスローガンにすぎないだろう。

第21景　名古屋市長河村発言から考える

日本人の歴史認識について(1)

2012.7

　今年（二〇一二年）は日中国交正常化四十周年を記念する年で、北京では多くの友好イベントが催されているが、どこでどんなイベントが行われているか、ほとんどの中国人は知らない。メディアが報じていないからだ。なぜか。日中関係が再び緊張しており、反日デモのような騒ぎがまた起こりかねないからだ。今年に入って、河村たかし名古屋市長の南京大虐殺否定発言、尖閣諸島（中国名は釣魚島《ティアオユイタオ》）の領有権問題、日米韓合同軍事演習などが中国メディアで大きく報じられ、最近は石原東京都知事が進める尖閣諸島の買い上げ、そして日本政府による国有化の動きを猛烈に非難している。

　今回から二回にわけて、今年二月の河村市長の発言が中国でどのように報じられ、世論はどのように受け止めたかを振り返る。そして日中間の〝棘〟である歴史認識に私たちはいかに向き合うべきか考えてみたい。

＊

　河村名古屋市長が、表敬に訪れた南京市の共産党幹部に「いわゆる南京事件はなかったのではないか」と発言したのは今年二月二十日のことだった。南京市は、翌日名古屋市との交流を当面停止すると発表し、後日幹部が、発言の撤回と謝罪が交流再開の条件だと表明した。河村市長は発言の撤回を拒否しており四ヶ月以上経った現在、交流再開のめどは立っていない（註：同年七月一五日、約五ヶ月ぶりに二胡演奏による日中友好イベントが南京市で催された）。事実関係だけを振り返ると、河村発言に中国側が抗議を申し入れ、南京市は報復措置を発動しただけに見えるが、事はそんなに単純ではない。

「名古屋市長が南京大虐殺はなかったと発言」。中国のネットニュースが報じるや否や、「河村を入国させるな！」「南京は名古屋と断交しろ！」などの書き込みがネット上に相次いだ。私は憂鬱な気持ちになった。「また始まった。明日の授業で学生に何と説明しようか」。日本の政治家の失言が報じられると「日本はどうして歴史を認めないのか」「君はどう思っているんだ」と中国人の知人や友人に問われるからだ。

しかし、状況は思わぬ方向に向かった。非難の矛先が河村市長から訪日代表団団長である中国共産党南京市委員会の劉志偉《リウチーウェイ》常務委員に向けられたのだ。いったい何があったのか。河村市長が問題の発言をした際、劉常務委員は「南京の人々は平和を熱愛している。歴史を学ぶのは平和を守るためであって憎しみ続けるためではない」としか返答せず、何ら反論しなかったとメディアが報じたからだった。更には会談終了後に二人が記念品を交換する写真もネット上に出回った。「なぜその場で抗議しなかったんだ！」「売国奴！」「三十万人の犠牲者を侮辱した」、中国版ツイッター「微博《ウェイボー》」は共産党幹部を糾弾する書き込みで溢れかえった。

予想外の展開に私は戸惑ったが、抗日の歴史や愛国主義教育を提唱する党幹部が何ら反論しなかったのだから庶民が激怒するのは当然だった。広東テレビのアナウンサーは記念品を交換する写真を指差しながら、「役人がどうしてこんな態度を取れるのか、みんなが真剣に考えなければならない」と声を荒げた。ネット上には「税金で海外旅行する腐敗役人を断じて許すな！」と庶民の不満が一気に爆発した。

南京市政府は対応に追われた。翌二十一日、「微博」の南京市政府公式アカウントに一日三回にわたって声明を発表。一回目は二十一日未明、「南京大虐殺は消すことのできない歴史的事実であり、確証は動かすことができない」。これは前日の中国外務省報道官の発言と同じような内容だった。二回目は夜七時前、「日本メディアは河村発言のみを報じ、代表団の反論を客観的に報道せず、大げさに騒ぎ立てた」「団長はその場で反論を行った」と釈明したが、団長が何と反論したかが書かれておらず、逆に火に油を注ぐ結果となってしまった。そして二十一日夜、「河村市長は南京大虐殺の史実を否定し、南京人民の感情を著しく傷つけたため、南京市は名古屋市との交流を当面停止する」と南京市政府外事弁公室報道官の談話を発表した。ある中国の専門家はネットの声に押されて下した決定だと分析していた。

翌二十二日、中国の主要紙は朝刊の一面トップに「南京市が名古屋市との交流停止を決定」の見出しを掲げ、

「『反駁』『糾弾』『断交』——南京市は一日に三度立場を表明」と南京市の決定を大々的に報じた。『南京日報』や『環球時報』など一部を除いて中国主要紙はこの日初めて今回の騒動を報じた。

＊

ネット上では共産党幹部と河村市長への非難が半々だったが、テレビと新聞は河村氏を痛烈に非難した。

中央テレビの報道番組は発言の翌日から「日本の政治家がまた荒唐無稽な戯言をほざいて歴史を歪曲した」「南京市の友好訪問団を迎える公式の席でどうしてこのような発言ができるのか」などと強く非難し、南京出身のアナウンサーは番組の冒頭で、「礼儀知らずで、歴史に無知で、教養がなさすぎる」と声を震わせた。南京市民はインタビューで「南京市民の感情をこれ以上傷つけるな」と訴えた。

河村発言は中国で以下のように伝えられた。「犠牲者は通常の戦闘行為によるもので、一般人への虐殺行為はなかった」「軍人の父親が終戦後に南京で手厚いもてなしを受けた。もし南京大虐殺が本当にあったらそんな厚遇は受けなかったはずだ」

非戦闘員の殺害又は略奪行為等があったことは日本政府も認めており、在職の市長が公式の場で政府見解と異なる発言を行ったことは不適切だった。日中歴史共同研究委員会が二〇一〇年に発表した報告書でも、日本軍による大規模な虐殺行為があったと認めている。名古屋市職員が会談後に市長の発言は政府を代表するものではないと訪日代表団に語ったと中国で報じられたが、メディアが同席する前での発言であり、個人の見解を述べる場ではない。私の周囲には、犠牲者数の検証や南京で公開討論会の開催を提案した河村市長の発言に全く耳を傾けない中国側にも問題があるという声も多かったが、虐殺行為はなかったと言われれば中国人は黙ってはいられない。

また、河村市長は父親の話を根拠に虐殺行為はなかったのではないかと疑問を呈したが、河村市長の父親が終戦後に滞在した棲霞寺《チーシアスー》資料センターの主任は「捕虜への優遇策と人道主義にもとづき、食糧などを提供しただけで、歓待したのではない」と中国メディアに語っている。また、戦前から上海で暮らし中国人と長く交流していた内山完造(一八八五—一九五九)は、著書『中国人の生活風景』(東方書店、一九七六年)のなかで次のように述べている。

今度の戦争では百万の兵士が中国へ入りこんだ。そして終戦後それらの兵士は、各地で武装を解除されて帰ってきた。みるも哀れな姿で一ヵ月、二ヵ月、三ヵ月、五ヶ月と徒歩して、上海にたどりついた者もたくさんいる。これらの兵士達が食事をどうしたかと聞くと、中国人から食べさせてもらったという。そして中国人の恩恵に感謝していた。それは、それでよいのであるが、私は、やはり一足の踏みこみが足らぬと思うのである。なるほど、中国人は人々の飢餓を見過ごしにしない習慣があるから全部そうだというのではないが、大体、中国人の習慣として、兵隊は最大の強盗団であるということが、無意識のうちに意識されているのである。まず私はここから出発して考えるのである。日本の兵隊が何人とか、何十人とか隊を組んでやって来る。たとえ武器は持っていなくても、若い血気の者ばかりである。しかも、この人々は、敗戦して帰国させられる人々である。昔から、中国では、敗戦兵士は食にはなれたおおかみである。いたるところで、略奪をするのが事明であることを、一般人は無意識のうちに意識しているのである。日本人の兵士だからとて、別のものとは考えないであろう。自分等の村へ来てほしくはないのだが、現われたら没有法子《メイユーファズ》(引用者註―「仕方がない」の意)である。出来るだけの手段をつくして禍いを除かなくてはならぬ。多年の経験で、動物をはじめすべての人間は、満腹の時には、おおむねおとなしいものである、ということを知っているからだ。

中国の諺に、一日食わざれば飢え、二日食わざれば盗む、三日食わざれば殺す、ということがある。これは中国人の経験からいわれたことであるのだ。すなわち、日本の兵士が一団となって現れた以上、手段をつくして兵禍をまぬがれなければならぬということになる。

まず第一の手段としては、なんでもよいから満腹させることである。そこで芋を煮ておかゆを炊いて満腹させてくれるのである。私はここまでみないと中国人の顔がみえないのである。ところが、日本の兵士はみなそんなことまでは考えないから、芋やおかゆで満腹させてもらって、やさしい笑顔で達者で行けよと送られると、涙を流してうれし泣きして帰っていくのである。

中国人に優しくしてもらったから日本人は悪いことをしていない、と河村市長は本気でそう考えているのだろうか。

中央テレビのアナウンサーは、河村発言を歴史の歪曲だと切り捨てたが、小泉首相が靖国へ参拝したときのように中国側の主張を一方的にまくし立てるのではなく、河村市長がなぜこのような歴史観を持つに至ったか分析を行った。「大学卒業後、営業や運転手などの仕事を経て、法曹界を目指すも司法試験に九回連続して失敗し、その後極めて保守系の政治家春日一幸の秘書となった」などと説明し、「河村氏は右翼政治家の代表であり、日本の主流意見ではない」と強調した。

日中両政府は二十二日、日中関係の悪化を避けたい意向を示した。藤村官房長官は記者会見で「非戦闘員の殺害、略奪行為があったことは否定できない。村山談話以来、政府の姿勢は変わっていない」と河村発言を否定し、「地方自治体の間で適切に解決されるべき問題だ」と表明し、北京で中国外務省の羅照輝《ルオチャオホイ》アジア局長と会談した外務省の杉山晋輔アジア大洋州局長も、「発言は日本政府を代表したものではない」と述べた。

中国外務省の報道官は、「今年は中日国交正常化四十周年であり、国民交流友好年でもある。このような重要な年に、日本は歴史を鑑とし未来に向う精神で、中国とともに中日関係の発展を進めることが利益にかなう」と付け加えた。河村市長は同日午後の記者会見で、「発言は撤回しない、南京へ行って討論会をしたい」と持論を展開した。

*

両政府がコメントを発表した翌日、新華ネット（新華社）、人民ネット（人民日報）、光明ネット（光明日報）など政府系メディアのウェブサイトから南京の見出しが消えた。南方都市ネット（南方都市報）にも見出しはなかったが、子どもがロウソクに火を灯してお祈りしている写真がトップページに大きく掲載され、「歴史は中国への侵略行為を忘れることはできない」とタイトルが付けられていた。報道規制に無言の抗議をしているように私は感じた。

中国の大手ポータルサイトの新浪ネットは、トップページ下に「在日本中国大使館が名古屋市長に反論、南京大虐殺について議論する余地なし」「名古屋市長が南京で公開討論会開催を提案」「南京が南京大虐殺口述史分会（生き証人の証言を記録する研究会）を設立へ」との見出しが出ていたが、翌日には全てなくなった。

特集を展開していたのは『環球時報』が運営する環球ネットだけで、トップページ右上に「南京が政府間交流を当面停止」のタイトルを掲げ、河村市長を「好ましからざる人物」として入国禁止を呼びかける署名活動を行っていた。私が見たときには九八パーセントが賛成と答えていた。

『人民日報』はこの日、「侵略戦争の歴史を否定し、中国人の感情を傷つけると、必ず代償を伴う」と論評を発表、人民日報傘下の『環球時報』は「名古屋市長に制裁を加え、謝罪もしくは辞任させろ」と題する社説を掲載し、「中国の全ての日本ツアーは名古屋を迂回するべきだ。名古屋との経済協力を減らしてもいい」などと強く非難した。

しかし、同じ日の中央テレビの報道番組「東方時空」や「新聞1+1」は批判するだけでなく、三十四年間築き上げてきた南京市と名古屋市の友好関係を右翼の圧力で断絶してはならないと強調、日本の民間人が書いた河村市長宛ての抗議の手紙を読み上げ、名古屋の民間グループが二十六年間継続して南京で植樹活動を行っていること、両市が児童絵画交流を十年間続けていること、その他スポーツ団体や合唱団などが毎年南京を訪れ友好を築いてきた歴史を振り返った。また名古屋からの投資額の多さを指摘し、南京の発展は名古屋の企業による貢献も大きい、だからこそ河村発言は極めて遺憾だと言及した。

＊

街の雰囲気はどうだったか。かつてデモが起きたときのようなピリピリした緊張感は全くなく、タクシーの運転手とも普段通りに会話した。日中関係が悪化すると、私は地下鉄やバスなど人ごみの多いところでは日本語を使わないようにしているが、今回は庶民が利用するレストランでも普通に日本語で会話ができた。二〇一〇年十月に起きた反日デモのときのように内陸都市では全く違った状況だったかもしれないが、北京はいつもと何ら変わらなかった。

では、強く反発しているのはメディアだけで、中国人は日本人の歴史認識に寛容になったのかというと、答えはノーである。日本人に対する憎しみが消えることはない。

昨年十二月、張芸謀《チャンイーモウ》監督の新作映画『金陵十三釵《チンリンシーサンチャイ》』(フラワーズ・オブ・ウォー)が中国で上映された。中国映画史上最高額の六億元を投じ、二〇一一年の中国映画で最高の興行収入を記録した超大作で、映画のテーマは南京大虐殺だ。ハリウッド俳優のクリスチャン・ベールが主演、日本からも渡部篤夫やその他多くのキャストとスタッフが関わっており、私も数シーンこの映画の撮影に参加した。なぜ今この映画が製作されたのか、次回はそこから話を進めたい。

第22景　中国人とかみあわないのはなぜか

日本人の歴史認識について(2)

2012.8

張芸謀《チャンイーモウ》監督の新作映画『金陵十三釵《チンリンシーサンチャイ》』（英題：ザ・フラワー・オブ・ウォー）は、一九三七年十二月に日本軍が南京を占拠したとき、日本兵に追われて教会に避難した女子学生や娼婦たちと、彼女たちを身を挺して守ろうとした神父との交流が描かれた作品だ。金陵とは南京の旧称で、十三釵とは中国の四大古典小説『紅楼夢』に登場する十二釵（十二人の美女、釵はかんざしの意味）からの引用。原作はアメリカ在住の作家・厳《ゲ》歌苓《リンヤン》の同名小説による。

　私はこの映画に日本軍兵士役で出演した。映画の仕事は約三年ぶりで、軍人役は実に七年ぶりだった。北京駅から夜行列車に乗り込み、翌朝南京駅で下車して出迎えの車でロケ地へ向った。

　楽屋で軍服に着替えると、メイクさんがまず軍人らしく土埃を浴びた顔にメーキャップしてくれた。それから、カーキ色の軍服に血や泥の風合いを出すために赤や茶色の絵の具を塗っていった。スタジオへ向う階段を下りようとしたとき、出番を待っている女子学生役の女の子たちが待機しており、軍服姿の私たちが近づくと怖いと言いながらもニコニコと話し掛けてきた。どうやら地元の中学生や高校生で、演技は初めてらしい。

　撮影が始まった。まず日本軍の兵士が銃を構えて教会のなかに一斉に突入するシーン、続いて、教会に隠れていた女子学生を連れ出すシーンを撮影した。私は、助監督で兵隊役も兼ねるYさんと女子学生を抱えて連れ出そうとする。そこに居合わせたクリスチャン・ベール演じる納棺師のジョンは、それまでは金と娼婦にしか興味がなかったが、彼女たちの悲鳴を聞くと神父の衣装を身にまとい、教会の吹き抜けの二階の廊下から赤十字の旗を掲げて「やめろ！」と叫ぶ。その声にはっとして手を離した瞬間、女子学生は逃げ去り、二人は神父姿のジョンをじっと見上げる。実際クリスチャン・ベールはすでにこのシーンを撮り終えていて、この時現場にはいなかった。撮影は一日で終わり、翌朝の飛行機で北京に戻った。

＊

『金陵十三釵』は二〇一一年十二月十五日から中国全土で公開され、私は初日に王府井の映画館へ足を運んだ。館内は若い人たちで満席だった。映画の前半部分は、国民党の先鋭部隊と日本軍の熾烈な市街戦が描かれ、その後は、鬼畜のような日本兵が略奪、暴行、強姦を繰り返すシーンが続いた。日本人なら目を背けたくなるシーンの連続だった。会場のあちこちから啜り声が聞こえてくる。女性らしく柔らかい響きの南京方言が観客の心を衝く。監督が南京出身者を女優に起用した理由がよくわかった。南京出身の友人は映画を観ていて最後まで涙が止まらなかったと言っていた。ちなみに私が出演したシーンは、ほとんどカットされていた。

　そしてこの映画を観た多くの日本人が思ったであろう。これまで抗日映画を撮ったことがない世界的巨匠の張監督が、なぜいま南京を題材に選び、しかも血も涙もない日本兵ばかりを描いたのか、と。私は映画を観終えて、監督は大勢の中国人の気持ちを代弁して、この悲劇を世界に宣伝するためにこの映画を撮ったのだろうと感じた。

　同じ〝南京〟がテーマの中国映画『南京《ナンチン》！南京《ナンチン》！』（陸川《ルーチュアン》監督、二〇〇九年）は『金陵十三釵』とは対照的な作品だった。最後に拳銃自殺する日本兵角川がやさしい心を持つ善良な日本人として描かれており、私は中国人監督が日本人の視点から南京の悲劇を描いたことに驚いた。『金陵十三釵』にも渡部篤郎が演じる長谷川大尉のように、部下の蛮行を神父に陳謝し、教会のピアノで童謡「ふるさと」を弾き語りする理性的な軍人が登場する。しかし、映画の後半で女子学生に日本軍の師団本部で賛美歌を歌うよう命じ、慰安婦にしようとしたのも長谷川であり、私にはある意味、部下よりも残酷な日本人に思えた。

　『金陵十三釵』は敵味方の立場をこえた戦争の悲劇を描くのではなく、これまでの抗日映画の範疇をこえるものではなかった。中国での評価は賛否両論があり、国民党兵士の死を恐れない英雄的行動や、娼婦が女子学生の身代わりとなる人間愛を賞賛する声もあれば、スクリーンの真ん中から、中国人兵士が一人またひとりと日本軍の戦車目掛けて突進し英雄的な死を遂げる、定型化された描き方を批判する声も多かった。

また、アメリカでの興行が散々だったことについて、張監督は「西洋人は南京大虐殺に対する理解が低すぎる。より多くの人があの歴史を理解した上でこの作品について論じれば、より客観的になるだろう」「もし中国の映画が強くなり、中国の文化が強くなったら、我々は芸術を通じて世界のより多くの人にこの歴史を理解させることができる」と発言した。近年、中国政府は文化を利用して中国の国際的影響力の拡大を図っている。監督は中国人としての使命感でこの映画を撮ったのではないと言っているが、私は「文化強国」戦略の一環として、抗日戦争の歴史を国内だけでなく世界に向けて発信する役割を担った作品のような気がしてならない。

かと言って、この映画をプロパガンダの一言で片付けることはできない。今年(二〇一二年)六月に日本の言論NPOと中国日報社が共同で実施した日中世論調査の結果が公表された。アンケートは一般と学生・教員に分けて行われた。「日本について思い浮かべること」の問いに対して、一般の中国人の回答は、電気製品五一・三パーセント(昨年は四九・九パーセント)、桜四二・〇パーセント(同三三・三パーセント)、南京大虐殺四〇・三パーセント(同四四・四パーセント)の順で、学生・教員は南京大虐殺四七・一パーセント(同四五・五パーセント)が最も多く、桜四六・六パーセント(同四〇・六パーセント)、電気製品三一・五パーセント(同三三・二パーセント)がそれに続いた。「日本に良くない印象を持っている理由」の問いに対しては、一般では「日本はかつて中国を侵略したから」が七八・六パーセント(同七四・二パーセント)、学生・教員では「中国を侵略した歴史についてドイツのように正しく認識していないから」が七七・九パーセント(同八六・一パーセント)で最も多かった。このアンケート調査は今年二月の河村発言の後に実施されたが、前年の調査結果でも南京大虐殺は上位にランクされている。満州事変、盧溝橋事件、七三一部隊など抗日の記憶は数多いが、抗日の最も象徴的な事件として南京が中国人に記憶されている。日本人が中国と聞いて中華料理や万里の長城を思い浮かべるのとは極めて大きな隔たりがある。

二〇〇五年にある雑誌の企画で日中両国の研究者が対談したとき、中国側の研究者が、「南京大虐殺の三十万人という数字について、当然、根拠はありますが、これはたんに一人ひとりの犠牲者を足していった結果の数字ではありません。被害者の気持ちを考慮する必要もあります」と述べていた。日本人にすれば証拠や検証に基づかない歴史研究はありえないが、実際に多くの中国人が同じように考えている。三十万人とは、日本人がかつて中国でどれほど酷いことをし、それに中国の庶民が耐え忍んできたかを象徴する数字で、これを否定することは虐殺を否定し、更には日本が中国を侵略した歴史を否定することだ、と。

最近、ある日本人が南京で行った講演会で、南京大虐殺についてコメントを求められ、真相はまだ不明な点が多いなどと答えたところ、ネットで大きな波紋を呼び、揚句の果てには〝中国から追い出せ〟と言われるまでの事態に発展した。「中国人の『民族感情』を理解し、尊重しなければならない」とは中国でよく聞く言葉で、中国人と歴史を議論するとき、日本人は謙虚に振舞えという意味が込められている。私は今年四月にテレビの取材で、「南京虐殺事件は日本側の研究では犠牲者数は四万人から二十万人ぐらいで、三十万人だという人はほとんどいない」と答えたことを思い出した。発言は慎重に行わなければ後で痛い目にあうことに気付かされた。

＊

では、多くの中国人はなぜ、戦争の歴史にふれると理性が抑えられなくなるのだろうか。

まず、戦後六十数年が経って、多くの日本人にとって日中戦争は歴史研究の一部になったが、中国人にとって戦後は〝まだ〟六十数年しか経っておらず、しかも旧日本軍の遺棄化学兵器の処理や強制連行の裁判など戦後処理は今も続いており、心の中の戦争はいまだ終わっていない。

また、日本で上陸戦が行われ、多数の民間人が犠牲になったのは沖縄のみだが、中国は列強から国土を蹂躙され、沖縄戦のような悲劇があちこちで起きた。抗日戦争終結後は再び国共内戦が始まり、一九四九年の建国以後は政治運動が繰り返された。また朝鮮戦争やベトナム戦争に参戦するなど、庶民は政治に翻弄され続けた。平和な環境を手に入れたのは文化大革命終結後で、まだ三十年余しか経っていない。よって国民の多くに自分は被害者だという意識が極めて根強い。

一九七二年に日中が国交正常化した際も、悪いのは日本の軍国主義であり日本人は戦争の犠牲者だ、と言って中国政府は国民に対して日中友好の意義を説き、戦争賠償を放棄した。しかし、国土を踏み荒らした日本人から何ら補償を受けられず、多くの中国人は到底納得できなかっただろう。

その後、豊かさを求めて多くの中国人が日本へ渡った。かつての侵略者に頭を下げることは、豊かさへの渇望と中国人としてのプライドの狭間で苦しんでいたに違いない。それとは逆に、中国で暮らす外国人は様々な制約を受けてきたが、同時に中国人が受けられない特権を享受できた。九〇年代初めまで、中国人はホテルや外国人専用デパートに自由に出入りできなかった。電車の切符を買うときも、パスポートを見せて外国人だとアピールすれば、料金は倍額だったが、延々と続く長い行列に並ばなくてもよかった。客が外国人だと店員の態度が急変するのを見て、中国人はさぞかし不愉快だったと思う。河村発言が中国で問題になった頃、世界一周の自転車旅行中の日本人の自転車が武漢で盗難に遭う騒ぎが起きた。中国で自転車が盗まれることは日常茶飯事で、盗難届けを出してもまず見つからない。しかし、三日後に警察は自転車を捜し出して日本人の手元に届けたのだった。警官が日本人に握手を求める写真がネットに流出すると「中国人の自転車は探さないくせに、日本人だから特別扱いしたのか！」と大ブーイングが巻き起こった。自分たちは常に差別されている、と多くの人が考えている。南京市幹部が河村市長に何ら抗議しなかったことを激しくバッシングした根底には、こうした庶民の複雑な感情がある。

しかし、こうした状況はいま変わりつつある。北京市は今年（二〇一二年）の五月十五日から百日間にわたって「三非外国人」（三非とは、不法入国、不法滞在、不法就業を指す）取り締まりキャンペーンを実施し、怪しい外国人を見かけたらすぐに通報するよう市民に呼びかけた。外国人を今後特別扱いしないという政府のメッセージが込められているような気がする。それは歴史認識についても同じであろう。

＊

では、中国の国力増大と中国人の感情を踏まえたうえで、我々は日中戦争の歴史にどのように向き合うべきか。

まず、河村市長のように、政治家が公式の場所で政府と異なる見解を述べることは慎むべきだ。中国の役人に個人の見解を述べる権限は無く、そのような場で相手を挑発しても自身の国内向けパフォーマンスにすぎない。中国側は、歴史問題で無用なトラブルを避けて実利で日本と付き合おうとしているのに、いつも日本側から問題を蒸し返されると思っている。日中が今後Win-Winの関係を構築するのであれば、お互いが国家体制の異なる国であることを理解且つ尊重し、不用意な発言や行動は自制すべきだ。

三十万人という犠牲者数については、河村市長は南京で討論会の開催を呼びかけ、「僕の言うことが嘘なら、ボロボロに叩きのめしてもらえばいい」と述べた。これに対して南京の専門家は「ぜひ南京に来てもらいたい」とコメントを発表したが、中国政府が開催の許可を下す可能性は低い。話し合いの場を設けることは、問題の存在を認めることを意味するからだ。もしそうなれば、あらゆる意見が噴出し、世論を抑えられなくなるだろう。一部の知識人など、公の場では口にしないものの三十万人説に疑問を呈する中国人は少なくない。

また、数字や史料による検証も大切だが、中国の一般庶民が受けてきた苦しみや痛みを私たちが思いつづけることも忘れてはならない。私たちから相手の立場でこの問題を考えることができれば、中国人も日本の一般庶民が戦争で味わった苦難を思うことができるのではないだろうか。

最後に、中国人の複雑な歴史認識について、中国人からもっと日本人に伝えてほしい。日本人は歴史について語りたがらない、とよく言われるが、中国人にも当てはまる。特に中国に友好的な人に対して配慮する姿勢が、歴史認識の相互理解を妨げていると思う。私も、お互いがもっと理解しあえるようにもっと勉強して多くの中国人と本音で交流していきたいと思っている。

第23景　北京日本人会会報より
昆劇からみる中国

2012.9

皆さんは昆劇をご存知だろうか。中国の伝統劇といえば京劇がよく知られているが、昆劇の発祥は京劇よりも古く六百年以上の歴史があると言われている。二〇〇一年に他の伝統劇に先立ち、日本の能とともにユネスコの世界無形文化遺産に登録された。

私は一九九一年から昆劇を学んでいる。北京留学中、たまたま友人が昆劇の先生を紹介してくれたのがきっかけで、当時、伝統劇の知識はほとんどゼロ、京劇も昆劇も同じようなものだろうと、単なる好奇心だけで昆劇の世界に飛び込んだ。

あれから二十五年、振り返ってみればこれほど深くのめり込むとは思ってもいなかった。魅力ある伝統劇に出会えた幸せ、そして何よりも昆劇は私の中国理解の礎となった。

中国の伝統劇は中国語で「戯曲」と言う。日本の「戯曲」とは意味が異なり、歌唱を伴う芝居のことで、俳優は笛や二胡などに併せて歌い、ドラや太鼓などの打楽器に合わせて立ち回わる。いわば中国版ミュージカルといったところだ。ちなみに、京劇と昆劇は見た目はほとんど変わらないが、大きな違いは、京劇が京胡に合わせて歌うのに対し、昆劇は笛に合わせて歌いながら舞うところだ。

俳優は高い技術と能力が要求され、通常は小学校か中学校を卒業後に演劇学校に入学し厳しい専門訓練を受ける。私は二十歳で練習を始めたので時すでに遅しだった。それでも先生について昆劇の形や様式動作を一つひとつ学ぶ日々が始まった。

＊

中国の伝統劇では練習を始める前に、まず自分がどの行当《ハンタン》（役柄）を演じるのか決めなければならない。役柄によって演じ方や歌い方が異なるため練習方法も異なるからだ。役柄は大きく四つに分かれていて、男性役の「生《ション》」、女性役の「旦《タン》」、顔に隈取を描く豪傑の役の「浄《チン》」、道化役の「丑《チョウ》」、更に性別、年齢、身分、地位などより細かく分類される。例えば男性役の「生」は、「老生《ラオション》」（髭をつけた中高年の男性役）、「武生《ウーション》」（武将や英雄で立ち回り役）、「小生《シアオション》」（二枚目の青年役）などに分かれる。私は立ち回りが多い道化役の「武丑《ウーチョウ》」を選んだ。

役柄が決まったら、基本功《チーペンコン》（基礎）の練習だ。昆劇を演じるには京劇など他の中国戯曲と同じで、「四功《スーコン》五法《ウーファー》」を習得しなければならない。「四功」とは唱《チャン》（歌）、念《ニエン》（台詞）、做《ツオ》（仕草）、打《ター》（立ち回り）の四つを指し、「五法」とは手《ショウ》、眼《イエン》、身《シェン》、法《ファー》、歩《プー》の、いわゆる演技の形を指す。これができなければ伝統劇は演じられない。例えば、「五法」の「手」とは、両腕を左右に山の字のように開く「山膀《シャンパン》」や、両手を雲を描くように動かす「雲手《ユンショウ》」など、「眼」は見得を切る「亮相《リアンシアン》」、「歩」は「T字歩《ティンツプー》」や「弓箭歩《コンチエンプー》」といった立ち姿勢などで、これらの動作を組み合わせて運用することを「法」という。私は先生のお手本を見よう見まねで一つひとつ学んでいった。見た目は難しくないのだが、何百年と受け継がれてきた様式美をすぐに習得できるはずもなく、基本動作をひたすら繰り返し練習する日々が続いた。練習場所は北京の中心部にある北海公園、毎週三日朝六時半から九時位まで、大学から自転車で約三十分掛けて通った。夏は短パン一丁で真っ黒に日灼けし、冬は何枚も服を着込んで着ぶくれして練習に励んだ。

*

基本動作をひととおり学び終えると、いよいよ芝居の稽古に入る。伝統劇のお芝居は、歌が多い「文戯《ウェンシー》」と、立ち回りを主とする「武戯《ウーシー》」にわかれる。私は「武丑」を選んだので、立ち回りなど身体を使った練習が多かった。

初めて習ったお芝居は『擋馬《タンマー》』（馬をさえぎる）という二人芝居だった。あらすじは、宋の女将軍・楊八姐《ヤンパーチエ》が男装して遼に潜入し敵情を探っていたとき、一軒の酒屋の前を通りかかり主人の焦光普《チアオコアンプー》に呼び止められる。実はこの焦光普、かつて宋の将軍だったのだが、遼との戦争で捕らえられ捕虜となり、今は酒屋を営んでいた。焦光普は楊八姐が通りかかったとき腰に下がっていた宋の通行証を目ざとく見つけ、これを盗んで宋に帰ろうと企んだのだ。しかし店に招き入れたものの怪しまれ、やがて二人は大立ち回りを繰り広げるが、最後には誤解が解け共に宋へ帰る、というものだ。

日々の稽古はまず基礎練習から始まり、圧腿《ヤートイ》(ストレッチ)、踢腿《ティートイ》(脚を高く蹴りあげる)、飛脚《フェイチアオ》や旋子《シュエンツ》といった跳躍技など、立ち回りの基本となる動作を繰り返し練習した。身体が温まったらいよいよ演技だ。台詞はすでに暗記し、歌も録音テープを聞いて覚えている。先生のお手本にあわせて自分も演じ、ひたすら真似て覚えていく。練習では楽隊がいないため、先生が口頭で唱える銅鑼などの打楽器の音に併せて演じる。自主練のときは頭のなかで音を鳴らした。公演が近づくと、劇団で楽隊と音合せを行った。

私が初めて舞台に立ったのは一九九四年一月で、前門の南にある広和劇場で留学生による発表会だった。このとき演じた演目は「双下山《シュアンシアシャン》」という、寺での生活が退屈で逃げ出す坊主の物語だった。

最初の十年間は『三岔口《サンチャーコウ》』の劉利華《リウリーホワ》、『問探《ウエンタン》』の密偵役などの道化役を勉強し、その後芸風を少し変えて『夜奔《イエペン》』の林冲《リンチョン》、『挑滑車《ティアオホワチョー》』の高寵《カオチョン》などの武生役を中心に隈取役にも挑戦した。演じ方の変化は私の師匠の芸風を受け継いでいる。

練習を続けるなか、留学生の発表会やアマチュア大会だけでなく、プロの公演に声をかけてもらったり、中国の子供たちの指導を任せてもらえるまでになった。

伝統芸能を学んできて強く感じることは、決して型に頼ってはいけないということだ。型どおりに演じれば演技にはなる。しかし、型に慣れてしまうと、何も考えなくても演じられるため、気持ちが抜け落ちてしまう。大切なことは型を忠実に演じるのではなく、型にどれほど気持ちを込められるかで、型をいかにして破るかということだ。言うは易し行うは難しで、こればかりは修練と年齢を積み重ねて模索しながら身に付けていくしかない。

習い始めた頃は、ただ言われるまま演じるだけで精一杯で、動作や台詞の意味を考える余裕はなかった。演技を習っている実感はなく、訓練を受けているようだった。転機は十年ほど経った頃、それまでは、台詞や歌詞を覚えて、型通りに演じ、いわば軽業を披露して拍手がもらえれば満足していたが、『夜奔』という一人芝居で水滸伝でお馴染みの林冲を演じてから、ようやく昆劇の難しさと面白さがわかるようになってきた。

「男怕夜奔女怕思凡《ナンパーイエペンニュイパースーファン》」(男は『夜奔』、女は『思凡』を演じるのを怖れる)といわれるほど『夜奔』は中国戯曲のなかでも難易度の高い芝居だ。一人芝居で約三十分間、歌いながら舞わなければならない。歌唱力か身体能力のどちらか一つを見せる芝居が多い中、この芝居はそれら二つに加えて内面の複雑な心境を演じることが求められる。舞台上にセットはなく、観客の視線は俳優ただ一人に注がれる。

中国には「台上一分鐘《タイシャンイーフェンチョン》、台下十年功《タイシアシーニエンコン》」という言葉がある。舞台の上での一分間は、十年に及ぶ地道な練習による、という意味だ。昆劇の歌には舞が伴い、一つひとつの動作に意味があり、歌詞の意味を理解せず、型通りに演じていては観客に気持ちは伝わらない。また、昆劇は文学性が極めて高く、中国人でも字幕を見ないとわからないほど難解だ。しかも典故が多く、台詞に込められた意味を理解することは容易ではない。林冲を演じるにあたり、型や様式動作の意味を深く考えるようになり、どうすれば台詞や歌を自分の言葉として表現できるか考え、歌詞や台詞を何度も書き写したり、名優の書き残した演技の心得や自伝を読み返したりした。

そしてようやく、歌いながら踊ることの難しさ、それに取り組むおもしろさ、そして歌詞の美しさを感じられるようになった。以前は舞台に立てることが喜びだったが、今は学んでいる過程が最も充実している。ようやく学べることの幸せを感じられるようになった。

*

気がつけば二十年、儀礼やしきたりを重んじる梨園の世界に足を踏み入れ、そうした環境の中で生活できたことは、中国理解の礎となり、中国や中国人とどう向き合うべきかの指針を与えてくれた。

まず、目先の利益にかかわらず、物事を長い目で考えられるようになった。稽古は同じ動作の繰り返しで、成果はすぐには表れない。日本人としての壁や限界もある。私は中国生活十年目ぐらいまでは、がむしゃらに中国社会にとけ込もうとばかり考えていたが、今はそう思わなくなった。日本人らしく、無理せず、自分のペースで行動するよう心掛けている。相手を敬い、でしゃばらず、巻き込まれず、というところか。

また、こうした経験は演劇だけでなく、自分の考え方にも影響した。何事も結果が全てではなく、そこへ行き着くまでの過程が一番大切で、要は自分が自分に納得できるかということだ。

昆劇を取り巻く環境も激変した。九〇年代に「昆劇を勉強しています」と言うと、ほとんどの中国人が「なぜ？」と怪訝な表情を浮かべた。当時は皆が豊かになることに夢中で、自国の伝統文化を省みる余裕はなかった。昆劇団の公演は年に数回しかなく、チケット代が三～五元（約四十～六十円）程度にもかかわらず、観客が十数人だったこともあった。それが、二〇〇一年にユネスコが昆劇を世界無形文化遺産に登録すると一変する。伝統文化の見直しの声が高まり、経済成長に伴い多くの国家予算が投じられるようになった。昆劇の素晴らしさを、世界が中国に気づかせたのだ。若者の愛好者が増え、大学には昆劇同好会ができ、校庭を歩いていると笛にあわせた昆劇の合唱が聞こえてくるようになった。最近は接待の場で昆劇を鑑賞することが流行っていて、ディナーショー形式で一千元を超えるチケットが販売されている。昆劇は今やファッションとなった。

＊

今年（二〇一二年）、日中国交正常化四十周年を迎えるが、お祝いする雰囲気は全く感じられない。しかし、そんなに悲観することもないだろう。かつて昆劇が誰にも見向きもされなかったように、私が一九九一年に北京へ留学しようとしたとき、周りの日本人も同じように怪訝な表情を浮かべるだけだったが、その後、中国が経済発展すると一転して「先見の明がある」と感心されるようになった。中国人にとっても、九〇年代半ばまで日本は豊かさの象徴だった。が、国力が逆転すると、日本に対して強硬な姿勢を貫くようになった。年齢を重ねると考え方が変わっていくように、世の中の状況も時が経てば思わぬ方向へと向かっていく。目先の問題に一喜一憂せず、これからも深く静かに末永く中国と関わっていきたいと思う。

＊北京日本人会会報『日本人会だより』二〇一二年十月号（北京日本人会発行）収録のコラム「私と中国」をもとに加筆修正。

第24景　アングラが最も熱く燃えた時代

2012.12

九〇年代の中国パンク

二〇一二年九月、日本政府が尖閣諸島の国有化を発表するや、中国では反日感情が爆発し、その後約一ヶ月間、百八十都市以上（『環球時報』の発表による）で大規模な反日デモが相次いだ。そんな反日の嵐が吹き荒れるなか、日本のパンクバンド、プノンペンモデルが中国ツアーを決行した。

ベーシスト、佐藤あつしさんから電話をもらったのは八月下旬だった。上海と蘇州でライブを終えこれから成都へ向かい、九月四日に北京で最後のライブを行うという。成都では数日前に数千人が街をデモ行進したばかりだった。北京ではまだデモは起きていなかったものの、丹羽中国大使（当時）が乗った公用車が襲われ、国旗が奪われるという事件が起きたばかりで、日本大使館は北京在住の日本人に、公衆の場での言動や態度に注意するよう呼びかけていた。われわれ日本人は一歩外へでれば否応無しに緊張を強いられる、なんとも嫌な空気の中で日々を過ごしていた。こんな状況でパンクライブは開催できるのか、一抹の不安を抱えながら、ライブ当日、私は日本大使館から東へ約一キロのところにあるライブハウス「両个好朋友酒吧」（二人の親友のバー）へ出かけた。会場に到着すると、中国のパンクスも大勢駆けつけていて、ライブは盛況のうち幕を下ろした。私の心配は全くの杞憂だった。

今回は中国のロックやパンク事情について、佐藤さんへのインタビューを交えながらご紹介したい。

＊

社会主義中国でロックは一九八〇年代半ばに誕生したと言われる。一九八六年五月に国際平和年を記念して「百名歌手コンサート」が北京の工人体育館で行われ、百八名の歌手が出演し、そのうち二十名がソロで歌った。ほとんどの歌手が美声の持ち主だったが、一人だけしゃがれた声で歌う男性歌手がいた。それが今も中国ロックの父と崇められている崔健《ツイチエン》だった。その声を聴いた国家指導者は激怒し席を立ったが、彼の歌う「一無所有《イーウースオユー》」（俺には何もない）に多くの若者が熱狂した。中国ロックが初めて大勢の聴衆を前に演奏された瞬間だった。

八〇年代後半、中国では陝西省や甘粛《カンスー》省の民謡を現代風にアレンジした歌謡曲が大流行し、これらの歌を「西北風《シーペイフォン》」と呼んだ。陝西省や甘粛省には広大な黄土大地が広がり、中国のなかでも特に生活環境が厳しい地域で、「西北風」はそこでたくましく生きている人々の息遣いが聞こえてくるような音楽だ。私が一九八九年三月から四月にかけて中国各地を旅したとき、重慶や西安などの内陸都市だけでなく、北京や上海でも、「黄土高坡《ホワントゥーカオポー》」（黄土高原）、「我熱恋的故郷《ウォーローリエンダクーシアン》」（私の大好きな故郷）などの「西北風」が吹き荒れていた。この他にも、各地の民謡をアップテンポに編曲したメドレー「四十首民歌聯唱」というテープが、街を歩いていると店先からよく流れていた。コンサートで崔健が歌った「一無所有」も陝北地方の民謡をベースに一九八五年に作られた歌で、いわば「西北風」のさきがけだった。中国ロックは伝統的な民謡に斬新な西側のロック調のアレンジを施して誕生した。

しかし、中国ロックはその後、冬の時代をむかえる。一九八九年四月に崔健はファーストアルバム「新長征《シンチャンチョン》路上的揺滾《ルーシャンダヤオクン》」（新たなる長征途上のロック）を発売するが、同じ頃、天安門事件が起き、学生たちは天安門広場で「一無所有」「最後一槍《ツォイホウイーチアン》」（最後の一撃）など崔健の代表作を熱唱した。「一無所有」の歌詞には「我」（私）が二十三回登場する。それまで国家を賞賛し理想を高らかに歌い上げる歌ばかり聞かされてきた若者たちは、個人の自由な感情を歌う崔健に熱狂したのだ。歌詞の中で、男は女に愛を告白するが、女は全く相手にしない。多くの中国人は、その女性を、国民の声を聞き入れようとしない政府に喩えた。こうした経緯から、中国ではロックは反体制の象徴となった。

私が一九九一年に北京で暮らしていた頃、崔健の二枚目のアルバム「解決」が発売されたが、中国人学生は崔健よりも香港や台湾の歌謡曲に夢中だった。中国の田舎臭さが感じられる粗削りな音楽より、やや洗練された新しいカルチャーのほうがずっと人気があった。九〇年代初めの北京には、バーやライブハウスはなく、今も地下鉄崇文門《チョンウエンメン》駅の西側にあるフランス料理店の馬克西姆餐庁（マキシム・ド・パリ）で、ロックの演奏がときどきあるくらいだった。また、洋楽のカセットテープは、王府井にある海外の書籍を専門に扱う外文書店の音楽コーナーが最も品揃えが良かったが、それでもマドンナ、マイケル・ジャクソン、ライオネル・リッチー、カーペンターズ、エアサプライ、ティファニーぐらいしか手に入らなかった。

一九九二年になると、より中国的なロックが生まれた。「紅色揺滾《ホンソーヤオクン》」（革命ロック）といって、中国共産党の革命歌をロック調に歌ったテープが発売されたのだ。「社会主義好」（社会主義は素晴らしい）、「中国人民解放軍軍歌」など厳粛な革命歌の数々を、聞き取りにくいかすれたダミ声で絶叫しているのだ。「社会主義国家人民地位高！」（社会主義国家は人民の地位が高いのだ！）と繰り返し叫んでいるのを聴いて、驚嘆したことを覚えている。さすがに党の長老が抗議したらしいが、発売禁止にはならなかった。

一九九二年一月から二月にかけて当時の最高指導者鄧小平が南巡講話（南方講話）を発表し、改革開放政策をさらに発展させると宣言した。しかし、国家の安定を脅かすロックに対する政府の監視は依然として厳しかった。

同年夏、爆風スランプと崔健のジョイントコンサートが北京で行われた。このとき私は旅行で北京を訪れていたのだが、たまたま友人がコンサートのスタッフをしていたのでチケットを入手できた。チケットには演唱会（コンサート）という文字は無く「音楽交流会」と書いてあった。当時、崔健は当局の指示で北京ではコンサートができなかったからだ。揺滾（ロック）やコンサートという言葉が使えないので、苦肉の策で音楽交流会という名目にしたのだと友人が教えてくれた。

会場の日壇飯荘は北京の大使館街から程近い日壇公園のなかにあるレストランで、中庭に舞台を設置した野外コンサートだった。はじめに爆風スランプが登場し演奏をはじめると、日本人から歓声が上がり大いに盛り上がった。次に崔健の番になりステージに上がると、今度は中国人から「うぉー」と地鳴りのような声が会場中に響き渡り、あっという間にもみくちゃになった。普段はのんびり自転車をこいでいそうな純朴な青年たちだったが、誰もがステージへステージへと押し寄せ、あわや将棋倒しになりそうだった。理性はふっとびもはや統制不能だった。このとき私は、政府がなぜこれほど崔健を警戒し監視するのかがよくわかった。

一九九二年十月に行われた中国共産党第十四回大会で社会主義市場経済が打ち出され、中国は赤い資本主義へと突き進んで行く。ロックがテレビやラジオなど公共の電波で流れることはなかったが、崔健に続いて唐朝《タンチャオ》、黒豹《ヘイパオ》などのバンドが人気を集めた。
そして一九九四年、北京にハードロックカフェがオープンした。

＊

その後、九〇年代半ばから二〇〇〇年にかけて、私は北京のライブハウスによく足を運ぶようになった。一九九四年からしばらくの間、今回の中国ツアーに同行した佐藤あつしさんがルームメイトだったからだ。佐藤さんは八〇年代に田口トモロヲ率いるパンクバンド、ばちかぶりの元メンバーで、一九九三年から北京師範大学に留学し、その後、中国のパンクバンド、蒼縄楽隊《ツァンインユエトイ》のメンバーとして北京を中心にライブ活動を行った。中国でパンクが最も輝いていた九〇年代に北京で活躍した日本人で、現在は群馬県前橋市でライブバーを経営している。
佐藤さんへのインタビューの前に、私がよく聴いていた九〇年代に北京で活躍したバンドや関係する地名について簡単に紹介しておこう（「楽隊《ユエトイ》」は日本語のバンドに相当する。中国ではバンド名に続いて「〇〇楽隊」と紹介されることが多い。以下の記述では「楽隊」を省略した）。

東村《トンツン》…一九九〇年代初めに北京にあった芸術家村。当時の北京には、美大卒業生らが中心となり、政府による分配（就職先の割り当て）を受けずにフリーで活動する若い芸術家たちが、円明園周辺と北京の東郊外にある東村などで共同生活を送っていた。画家が中心の円明園（西村）に対して、東村では前衛的なパフォーマンスアートが行われていた。一九九五年に解体。７９８芸術区など、その後の中国アートの発展に多大な影響を及ぼした。

穴位《シュエウェイ》…一九九一年に結成された五人組のロックバンド。ボーカルはコリン（中国名は秦思源《チンスーユエン》）でイギリス人と中国人のハーフ。一九九三年から九四年にかけて北京のアンダーグラウンド界で活躍した。

左小祖咒《ツオシャオツーチョウ》…一九九三年にＮＯ楽隊を結成し、現在はソロで活動している中国人アーティスト。北京五輪のメイン会場・鳥の巣の設計に携わった芸術家で人権活動家でもある艾未未《アイウェイウェイ》氏を支援するなど、過激な発言や行動が注目を集めている。

蒼蠅（ザ・フライ）…前衛美術家だった豊江舟《フォンチアンチョウ》、宋《ソン》永紅《ヨンホン》、王勁松《ワンチンソン》、顔磊《イエンレイ》によって一九九三年に結成。その後メンバーチェンジを経て、一九九五年に関菲《コワンフェイ》（ドラム）、佐藤あつし（ベース）、翌年に高橋コージ（ギター）が加入し、北京のアンダーグラウンド界を代表するパンクバンドとなる。現在は活動休止中。

羅琦《ルオチー》…九〇年代の中国を代表する女性ロッカー。九〇年代初めは指南針《チーナンチェン》楽隊のボーカルとして注目を集めるが、喧嘩に巻き込まれ左目を失明する。その後ソロで活動していたが、一九九七年にドラッグ中毒が発覚して拘束される。その後ドイツに渡り、現在は中国で活動している。

舌頭《ショートウ》…メンバー六人全員が新疆ウイグル族自治区出身の漢民族で、九〇年代後半の北京のアングラ界を代表するパンクバンド。崔健のバック演奏をするなど実力、人気ともに備えたバンドだった。

豪叫倶楽部《ハオチアオ》（スクリームクラブ）…一九九〇年代後半に北京の五道口《ウータオコウ》地区にあったライブハウス。北京のパンクスの聖地で、毎週末過激なライブが行われた。一九九八年に閉店。

69（シックスナイン）、**脳濁《ナオチュオ》（ブレイン・フェイリアー）**、**反光鏡《ファンコワンチン》（リフレクター）**、**無政府主義男孩子《ウーチョンフーチューイーナンハイズ》（アナーキーボーイズ）**…九〇年代後半に北京のアングラ界で活躍したパンクバンド。スクリームクラブで頻繁にライブを行っていた。

――佐藤さんは一九九三年九月から北京師範大学に留学されましたが、そもそも音楽活動をしようと思って中国に行ったのですか。

佐藤　んー、それは違うね。中国に行く前はコンピュータのソフト会社にいたのだけど九二年くらいか、バブル崩壊の影響で、仲の良い仕事仲間がクビになったり残業するなとか言われて、もう辞めちゃおかな、と。たまたまワーホリでオーストラリアに行ってた友人が台湾人の彼女連れて帰って来て、遊びに行ったら一時間だけど中国語教えてくれたんだ。物価も安いし治安も良いし中国でも行ってみようかなと。

――では、どういった経緯で北京でバンド活動を始めたのですか？

佐藤　当時北京の郊外に東村という芸術家村があったよね。レンガ造りの平屋が立ち並ぶ貧民街のようなところで、馬六明《マーリュウミン》、張湟《チャンホワン》、朱冥《チューミン》など若いアーティストが暮らしていた。同じ寮に住んでいた栗山がここに通っていて、面白そうだと思って一緒に出入りするようになったんだけど、ここに祖咒も住んでいて一緒にときどきジャムとかするようになって。

――私も何度か東村に行きましたが、いま美術評論家として活躍されている栗山明さんがずっと通っていましたね。当時北京でロックのライブはできたんですか？

佐藤　大きなロックコンサートは出来なかったね。一九九三年から九四年にかけて穴位という五人組の英詩のロックバンドがあって、九三年の冬に観に行ったときは音楽劇として大学近くのディスコでライブをしていたね。

――そういえば一九九四年十月の国慶節の前に、穴位のリハーサルを佐藤さんと一緒に観に行きました。胡同のなかにある学校の倉庫のようなところで練習していましたね。蒼蝿のメンバーになった経緯は？

佐藤　九四年だったかな、祖咒が今日ライブをやるというウワサがあって（まさにゲリラライブ）、そこが軍事施設の二階の食堂で、場所が良く分からなくて遅れて行ったらもうNOは終わってて蒼蝿が演ってたんだ。豊くんは死神博士みたいで話し掛けなかったったんだけど、九五年冬くらいかな、祖咒からベース探してるって紹介されてその冬は豊とよく遊んでたな。正式なメンバーになったのはその頃だったと思う。

――豊くんとはボーカルの豊江舟さんのことですね。フライではどのような活動をしていたのですか。

佐藤　週末は北京のバーでよくライブをしたね。九四年は祖咒のゲリラライブみたいにロックライブはなかったんだけど、そのころからロックに対する政府の規制が徐々に緩和されて、バンドが結成され、ライブハウスも少しずつ増えてきた。九五年に五道口に亜《ヤー》夢酒吧《モンチウパー》というライブバーができてここでよくライブをしたよ。他にもいろんなバーでライブをしたけど、店の名前は思い出せないなあ。ほとんどが一年ぐらいで閉店したから。平日はバー、週末のライブで経営していくのは大変だったんだろうね。それに中国人は飲みにいくと友達には金を払わそうとしないし。崔健や羅琦もここによく来ていたよ。

――崔健さんはどんな方ですか。

佐藤　中国ロックの父とか言われるけど、ミュージシャン気取りしないし、口数も少ない普通のヒトだよ。小さなライブハウスにもよく足を運んで、面白い音楽を探していたね。自分のライブにタダで入れてくれたし、気さくな人だったよ。

――私がロシア人のFさんとルームメイトになったとき、彼が羅琦と仲が良かったので、よく部屋に遊びに来ていました。実は一九九二年に羅琦の歌を聴いたことがあるんです。爆風スランプと崔健のライブが終わって、観客が帰り始めたころ、女性歌手が当時中国で流行っていた趙傳《チャオチュアン》の『我是一隻小小鳥《ウォーシーイーチーシアオシアオニアオ》』（わたしは小さな小さな鳥）を突然歌い始めたんですよ。それがすごく良くてずっと覚えていたんですが、あれは私だと本人から聞いたときはびっくりしました。

佐藤　羅琦は当時ヘロイン中毒で捕まって、芸能誌は連日トップだったよな。金ですぐ出てくると分かってたけど。

――話を蒼蠅に戻します。その後高橋コージさんが蒼蠅のメンバーに加入して、ファーストアルバムの制作に入りましたね。その辺の経緯を教えてください。

佐藤　豊くんから「面白いギターがいたら連れて来て」と冗談半分で言われたのだけど、東京でちょっと友人たちにリサーチしたところ金のあるヤツは時間がなく、時間のあるヤツは金がなく、まあ当たり前の話なんだけど、北京にロックなんかあるのなんて時代だったし、そんなとこにバンドしに行くやつなんかいるわけないよね。たまたまメンバー募集であるバンドに入ったらそこにコージがいて、初めて会った晩にその話をしたら、行く！　と即答してさ。一九九六年の夏から四ヶ月、アルバムの曲作りをしたんだ。練習場所は北京の市街地をずっと北の郊外へ行った黄土店《ホワントゥーティエン》というところで、当時は何もない農村だったよ。毎朝楽器を抱えて乗り合いバスに一時間以上揺られてここまで通ったんだ。豊江舟が借りた民家の二階で夕方までジャムで曲の元を作って、夜は部屋に帰ってコージと二人でデモテープを作ったね。北京に行ってからコージのギターを蒼蠅仕様に改造するのに二ヶ月近くかかった、早弾きするな、とかさ。平日はこんな感じで、週末はライブをしてたよ。

――ファーストアルバムの反響はどうでしたか？

佐藤　「The Fly 1」は一九九七年六月に台湾と香港のレコード会社から発売された。香港に『音楽殖民地』という音楽雑誌があって、欧米、日本、中華圏のアングラシーンで活躍するバンドのランキングを毎年発表していたんだけど、フライが一九九七年度中華圏最優秀バンドに選ばれてね。翌九八年十月に香港で行われた音楽殖民地主催のMCB百号記念コンサートに呼ばれて出演したんだ。ギャラは交通費込みで一人五千元（約七万円）、確か十月一日の国慶節に香港行きの列車で行ったんだけどまだ冷房かかってて寒くて風邪ひいて、三十九度の高熱が出てライブ以外はずっと寝込んでたよ。香港のＢＥＹＯＮＤや、日本からは少年ナイフが来てたね。この雑誌は欧米日の音楽情報をリアルタイムに紹介する雑誌で、大陸の音楽ファンに人気があったんだけど、二〇〇三年に残念ながら休刊したね。

――この頃私もよく蒼蠅のライブを観に行きましたが、北京のアングラシーンで熱狂的な支持を受けていました。熱唱する豊江舟さんの両脇に、表情ひとつ変えず淡々とベースを弾く佐藤さんと、上半身裸で熱血なギタープレイをする高橋さんは対照的でした。その後ろでドラムの関菲が黙々とスティックを叩いていました。蒼蠅は九〇年代の伝説的パンクバンドと今では言われています。

佐藤　中国ロックは世代ごとによく分類されるんだけど、第一世代が崔健、第二世代が黒豹と唐朝、そして第三世代が左小祖咒のＮＯ、子曰《ツーユエ》、そしてフライって当時よく言われてたね。言葉では表せないね。

――ボーカルとドラムが中国人、ギターとベースが日本人というメンバー構成ですが、日本人だからやりにくかったことなどはありませんでしたか。

佐藤　なかったね。中国で活動している日本人はぽつぽついたし、崔健のバンドにも昔日本人のギターがいたからね。うちは中国人二人、日本人二人だったから、意見も通りやすかった。

――アルバムは香港と台湾で先行発売されて、大陸での発売は遅かったですよね。

佐藤　大陸では海賊版が流通していたので、聴いていた人は結構いたけどね。一九九九年四月に摩登天空ＢＡＤＨＥＡＤと契約して、中国国内で正規版が発売されたんだ。ジャケットにはThe Flyと英語しかなくて、蒼蠅と漢字のバンド名が書いてないんだ。これは国内で発売するため文化部（中国国務院に属する文化事業を統括する行政機関、日本の文化庁に相当する）に配慮したんだと思う。

――蠅は中国で四害のひとつですからね。五〇年代後半に中国で大躍進運動が行われたとき、伝染病の原因であり、農作物を食い荒らす蠅、蚊、鼠、雀の撲滅が叫ばれました。ハエという名前がパンクなんだ！と中国の友人が言っていましたが、蒼蠅の演奏そして歌詞も挑発的でしたね。それまでタブーだった性描写だとか、権威や権力への諷刺がふんだんに盛り込まれています。当時中国国内で発売されたこと自体、画期的なことだったと思います。

そして九〇年代後半、北京の若手パンクスが結集する聖地のようなライブハウス、スクリームクラブが五道口にできましたね。蒼蠅はここでもよくライブを行いましたね。

佐藤　あそこには69、脳濁、反光鏡、無政府主義男孩子など面白いバンドが集まっていたな。フランス、アメリカ、ドイツや日本のＴＢＳなど海外メディアがここをこぞって取材していたし。中国にパンクが生まれて、こういう場所ができたことが衝撃だったんだと思う。

――北京で飲食店を経営するＨさんと佐藤さんが借りたアパートがスクリームの近くにあり、私もしばらく居候していましたので、一緒によくライブを聴きに行きました。大通りから入った薄汚い路地裏のスラム街のようなところにあって、週末の夜十時頃になると奇抜な格好をしたパンクスがぞろぞろ集まって、いま思い出すだけでもすごい光景でしたね。わたしは69のライブが一番好きでした。

佐藤　九七年に69と脳濁が録音したときにベースを弾いたんだけど、面白いバンドだなと思ったね。中国のバンドは歌は上手いけど、リズムにセンスがない。そのなかでこいつらは感性が面白かった。69は当時まだ快楽器楽隊《コワイローチーユエトイ》と言ってたよ。ボーカルの梁巍《リアンウェイ》は北京大卒業だよ。

――その録音テープは九七年秋に一時帰国していたときによく聴いていました。69の「朋克万歳《ポンコーワンソイ》」（パンク万歳）、「革命《コーミン》」など腹の底から湧き上がってくる声は、早川義夫や三上寛に通じるところを感じました。

佐藤　山田と同室時代、三上寛、早川義夫、良く聴いてたよね。スクリームの話だけど、舌頭《ショートウ》もよくここでライブをしてたね。演奏レベルの高い、チームワークが取れた面白いバンドだった。

――私はスクリームで京劇ライブをしたことがあるんですが、舌頭のドラムの李さんに「お前がやっていることが一番パンクだ」と言ってもらえたのが嬉しかったですね。みんなの仲間に入れてもらえたようで。彼はドラムを始める前は新疆の豫劇《ユイチュイ》（河南省に伝わる伝統演劇）団で楽隊をしていたそうです。スクリームも約二年で閉店し、いまここには五道口ショッピングセンターが建って、当時の面影は全く残っていません。それから、スクリームの周りには破損した洋楽ＣＤを売っている店が何軒かありましたね。

佐藤　九〇年代の半ばから北京のあっちこっちで売ってたよ。日本で俗にいうカット盤のことで、最初は打口磁帯《ターコウツータイ》といってカセット、それからＣＤが出てきたね。だいたい十元ぐらいだったかな。当時はみんなこれで洋楽を聴いていたよ。外国のレコード会社が中国市場を開拓するためもあって、わざとカセットやＣＤに傷をつけて工業原料として無償で送ってたんだと思う。海賊版が出る前のことだね。五道口の海賊版屋でクラッシックの専門店があって、国営放送のヤツらも買いに来るって言ってたよ。ホンモノを一セット買うと何千元もしちゃうからね。

――蒼蠅のセカンドアルバムは二〇〇〇年に発売されました。

佐藤　レコーディングは一九九八年にしてたんだけどね。マレーシアでも発売されたんで、二〇〇四年十二月にマレーシアのクアラルンプールで行われた野外フリーコンサートに呼ばれたね。

――いまは活動休止中ですが、再開予定などは。

佐藤　再始動はコージ次第なんだよね。関菲がスゴくやりたがってるみたいだし。

――今回はプノンペンモデルのサポートとして中国ツアーに同行していましたが、反日デモが各地で起きるなかでのライブでした。大丈夫でしたか。

佐藤　全く大丈夫。そこだけで起きているんだから、デモなんて関係ないよ。

――日本人として中国でバンド活動をしながら、日中友好とか考えたことがありますか。

佐藤　そんなこと考えたことないよ。そんなこと考えながらやってる奴がいる？

――日中関係はいま民間交流もストップして大変なことになっています。これからどうすればいいでしょうか。

佐藤　俺にそんなこと聞くなよ（笑）。これで中止になるってことは、所詮その程度の付き合いだったんじゃないの。政府に予算もらってやってるからそうなるんだよ。気の合う者同士で楽しくできたらそれでいいんじゃないの。

――そうですね。北京ライブのとき、ステージが終わってからボーカルのマルタさんが観客の中国人と何度も抱き合っていましたね。掛在蓋子上《コアツァイホーツーシャン》（ハング・オン・ザ・ボックス）や反光鏡、NOなど九〇年代から北京のアングラシーンで活躍していたパンクスたちも駆けつけていました。みんなライブの予告を見て、佐藤の名前があったから観に来たと言ってました。

佐藤　ありがたいよね。

――今日は長時間ありがとうございました。

＊

八〇年代になると、個人の考えを自由に表現する外国の文化が中国に入ってきた。それまで中国では集団の利益が全てに優先し、個人が自由な考えを述べることができなかったが、外国の思想や文化に触れることによって、中国人の中に新たな自我が芽生え育ち始めた。それは一九八九年の天安門事件で一時停滞するが、かつての全体主義的な中国に逆戻りすることはなく、九〇年代に入ると多くの人が個人を表現する自由を享受した。

しかし、この自由を手に入れる道のりは容易ではなかった。九〇年代始め、「一個中心《イーガチョンシン》、両個基本点《リャンガチーペンティエン》」（一つの中心、二つの基本点）というスローガンをニュースで何度も耳にした。一つとは「経済建設」で、二つとは「改革開放」と「四つの基本原則」を意味する。「改革開放」とは国内の体制改革と外国に対する対外開放で、「四つの基本原則」とは社会主義の道、プロレタリア独裁、共産党による指導そしてマルクス・レーニン主義と毛沢東思想を指す。つまり、経済を発展させるため、自由化は推し進めるが、政治改革は禁ずる、という意味だ。当時は誰もがこのスローガンが空虚で矛盾していると知りつつも、豊かさと自由を求めてもがき奔走していた。そんな急激な変貌を続ける中国社会のあちこちで、個人と権力がぶつかり合ったのが九〇年代始めの中国だった。

一九九一年当時、私は北京の新華書店で中国共産党章程（略して党章と呼ばれ、党の規約が書かれてある）を購入した。ポケットサイズの赤色のビニール製で、毛沢東語録とよく似ていて面白いと思っただけなのだが、それを知り合いの芸術家に見せると、どうしてこんなものを買ったんだ！　と真顔で怒り出したことが今でも忘れられない。

アウトとセーフの明確な境目がなかった当時、力で押さえようとする公権力と、過激な言動で挑発を繰り返す表現者との間でいたちごっこが行われていた。そして、大衆はそれを見て興奮し歓声を上げた。

今はどうか。俺がこの世の中を変えてやる、といった行動を起こす表現者は少なくなり、抵抗するよりも商業的に成功できればいい、と大勢が考えるようになった。

今でも時々、私は九〇年代後期にスクリームクラブで聴いたパンクのライブを思い出す。当時の熱気と興奮は反政府、反体制というより、もっと人間的で若者特有の、誰もが同じ価値観で同じ方向へ突き進んでいくことへの疑問や怒り、ありきたりな生活に対する不満や苛立ち、そうした反抗心だったように思う。九〇年代の若者の心が存分に反映された、あの時代にしかできないパフォーマンスだった。粗削りだが不思議と人を惹きつける中国人にしか作れないパンク、私はそういう音楽をもう一度聞きたい。そしてそんな時代に日本人が関わっていたことは、中国のパンクスの記憶の片隅に小さく、けれども深く刻まれていることだろう。

2002年当時の延安大学学生寮。
（第27景　陝北游記（2））

V 2013年

相互理解を深めるために

陝北游記

第25景　一人ひとりができること

2013.1

相互理解を深めるために

二〇一三年一月、北京大学の日本語上級クラス期末試験で「現在日中関係は国交正常化以来、最も関係が冷え込んでいるといわれています。二国間の相互理解を深めるために、あなたなら何をしますか。自分にできることを具体的に述べてください」と出題した。

二〇一二年の夏から秋にかけて、尖閣諸島の国有化をめぐって、中国全土で反日デモの嵐が吹き荒れた。私も北京でかつて経験したことのない緊張した生活を強いられたが、日常生活に不安や不便を感じながらも、どこか冷めた眼で見ていた。なぜなら、小泉元首相の靖国参拝以降、国交正常化以来もしくは戦後最悪の日中関係という言葉を何度も聞いてきたが、しばらくすると何もなかったかのように関係改善の方向へ向かう繰り返しだったからだ。昨年、書くべき内容は多かったが筆が進まなかったのはそれが理由で、政治や外交の動きやデモの様子を追うことに少し飽きてきていた。

そこで思い立ったのが、政府を大上段に批評するのではなく、一人の人間として日中関係改善のために何ができるか、というテーマだった。偉そうに政府を批判するだけでは、じゃあお前やってみろ！　と政府関係者に言われかねない。一人の人間として何ができるか、実行してこそ説得力がある。これは私が中国で暮らしながら自分に問い続けてきたテーマでもある。いま日中関係がこんな状態だからこそ、みんなと一緒にこの問題について考えてみたかった。この文章は、自らの問いかけに対する答案である。

＊

現在の日中関係を打開するため、自分に何ができるか。結論を先に述べれば、何もできない、というのが私の率直な心境だ。中国で長く暮らし、お互いのわだかまりが少しでもとけることを熱望し行動してきた上での実感だ。ではなぜそう思うに至ったか、私がこれまで中国で何を考え何をしてきたか振り返りつつ簡潔に述べたい。

一九九一年に初めて中国へ留学したとき、私はできるだけ庶民の生活に近づこうと、毎日のように自転車で北京の街を走り回り、列車はいつも硬座に乗って庶民と交わろうとした。おかげで多くの中国の友人に恵まれ中国が大好きになったが、「どうして日本人は歴史を反省しないのか」「ほとんどの中国人は日本人が嫌いです」「私は日本に留学したことを皆の前で話せません」といった声を聞き、中国人の反日感情の根深さを思い知らされた。自分はこれから大好きな中国とどう接していけばいいのか、思い悩む日が続いた。

日本に対する感情を少しでも和らげるために、自分に何ができるのか。私が思いついたのは、中国人からお金を儲けないことだった。「日本人は狡い、たくさん儲けているくせに、中国人には取り分をよこさない」と考えている人たちを納得させるには、これしかないと思った。私はユネスコ北京事務所のボランティアチームの一員となり、一九九四年から九七年にかけて、希望プロジェクトや貧困地区へ文具や教科書を届ける支援に携わり、中国各地の貧困地区を訪れた。

ボランティア活動を通じて多くのことを学んだ。支援が一部の地域に偏ったため、地域間の関係に亀裂が生じたこと、当時はネットが普及していなかったため、現地との連絡は電話やファクスだったが、そうした通信費が相手にとって大きな負担だったこと、支援する以上の手厚い接待を受けてしまったことなど、自分が良かれと思ってしたことが、相手への理解が足りないばかりに、悪い結果を招いてしまったことが多々あった。お金や物をあげるだけではない、相手の立場に立って考えることの大切さに気付いた。中国各地の農村を訪れ、中国の多様性や抱える問題の大きさや複雑さについて考えることができたことは、私の中国理解の大きな肥やしとなった。

しかし、その後私はボランティア活動に関わらなくなった。なぜか。日本からの支援が歓迎されなくなったからだった。集まった寄付金は、中国に深い思い入れがある普通の日本人から寄せられたものがほとんどで、金額は決して多くなかったが、一人ひとりの日中友好への熱い想いが込められていた。しかし、中国経済が発展し多くの中国企業がこぞって支援を始めると、小額の個人の善意は歓迎されなくなった。中国側からすれば、支援額が多い事業を優先するのは当たり前だが、日本の支援者に中国社会の急激な発展と人々の意識の変化を説明することは難しかった。地道な支援を続けてきた日本人は戸惑ったに違いない。自分たちの役目は終わった、と多くの人が草の根活動から手を引いた。そして私もボランティア活動から足が遠のくようになっていった。

＊

日中友好とは相互理解とは何か、私は今もときどき考える。日本側から見ると、国交正常化までは中国革命に共鳴する団体や党派の活動を指し、改革開放後の八〇年代は中国に贖罪意識を感じる個人や民間のグループの活動が主だった交流だった。しかし、思想的に中国を支持していた人たちはその後黙り込み、贖罪意識を持った人たちは活動から姿を消した。日中友好や相互理解の定義が時代とともに変化しているからだ。

思い起こせば、かつて九〇年代までは、ほとんどの交流事業が日本側の持ち出しで、日本側からすると中国を経済的に支援することが日中友好の証であり、中国側も同様に考えていた。その後二〇〇〇年以降は、より多くの人が中国を身近に感じて交流に参加するようになる。民間交流、草の根交流、青少年交流、学術交流など、相互理解を指す言葉は枚挙に暇ない。交流の形態は多様化し、お互いが顔を向き合わせる機会は格段に増えた。

では、お互いの理解も深まったのだろうか。国力が逆転し利益が衝突する現在、何をもって日中友好、相互理解というのだろうか。有識者と呼ばれる人々は相互理解の大切さを説き、民間交流やネットワーク作りの構築の必要性を提唱するが、では実際何に気をつけどのように行えばいいのか、具体的な方法については言及しない。それを実行するのは政治家の仕事なのかもしれない。しかし、国交正常化以後、自分の身を削って日中の友好に奔走した政治家がいただろうか。お互いが顔を向き合わせる民間交流こそが相互理解の原点だと思うが、交流行事自体が目的となっていなかったか。政治家が出てきて記念撮影する交流にどれだけの意味があるのか、果たしてそれを民間交流と呼べるのか。相互理解や相互信頼がお題目のように並べられるだけで、実際は誰も日中の相互理解など本気で考えていなかったのではないか。互いに相手を理解する努力を怠ったことが、今の相互不理解を招いていると私は感じている。

では、どうすればいいのか。今の私にはわからない。若い皆さんが新しい知恵を生み出してくれることを心から願っている。

第26景　陝北游記(1)
陝北を見ずして中国は語れず

2013.5

陝北《シャンペイ》は私にとって特別思い入れの深い地方だ。陝北とは陝西省の北部で、中国の地図を見ると、シルクロードの玄関口である西安の北側、黄河が大きく逆U字形に迂回した内側一帯を指す。この辺りは一面に果てしない黄土高原が広がっている。中国映画『黄土地《ホワントゥーティー》』（邦題は『黄色い大地』監督：陳凱歌《チェンカイコー》、一九八四年）の舞台となった地域といえばイメージしやすいだろうか。毎年ここから黄砂が偏西風に乗って日本まで飛んで来る。

伝統的な中国を感じたければ陝北へ行けばいい、と中国人は言う。ここには中国の古い文化や風習が今なお数多く残っている。しかし、私が陝北へ行ってきたというと、皆一様に怪訝な表情を浮かべる。発展から取り残されたこの地方を訪れたいと言う中国人はほとんどいない。

私はなぜ陝北に惹かれるのか。きっかけは、一九九〇年に大学のゼミで読んだ小野忍著『中国の現代文学』だった。そのなかに「中国の新歌劇——『白毛女への道』」という一節があった。『白毛女《パイマオニュイ》』とは中国共産党が一九四五年に陝北の延安で上演した歌劇のことで、小作人の娘が父親の借金のカタとして地主に売られ地獄のような生活を強いられるが共産党が救い出す、というありわゆるプロパガンダ作品だ。私が興味を持ったのは『白毛女』が描く革命の思想ではなく、観衆の反応だった。農民たちはひとたび上演されると、小作人の娘と自分との境遇とを重ね合わせて号泣し、地主が打倒されると拍手喝采し、興奮のあまり地主役の俳優に向かって銃を放とうとする兵士も現れるほどだったという。中国の農民はなぜこれほど『白毛女』に本気になったのか。私は延安に行ってみたくなった。

翌一九九一年三月、私は北京に留学した。そして夏

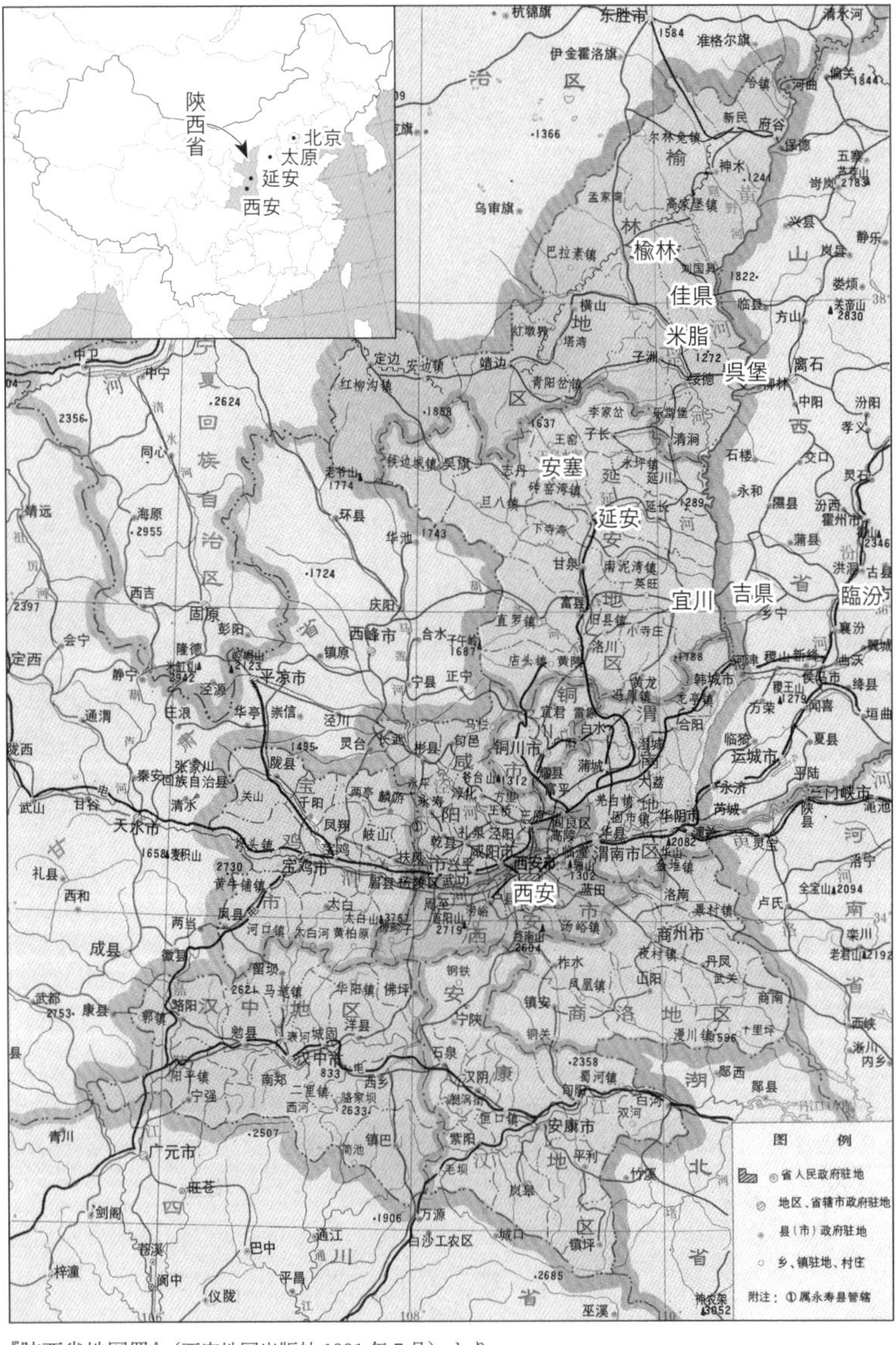

『陝西省地図冊』（西安地図出版社 1991 年 7 月）より

休みに入った七月下旬、ひとり延安を目指した。

＊

私は黄河を遡りながら延安を目指すことにした。かつて一九八〇年代にＮＨＫ特集『大黄河』をみてそのスケールの大きさに圧倒され、自分の目でその壮大さを感じたいと思ったからだ。北京から夜行列車に乗って、河南省の安陽《アンヤン》で下車し、その後、列車を乗り継いで鄭州に向かった。旅にはスケッチブックを持参し、安陽では甲骨片が多く出土した殷墟《インシュイ》、鄭州では駅前の二七記念塔、黄河の畔などでスケッチをした。私が絵を描いていると、地元の子供や近くの村から観光に来たという家族連れが「どこから来たの？」「日本人？」などと話しかけてきた。彼らの人懐っこい笑顔を今も懐かしく思い出す。当時、農村の子供たちはみんな日に灼けた坊主頭で、薄汚れた白のランニングシャツを着ていた。

この年は連日三七度を超す記録的な猛暑で、私は木陰を探してスケッチしていたのだが、気が付けば、直射日光を浴び日射病に罹ってしまった。毎日屋台で冷麺ばかり食べていたので体力もかなり低下していた。フラフラの状態で鄭州から鮨詰めの二等座席の夜行列車に乗り、陝西省の西安に向かい、西安駅に到着すると、ホテルを探して荷物を置き、休憩もせず街を歩き出したせいか、だんだんと意識が朦朧として真っ直ぐ歩けなくなってきた。何とかタクシーを捕まえると、近くの病院まで行ってくれと運転手に告げるなり倒れこんでしまい、タクシーの運転手は急いで西安市第三病院という街中にある総合病院へ連れて行ってくれた。そしてわざわざ私を抱きかかえて病院の中まで連れて行ってくれて、看護師に二言三言話すとすぐに立ち去っていった。きちんとお礼が言えなかったことが今も悔やまれる。

ほんの二ヶ月前、北京に留学してまだ間もない私は好奇心から屋台の食べ歩きをしていたが、それがたたって赤痢を患い、日中友好病院でお世話になったばかりだった。一九八五年に日本の無償援助で建てられた日中友好病院は看護師もにこやかで、患者も少なく快適だった。しかし第三病院は中国人患者でごった返し、廊下にまで簡易ベットがいくつも並べてあり患者が横たわっていた。廊下でしばらく待つように言われ待機していると、看護師がどこからか移動式の簡易ベッドを一台引いてきて、点滴を用意してくれた。同じように廊下で点滴を受けている周りの中国人が、「こいつは日本人らしい」とボソボソ噂し始めた。私は寝たふりをしていたが、薬が残りわずかになると、「早く看護師を呼んだほうがいい」などと世話を焼いてくれてみんな親切だった。二本を三時間かけて打ち終わると、不思議なぐらい元気になり、点滴のすごさに感心しながらホテルまで歩いて帰った。

＊

クーラーのないホテルの部屋で三日ほど休み、なんとか体力が回復すると、私は延安行のバスのチケットを買いに長距離バスセンターへ向かった。いよいよ延安だ。現在では西安から延安まで高速鉄道でわずか二時間あまりだが、当時はまだ在来線すら開通しておらず、長距離バスで山をいくつも越えなければならなかった。体調は万全ではなかったが、この程度でくたばってはいけない、かつて中国の若者たちは、歩いて延安を目指したではないか、と革命者気取りで気持ちを奮い立たせた。

翌日、朝七時半発のマイクロバスに乗り込んだ。一路北上、途中、銅川《トンチュアン》を過ぎると、見渡す限りの黄土の断崖が延々と広がり、何時間もずっと同じ景色が続いたが見飽きることはなかった。

黄土高原は中国内陸の砂漠地帯から偏西風によって運ばれた砂塵が堆積して形成されたといわれる。青海省や甘粛省から、寧夏《ニンシア》回族自治区、陝西省、山西省などの黄河上中流域にかけて広がり、人々は山の斜面に横穴を掘った窟洞に暮らしている。車窓から見える山のあちこちにアーチ型の玄関がいくつも並んでいた。上のほうを見ると、段々畑が何重にも積み重なっていた。中国語で梯田《ティーティエン》という。

日本では間違いなく廃車であろうオンボロのマイクロバスは、蛇が山に巻きついたような細い土道を、歩行者のことなど全く気にせず砂塵を巻き上げながらゆっくりと進んでいく。三～四時間ごとにトイレ休憩があり、サービスエリアとはお世辞にも言えない〝広場〟に、ゆで卵やラーメンや棗《なつめ》を売る屋台が数軒並んでいた。車内を見渡すと、私以外の乗客はみな見るからに土地の人たちだった。みんな黒っぽい服装で、中山服を着ている人も多かった。日に灼けた顔に深い皺が刻まれている。不審者を見るような眼つきで私をチラチラ見るだけで、誰からも声をかけられなかった。結局私はバスの中にいた約十五時間、誰とも一言も話さなかった。

延安には夜七時頃に着くと聞いていたが、大幅に遅れているようだった。とっぷりと日が暮れて遠くの窟洞から漏れる明かりがポツンポツンと灯っている。対向車はほとんどなく、街灯ももちろんない真っ暗闇の中を、バスはヘッドライトの短い灯りだけを頼りにひたすら走っていく。みんな無言だ。夜十一時頃ようやく延安の街に入ると、一人またひとりと下車する。外は真っ暗で何も見えない。ここが街なのかと思った。川が見えた。延安の中心には黄河支流の延河《イエンホー》が流れていることを思い出し、どこで降りたらいいのかよくわからないまま、私はみんなに続いて何となくバスを降りた。川沿いに歩いて行くと、招待所が何軒かあったが、私が外国人だと分かるとどこも泊めてくれなかった。外国人は延安賓館に行けという。当時はまだ外国人が泊まれるホテルは厳しく制限されており、延安で外国人が泊まれるホテルは唯一、延安賓館だけだった。延安賓館にたどり着くと、ホテルのフロント係が、当時私が留学していた北京第二外国語学院の卒業生で、よくここまで来たなあと、笑顔でねぎらってくれた。

延安は中国で革命の聖地と呼ばれる。一九四九年に中国共産党が政権をとる前、国民党に追われた共産党は、「長征」と呼ばれる一万二千五百キロに及ぶ行軍の末、一九三六年から一九四八年までここを根拠地とした。そのため中国革命に関連する史跡が街のあちこちに残っている。

翌朝、まず延安のシンボルである宝塔《パオター》を目指した。手前に延河が流れ、その後方の宝塔山の頂に宝塔がそびえ立つ風景は延安を象徴するもので、中国の歴史の教科書に必ずその写真が載っており、中国人で知らない人はいない。実際その場に立つと、写真で見た革命当時と変わらぬ景色が目の前に広がり、ああ延安に来たんだと実感がこみ上げてきた。

宝塔に登って街を見下ろした。延安の街は、Y字形に流れる二本の川沿いに広がっている。黄河支流の延河が約九〇度大きく折れ曲がったところに南川河《ナンチュアンホー》が流れ込み、その周りを宝塔山《パオターシャン》、清涼山《チンリアンシャン》、鳳凰山《ホンホワンシャン》が取り囲んでいる。その向こうにはどこまでも荒涼とした禿山が続いている。何もないこんな山奥を拠点に天下を取ろうとする発想は、我々日本人の想像を絶する。兵隊たちも共産党を信じてよくここまでついてきたものだと感嘆しながら街並みをスケッチした。

その後、清涼山、楊家嶺《ヤンチアリン》、革命記念館などを訪れた。清涼山には隋や唐代の石窟のほかに、新華社や延安新華広播電台（延安新華放送局、現在の中央人民放送局と中国国際放送局の前身）などの史跡があった。史跡と言っても山の中腹にある洞窟で、当時ここで日本語放送も行われていた。楊家嶺には当時共産党の本部が置かれた。毛沢東が「文学・芸術は大衆のためのものでなければならない」と呼びかけ、『白毛女』創作の切っ掛けとなり、その後中国の文化・芸術の指針を定めた文芸講話（一九四二年）もここで発表された。

　延安の地図を探したが、街のどこにも売っていなかった。旅行者が来ないのだろう。文化大革命の時代、毛沢東の指示で多くの若者がここに下放されたが、改革開放が始まると延安は誰からも見向きもされなくなった。その後、中国が豊かになると、中国政府は二〇〇四年より愛国主義教育を高揚させるため紅色《ホンソー》旅遊《リュイユー》（革命の史跡観光）を国家戦略として打ち出し、旅行社は革命の聖地巡礼ツアーを企画し、現在では中高年層がノスタルジーで延安を訪れるようになった。

上＝1991年当時の延安の街並み。中央後方に宝塔山が見える
下＝2002年当時の延安の街並み。1991年と比べてビルが増えた

　お腹が空いたので延安賓館近くの小さな食堂に入った。羊肉麵を注文すると「どこから来たの？」とおかみさんが話し掛けてきた。「日本から旅行で来ました」と言うと、ちょっと驚いた表情を浮かべたが、その後会話が弾んで、しばらくするとご主人が帰宅した。店舗の裏が自宅のようだった。地元の公安局で交通警察

として働いているそうで、一緒に夕飯をという言葉に甘えてご馳走になることにした。

円卓にはお爺さんも一緒だった。ずっと黙って箸を動かしていたが、しばらくすると突然「抗日戦争のときに日本軍がどれほど酷いことをしたか、君は知っているのか！　日本兵は中国人の顔の皮膚をこうやって刃物で削ぎ落としたんだぞ！」と感情を抑えきれない様子で話し始めた。私がびっくりして何も言えないでいると、奥さんが「この人とは関係がないんだから」となだめてくれた。中国人のお年寄りから戦争の体験談を聞いたのは、この時が初めてだった。そしてこれほど単刀直入に怒りをぶつけられたのは後にも先にもない。私は中国人の日本人に対する本音がこのとき少しわかったような気がした。

歌劇『白毛女』は、一九三八年に延安で設立された魯迅芸術学院（略称：魯芸《ルーイー》）の教師と学生によって創作された。地図が手に入らず、学校の跡地がどこにあるのかわからなかったので、ご主人に尋ねると、「魯芸には何も残っていないし、見学も出来ないよ」と言われた。しばらく雑談をして私は食事のお礼を言ってお店を後にした。

結局、私は魯芸やその他の地域に行くのは諦めて、西安へ引き返すことにした。西安で体調を崩して予定外の時間を費やしてしまったためだ。翌朝、バスターミナルへ向かう途中、交差点の真ん中で昨晩のご主人が交通整理をしていた。私が手を振ってお辞儀をするとわざわざ近寄ってきてくれて、仕事をほっぽり出し私を自分の自転車の荷台に乗せてバスターミナルまで送ってくれた。

延安から西安まで来たときと同じ道を引き返し、西安から夜行列車で北京に帰った。

陝北にはたった三日間しか滞在できなかったが、果てしなく続く黄土の山々と、その厳しい自然環境のなかで逞しく生きる人々の姿を見て私は打ちのめされた。今から思えば、この旅行がその後私が中国にのめり込む大きな契機となった。私は高三のときに父が他界したため、大学時代は学費や生活費を稼ぐためアルバイトに追われる毎日だった。当時日本はまだバブル期で、浮かれた世の中を不公平に感じたり、卑屈になることもあったが、そのたび私は陝北を思い出し、自分をもっと頑張らなければならない、と自分を鼓舞した。一年過ごした北京も十分刺激的だったが、陝北には、その何十倍も興奮した。

*

それから十一年の歳月が経った二〇〇二年二月の春

節、私は再び陝北を訪れた。その間、私は陝北を忘れていたわけではなかったが、北京で日々の生活をこなすのに精一杯だった。農村では春節の最後、初日から数えて十五日目にあたる元宵節が最も賑やかだ。それに合わせて私は春節九日目の二〇〇二年二月二十日、北京を夜行列車で出発した。今回は陝西省に隣接する山西省から黄河を渡って陝北に入ることにした。私は二等寝台車の中段のベッドで、下段ベッドには老夫婦が座っていた。話し掛けてみると、山西省の洪洞《ホントン》県の出身で、三人息子の一人が北京で働いているので、春節前後の二十日間を北京の息子宅で過ごしたという。日灼けした顔に深い皺が刻まれていたので八十歳ぐらいかと思ったら、六十五歳だと聞いてびっくりした。完熟の柔らかい梨を分けてもらった。「新聞読みますか？」と勧めると、「私は字が読めないから」と穏やかに断られた。農村の年長者は今でも字が読めない人が多い。何気ない一言で、あらぬ誤解が生じたことを私はこれまで何度も経験してきたので、また余計なことを言ってしまったと後悔した。

以前こんなことがあった。中国人の友人に面白いぞと勧められて中国語のチャットを始めたときだった。「我是留学生」と書き込むと、「留学生が何だって言うんだ！」と相手が急に怒り出した。一瞬何がなんだか訳がわからなかったが、すぐにその意味がわかった。中国語には文体の区別がなく、「私は留学生です」と「俺様は留学生なんだぞ」は、ともに中国語では「我是留学生」としか表せない。相手はきっと後者の意味で受け取ったのだろう。中国が今のようにまだ発展していなかった頃、劣等感からか「日本人は中国人を馬鹿にしている」という意識がとにかく強かった。私たちが中国で生活していて何気なく感じたことをそのまま言葉にすると、「また中国の悪口を言っているのではないか」と言葉の裏を勘ぐる人が多かった。私も無意識に相手の自尊心を傷つけていたのかもしれない。不用意な言葉が原因でお互いに不信感が募り関係がギクシャクしてくる、なんとなくそれがわかってから、中国人と話すとき、電話をかけるとき、手紙を書くとき、一字一句に異常なまでに神経を使うようになった。中国が豊かになった今ではあまり感じなくなったが、私はいまだに考えてから話す癖が抜けない。

皆が寝静まった夜中の三時頃、大声で目が覚めた。老夫婦のおばあさんの声だった。列車を下りる準備をしながら、車内に響き渡るほどの大声で話しながら何かを食べている。おじいさんの声は聞こえない。不思議なことに誰も文句を言わない。かなり時間が経ってから、乗務員が注意しに来た。二〇〇八年の北京五輪開催後は随分少なくなったが、今でも北京の地下鉄やバスの中で、大声で話している人をときどき見掛ける。大きな荷物を抱えた出稼ぎの労働者たちだ。彼らは都会でさまざまな差別に遭っていると訴えるが、都会の人たちは、ルールを守らないお前たちが悪いと逆に非難する。おばあさんはきっと無意識であんな大声を出していたのだろう。都会と農村の生活習慣の違いは、中国人社会にさまざまな歪みをもたらしている。中国のテレビドラマを見ていると、農村と都会出身の夫婦が結婚生活を始めていろいろな問題にぶち当たるシーンや、農村で暮らす母親が子供の面倒を見るために都会にやって来て、田舎の習慣を改めようとしないため、周囲の人が振り回されるといったシーンがよくある。中国人同士の世代間ギャップはいま大きな社会問題となっている。

　午前七時頃、山西省の臨汾《リンフェン》駅で下車した。山西省は中国最大の石炭生産量を誇る。駅を出ると、炭鉱街らしく空は白く霞んでおり、石炭の臭いがプーンと鼻をついた。駅前の屋台で油条《ユーテアオ》（小麦粉で作った細長い揚げパン）とワンタンを食べて体を暖めてから、八時半のバスで吉《チー》県へ向かった。田舎のバスは空席が少しでもあると、途中停車を繰り返して乗客を拾う。堯廟《ヤオミアオ》では三十分近く客待ちをしたが、誰も文句を言わなかった。ここには夏王朝の前にあったと言い伝えられる三皇五帝《サンホワンウーティー》の時代の五帝の一人である堯帝《ヤオティー》が祀られている。約一千三百年前の晋代に建てられたお寺だそうで、ピカピカの巨大な門がひときわ目を引いた。中国ではちょうどこの頃から、寺院や名所など歴史的建造物の増改築が急ピッチで始まった。旅行客を誘致し、観光収入を増やそうと地方政府が率先して行っているのだが、保存や復元というより全く新しい建物をガンガン建てたり、いいかげんにペンキを塗りなおすだけのやり方には違和感を覚える。最近になって、復元模造品は何の歴史的価値もないという声が上がりはじめてきている。

　吉県まではデコボコの土道で、途中通り過ぎた郷寧《シアンニン》県には、露天掘りの炭鉱が道の両側に黒々と広がっていた。空気が悪く息苦しくなり皆が一斉にバスの窓を閉めた。顔や手が真っ黒な炭鉱労働者が二、三人、バスに乗ってきた。ひと仕事終えたばかりなのだろうか、みんなほっとしたような笑顔を浮かべていた。郷寧県を過ぎると黄土高原がいきなり眼下に広がった。隣の座席の中国人は窓を開けて「空気がうまい」と言った。断崖のすぐ下を走る細い土道の脇に、ときどき二、三人が麻袋を抱えて立っていて、バスはその度に一時停止してその人たちを乗せていく。彼らはこの近くの窟洞に住んでいるのだろうか。辺りを見渡しても禿山の黄土の断崖ばかりで、遥か彼方に窟洞が小さく見えるだけだ。北京にもいそうなお洒落な女の子が一人で乗ってきた。春節休みで里帰りしているのだろうか。話を聞きたかったが変な人と思われるに違いない、話しかける勇気がなかった。

午後一時過ぎに吉県に到着。ここは黄河まで約三〇キロの寂れた田舎町だが、後に読んだ辻原登著の小説『ジャスミン』のなかで吉県の地名が出てきたので驚いた。バスを乗り換え、黄河畔の小さな村、壺口鎮《フーコウ》（鎮は村に相当する）に到着。ここには黄河唯一の滝である壺口瀑布《フーコウパオプー》がある。川幅が五〇メートルばかりに狭まり、断崖の谷間から轟音と水飛沫を立て、まるで壺から水が吹き出すような景観が有名で、一九八七年に発行された人民元の五十元札にも描かれているが、残念ながら雨季ではなかったため水量が少なく、期待したほど迫力はなかった。

黄河を渡った向こう側は陝北だ。バス停に行くと、まだ午後四時だが陝北行きの最終バスは出発した後だった。どうしようかと思っていると、「乗っていくか？」と農夫に声を掛けられたので、宜川《イーチュアン》まで値段交渉をして軽自動車に乗せて貰うことにした。ハンドルを握りながら農夫は「陝北は貧しい。でも人間は素朴だ。山の中で暮らしている人の年収は二百元（約三千円）ぐらいだ」という。聞き間違いかと思って聞き直したが、やっぱりそうだった。「最近何が一番変わりましたか」と尋ねると、「道が良くなった」。その後、陝北のどこへ行っても、誰もがそう答えた。ここも二〇一〇年に高速道路が開通し、今ではもっと便利になっただろう。しかし、曲がりくねった険しい山道を移動して来たからこそ、そこに暮らす人々の生活を垣間見ることができた。地元の人が快適に暮らせることが一番だが、便利になると頭や感受性をあまり使わなくもなる。

約一時間で宜川県に到着した。宜川は東西に通りが一本あるだけの小さな街で、延安市の中でも特に貧しく、国家重点貧困県に指定されている（中国の行政では市の下に県がある）。街の後ろに山があり、多くの人々が山の斜面に窟洞を掘って暮らしている。到着した夜、山西省に伝わる伝統劇・蒲劇《プーチュイ》の野外公演を観た。陝北各地で観たお祭りや公演の様子は第十景「春節の風物詩」のなかで取り上げたので、そちらを参照していただきたい。

翌朝、裏山に登って街を見下ろした。山の中腹に窟

窟洞の入り口（宜川県にて）

洞が数軒並んでおり、庭先の玄関におじいさんが一人で立っていた。「旅行で来たものですが、写真を撮ってもいいですか?」と話しかけると、おじいさんは笑顔で部屋の中に招いてくれた。玄関を入ると、ゴミひとつ落ちておらず、清潔な部屋だと感じた。右側にベッドがあり、ベッドの下に暖をとる炕《カン》（オンドル式の暖房設備）があった。その奥に竈があり、ここから通気路を通じて熱風が炕に送り込まれ部屋が暖かくなる仕組みになっている。窟洞のなかは冬暖夏涼と言われる通り、冬でも暖かくて快適だった。竈の横に薪が置いてあり、その奥は台所だ。水道はなく飲み水は近くの共同井戸から汲み上げる。水などを貯めておく甕が三つほど部屋の中に置いてあった。ホコリを被らないように、テレビにはピンク色の布が丁寧に掛けられていたが、それ以外に家電は見当たらなかった。老夫婦と孫の三人暮らし、おじいさんは今年六十五歳、見た目よりずっと老けて見える。奥さんは二歳の孫を抱いて腰掛けに座って、一言も話さないがニコニコしているので歓迎してくれていると思った。三人の子供は出稼ぎに行っており、部屋の真ん中あたりの壁に西安で撮った家族写真が額に入れて飾ってあった。「日本人です」と言って学生証を見せると、「ところで君はどこから来たんだ?」と聞き返されて会話がうまくかみあわない。このおじいさんもきっと文字が読めないのだろうと察した。当時、地方へ旅行に行って、屋台の兄ちゃんなどに日本から来たと言ってもわかってくれない人が多くいた。生まれた土地すら離れたことがない人たちにとって、日本など考えたこともなかったのだろう。砂糖水を一杯いただいて失礼した。お礼をしたいと思ったが、何も持っていなかったのでお金を置いていこうかと思ったが、いくら渡せばいいのか迷って結局渡せなかった。以前お世話になった人にお礼に現金を少し渡そうとすると、急に怒り出したことを思い出したからだ。九〇年代のことだが、お金目当てに日本人に媚を売り、擦り寄ってくる中国人がいた。それに対し、中国人としてのプライドがないのか、と憤慨する中国人もいた。日本人に頭を下げてチップをもらう姿は、抗日映画に出てくる漢奸《ハンチエン》（売国奴、日中戦争期における対日協力者を指す）を連想させるのだろう。私は心を込めて丁重にお辞儀をしてお別れした。山を下ってい る途中、後ろを振り返ると、おじいさんと孫を抱いたおばあさんが、丘の上からずっと見送ってくれていた。

街に戻って秧歌踊りの隊列を見てから、午後二時すぎのバスで延安へ向かった。

臨《リン》鎮を過ぎたあたりから下り坂になり、バスは速度を上げた。小さな売店や中学校などが道路沿いに見える。店の前にビリヤード台が並べてあり、バイクで遊びに来た若者たちが球を突いていた。中国のどこの田舎へ行ってもよく見掛ける光景だ。延安の市街地に近づくほど道路は舗装され、窟洞の作りも立派で、庭も広い。人々の容姿も都会とさほど変わらなくなった。

南泥湾《ナンニーワン》を過ぎた。ここはかつて共産党が自給自足の生活を実現するために大生産運動を展開したところだが、今はただ平地が延々と続いているだけだった。左手に大きな湖が見えると、それまで居眠りしていた乗客たちがざわざわし出したが、方言がきつくて何を話しているのかさっぱり聞き取れない。延安まで四〇キロの表示が見えた。

午後五時半、延安に到着。十一年ぶりに訪れた延安はホテル、高層ビル、デパートが立ち並び、ケンタッキーもあり、街が数倍大きくなったと感じるほどの変貌ぶりだった。街に入るとすぐに延安駅が見えた。私が前回訪れた翌年の一九九二年に西安と延安を結ぶ鉄道が開通したのだ。延河を見下ろす清涼山の中腹にはチャイナテレコムの巨大な看板が立っているが、街の雰囲気に調和していなかった。革命の聖地はいまや商業都市に様変わりし、別の街に来たかのような錯覚に陥った。

翌日、私は十一年前にお世話になった食堂へ向かった。前回のお礼を言いたかったので、私は出発前に北京のデパートで日本酒を購入し、リュックサックの三分の一を占めていた。延安賓館の近くまで来ると道幅がかなり広くなっていて一瞬あれっと思ったが、当時の面影はまだ残っていた。しかし、同じ場所には少し大きい食堂が二軒並んでいるだけでお世話になった食堂は見当たらない。改装したのかもしれないと思って店の中に入り羊肉麵を注文した。客がいなくなった時を見計らって店員に、「昔ここにあったお店の方にお世話になった者ですが……」と経緯を話すと、どうやら経営者が変わったようで、昔のことはよくわからないと言う。隣の食堂でも尋ねてみたが同じことを言われたので、私は延安賓館のフロントに行って相談した。私が「実は十一年前に……」と話し始めると、フロントの若い女性は一瞬怪訝な表情を浮かべたが、「この前の道をまっすぐ東に四キロぐらい行くとコイン屋があるので、そこで聞いてみてはいかがですか」と笑顔で教えてくれた。私は早速コイン屋へ向かって再び同じことを話してみたが、「公安局に勤めているだけでは、いまコインを集めている人はたくさんいるから……」とのことだった。仕方がない。私は捜すのを諦めて、魯迅芸術学院の跡地へ向かった。今回は地図を売っていたので場所がすぐにわかった。

校門を入ると、「校長のW先生ですか?」とサングラスを掛けた男性が近寄ってきた。「いいえ、違います」と答えて中へ進んでいくと、今度は別の若い男性が追いかけてきて、「どこから来たんですか?」と聞いてくる。「北京で留学している日本人です。旅行で来ました」と答えると、その男性は走ってサングラスの男性に報告しに行った。すると二人が近づいてきて「私たちはJテレビ局の者です。今年は延安で文芸講話が発表されて六十周年なので、特別番組を作るために取材に来ています。校長先生はまだお見えにならないので、山田さんを取材させてもらえませんか」。思いがけない申し出だった。「一九九一年に延安に初めて来ました。『白毛女』や『黄河大合唱』など当時の作品に興味があります」などと話していると校長がやってきた。「日本の友人の山田君です。彼は一人で、自費で延安に来ました」とディレクターは私を紹介した。自費で来たことを強調したことを、今でもよく覚えている。

教会跡地にある学校の中を一緒に見学させてもらった。春節休みで学生はいなかったが、教室の壁には時間割表が張ってあった。いまここで魯迅芸術学校の授業が行われており、校長先生の話では、一九四〇年代に延安でよく上演された秧歌劇『兄妹開荒《シュンメイカイホワン》』や『夫妻《フーチー》識字《シーツー》』を今も学生達は勉強しているという。

見学を終えて、取材の車でホテルまで送ってもらった。途中、近道だと言って飛行場の滑走路を横切ったのには驚いた。「飛行機の離着陸は朝と晩だけなので大丈夫です」と地元の軍所属の運転手は笑った。

その日の夜は、仮営業中の小さな軽食屋に入った。おかみさんは横に座ってお薦めの料理を教えてくれた。明日は安塞《アンサイ》へ行くというと、私の故郷だと言って文化館に勤める友人を紹介してくれた。

第27景　てんやわんやの元宵節パレード　2013.9

陝北游記(2)

　安塞県は延安市北部に位置する。安塞ときいて誰もがまず思い出すのが、中国の無形文化遺産の安塞腰鼓《アンサイヤオクー》だ。二〇〇九年十月に北京で行われた中国建国六十周年記念パレードで、安塞からやってきた約一千人の演者が天安門の前で華々しく腰鼓を披露したことは今も記憶に新しい。腰鼓のほかにも切り絵や農民画などがよく知られている。一九九一年に陝北を訪れたときは体調を崩してしまい延安で引き返したので、今度こそこの民間文化の街へ行きたかった。

　出発の前日、「明日から安塞に行ってきます」とテレビ局取材班のTさんに告げると、「あそこは何もないから行く必要ないよ」とそっけない。三日前に訪れたが、腰鼓隊を撮影できずに帰ってきたらしい。そばにいた魯迅芸術学校の校長にも「明後日、延安で行われる元宵節のお祭りに安塞一の腰鼓隊が出演しますから、わざわざ行かなくてもいいですよ」と言われたが、やはり私は予定通り出発することにした。

　翌日午前十一時半、安塞行きのマイクロバスに乗り約一時間で到着。ホテルにチェックインするとすぐに街へ出かけた。坂道を下っていると、チャルメラの軽快な演奏が通りから聴こえてきた。急ぎ足で駆け下りると、安塞腰鼓の隊列、約三十人が街を練り歩いている（詳細は第十景「春節の風物詩」を参照）。隊列は地元の役所の中に入り、敷地内の中庭で輪になって踊りを披露し新年の挨拶をすると、また次の役所へと向かっていった。こんな簡単に腰鼓が見られるとは思ってもみなかったので、私はやっぱり安塞まで来た甲斐があったと思った。

　街には人力車が何台も走っていた。中国の人力車は日本の観光地で見かけるような車夫が走りながら車を引タイプではなく、大きな三輪自転車の後輪部分に座席を設けたもので、安塞の人力車はどれも座席を真っ赤な布で覆っていた。初乗りは一元、二元で街中をほぼ移動できた。ちなみに延安の三輪車は初乗りが三元だった。タクシーや自転車はほとんど走っていない。私はそのうち一台の人力車に乗り込み「どこか観光できる所へ連れて行ってほしい」と車夫に頼んだが、車夫は「ここは何も無いんだよなあ」と困った表情を浮かべて黙り込んでしまったので、仕方なく車を降りた。ホテルの従業員も「安塞には文化芸術館しか見る所がありません」と言っていたが、確かにこの街には何もない。文化芸術館はあいにく休館日だったので、あてもなく街を歩いた。

旅行者が来ないので土産物屋もない。ようやく雑貨屋を一軒見つけて切り絵を買った。店主が郊外に老武廟《ラオウーミアオ》があると教えてくれたので、今度こそ人力車で向かった。十分ぐらいの距離だったが、お年寄りの車夫は腰を屈めて一所懸命ペダルをこいでくれたので、私が少し多めに渡そうとすると「申し訳ないから」と頑として受け取ろうとしない。私は紙幣を丸めて無理やり摑ませた。

老武廟は、道路沿いの小さな入口から下にのびる階段を下りた洞窟内にあり、色鮮やかな道教の神様が祀られていた。ただ、どうみても最近ペンキを塗り直したのがありありで、ありがたみはあまり感じなかった。

帰りは街なかを流れる延河沿いを散歩がてら歩いて帰ることにした。ところが川岸にゴミが散乱して悪臭が漂い、あまりの臭いに耐えきれず鼻をつまんで土手に駆け上がった。陝北はどこへ行ってもゴミだらけで、窟洞で暮らす人たちは家の前の崖下にゴミを投げ捨てていた。陝北の厳しい自然の中で日々の生活が精一杯の人たちに、環境保護や公衆衛生を説いてもなかなか理解してもらえないだろう。生活レベルが上がれば環境意識も高まろうが、それにはまだ時間が必要だ。

思い返せば、九〇年代初期の北京の街もゴミだらけだった。人々は街を歩きながら平気でゴミのポイ捨てをしていた。ひまわりの種のカスやお菓子の袋などがあちこちに捨てられていたし、冬になるとみんな焼き芋を歩きながら食べていたが、芋の皮を道にポイポイ捨てていた。ただし、長安街や西単《シータン》などの大通りでは厳しく取締りが行われていて、ゴミを捨てたのが監視員に見つかると罰金五元を支払わされた。また、当時列車で旅行をしたとき、車窓の景色を楽しんでいて何げに視線を落とすと、線路と並行してもう一本線路があるのに気づいた。よく見てみるとそれはゴミだった。窓から投げ捨てられたゴミがたまりにたまって、延々と長い一本の線路のように連なっていたのだ。自分の身の周りは清潔にするが、それ以外の場所はどうでもいい。北京五輪の招致が決まってからマナー改善キャンペーンが始まり、北京の街なかでゴミのポイ捨てをする人は随分減ったが、最近は高速道路でのポイ捨てが問題になっている。マナーが悪いのは貧困層に限ったことではないようだ。

老武廟を見終わると、することがなくなってしまった。ホテルに戻ろうかなどと考えながら歩いていると、雑居ビルの二階に「因特網《イントーワン》」（インターネット）の看板を見つけた。ネットカフェは中国語で網吧《ワンパー》と呼ばれる。北京を出発してからまだ一度もメールチェックをしていなかったので、私は階段を上がった。

店内を覗くと、田舎町とは思えない賑やかさで、ここは北京かと錯覚しそうだった。当時中国で流行していた白い縦ジマが入ったジーパンや、日本でも数年前に流行った底の厚い靴を履いた中高生ぐらいの男女で満席だった。受付で店番をしていた店主らしきおじさんが「じゃあ、このパソコンを使う？」と気さくに声を掛けてきてくれたので、ありがたく使わせてもらった。私がメールのチェックを始めるとのぞき込んで「それ、どこの言葉？」と尋ねてきたので、「日本語です。実はぼく日本人なんです」と答えると、おじさんはビックリした表情で「そうかあ、君は日本人なのか」と言いながらタバコを一本勧めてきて、何となく身の上話がはじまった。

おじさんは安塞生まれで、地元の高校を卒業し、西安の学校で経済を勉強した後、地元の役所で働いていたが、数年前からこの店を始めたという。私がずっと安塞に来たいと思っていたことや素朴な疑問を話すと、おじさんは熱く語ってくれた。「安塞は腰鼓や切り絵、農民画が有名なのに、どうして観光業を発展させないんですか」と尋ねると、「人の考え方を変えるのは難しいんだ。中国の農村で何か新しいことを始めようとすると、障害が余りにも多くて、ものすごいパワーが必要なんだ」。また、「黄土高原でどんなふうに暮らしているのか一寸想像できません」と聞くと、「本当に貧しい所に行ったことがある？　ここから二〇～三〇キロしか離れていないところに、今でも何百年前と変わらない、自給自足すらできない人たちがまだ大勢いるんだ」と語気を荒げた。方言がきつくてよく聞き取れない。「文化大革命は本当にひどい時代だった。私も農村に下放《シアファン》(一九六八年から都会の青年が思想改造のため農村で肉体労働に従事したこと)したけど、安塞に帰ってきたときは、ああやっと街に帰って来たと思ったよ。当時の安塞は今よりもずっと小さな街だったけどね」

「お金があったら石油開発の仕事をしたいけど、今は仕方なくこの商売をしている」「役所の幹部に昇進するのには学歴が必要で、大学の通信教育課程で大卒の資格を取ったけど、給料が一ヶ月二十元増えただけで、他は何も変わらなかったよ」

中国人はなかなか本音を語ろうとしないが、このおじさんは違った。私が通りすがりの外国人旅行者だからか、あたかも今まで胸のうちに溜め込んでいたことを吐き出すかのように、故郷のこと、自分のことを語ってくれた。

気がつくと夜の七時半で、おじさんと話してもう一時間半が過ぎていた。夕食を誘ったが店を空けられないとのことで、連絡先を交換して失礼することにした。「気をつけてね」「またお会いしましょう」。そう言って私たちは握手して手を振って別れた。別れ際「インターネットができて本当に便利になったね」と言われたときは、なんだかちょっと可笑しかった。

そのあと一人で夕食を食べてから、缶ビールとタバコを買ってホテルに戻ると、部屋の入口に出掛けるとき従業員に頼んでおいたお湯の入ったポットがぽつんと置いてあった。

翌日は延安の食堂で紹介してもらった安塞県文化芸術館に勤めるGさんを訪ねた。入口を入ると、三、四人が幅約三メートルはあると思われる真っ赤な切り絵を両手に持って作業していた。「Gさんはいますか」と声をかけると、「山田さんですか」とそのうちの一人が聞き返してきた。延安の食堂のおかみさんがあらかじめ連絡しておいてくれたようだ。「展示室のカギを取ってきますのでちょっと待っててください」。Gさんは安塞出身で、西安の学校を卒業してからここで働いているそうだ。

文化芸術館は四階建ての新築で、切り絵、農民画、文物、文化の四つの展示室に分かれていた。腰鼓の写真に見入っているとGさんが「小学校で習うので、私たちはみんな踊ることができます」。とくに気になる展示物もないまま見学は淡々と終わり、Gさんとは入口でお別れした。「また是非来て下さいね。延安までバスは七元です、騙されないように気をつけてください」。陝北はよほど治安が悪いのだろう、どこへ行っても、「騙されないように」とみんなが心配してくれる。

長年憧れ続けてきた安塞への旅は、期待した割りに意外にもあっさりと終わってしまった。

　午後のバスで延安に戻り、タクシーでテレビ局の取材班が宿泊するホテルに向かった。取材班のスタッフが「僕たちと同じホテルに泊まったらいいよ」と声を掛けてくれていたからだ。運転手が「着いたよ」と停車したがそれらしき建物は見えない。目の前にある大きな門には「中国人民解放軍延安軍区」の立て看板が掛かっている。ポカンとしている私に、「ホテルの看板はもう撤去されたよ。」と運転手は笑いながら言った。一九九八年に中国共産党は軍の商売を禁止したのだった。私は荷物を部屋に置くと、さっそく街に出かけた。

　まず、宝塔山に登り延安の街を見下ろすと、十一年前にここでスケッチブックに描いた景色が脳裏に蘇ってきた。手前に見える古い灰色のアパート群は昔のままだが、高層建築が驚異的に増えて、街全体が白く輝いて見えるほどだった。宝塔山の入山料はこのとき二十元、二〇一一年に再々訪したときは六十元に跳ね上がっていた。

　その後、乗合バスに乗って、延河沿いを四キロほど北西に行ったところにある延安大学を目指した。大学の正門で守衛が校内に入ろうとする人の身分証明書をチェックしていたので、私は四、五人の学生に紛れ込んで校内に入った。

　休み中なので学内は閑散としていた。正門の向かいに、香港の企業家・邵逸夫《ランランショウ》（一九〇七—二〇一四年）の寄付で建てられた立派な校舎があった。中国全土には六千を超す〝逸夫楼《イーフーロウ》〟があるといわれる。寄付がたくさん集まるのだろう、他にも新築の立派な校舎がいくつもあった。中国革命と共産党の威信を高めるため、国の指導者は頻繁に延安を訪れる。「共産党が政権を握っている限り、延安は大丈夫だよ」とタクシー運転手が言っていたのを思い出した。

　私がここを訪れた目的は学生寮を見るためだった。校内を奥に進んでいくとグラウンドが見えてきた。子供たちが凧揚げやサッカーに興じている。すると突然、巨大な窟洞群が私の目の中に飛び込んできた。学生寮だ。延安大学の学生寮はグラウンド脇の山の斜面を切り開いて造られた窟洞で、非常に珍しい六層構造になっていた。しかもグラウンドの端から端までびっしり整然と並んでいて、部屋数はざっと数えてもゆうに百を超える。まさに威風堂々たる佇まいだ。かつて大学生だった頃、私はたまたま何かの本でこの学生寮の写真を見て、いつか自分の眼で見てみたいと思いつづけてきた。そして今、その長年憧れてきた風景が、真っ青に澄み切った空の下に広がっている。私は何かをやり遂げた充実した気分になった。学生寮の一階の売店で、延安印のタバコを一箱買った。売店のおばさんは、「新築の学生寮ができたから、今ここに住んでいるのは学校職員とその家族だよ。やっぱり窟洞より新しい建物の方が住みやすいからね」と笑顔で話してくれた。

それから九年後、二〇一一年二月に再びここを訪れたとき、土がむき出しだった外壁はセメントで塗り固められ窟洞式ホテルとして開業していた。残念ながら当時の面影はなかったが、記念に一泊した。

延安大学から市街地に向かって十五分ほど歩くと、左手に共産党の幹部養成学校があり、その入口脇に「中国女子大学跡地」と書かれた小さな石碑を見つけた。中国女子大学とは、中国共産党が一九三九年に女性幹部の養成を目的に創立した女子大学だ。延安大学の前身でもある。党機関の敷地内にあるので見学は無理かなと思ったが、「延安の歴史を勉強しているのですが……」と守衛のおばさんに丁寧にお願いすると、すんなり中に入れてもらえた。小高い山の中腹を目指して坂を登って行くと途中から木や雑草が生い茂り、長い間だれもここを訪れていないことがわかった。両手で草木を払い除けながら道なき道を進んで行くと、忽然と窟洞が目の前に現れた。外壁に「厳粛」という文字をかすかに読み取ることができたので、ここが学校だと確信した。今でも中国の学校には同じ標語が掲げてあるからだ。

窟洞は南向きで数メートルおきに入り口がいくつか並んでいたが、どれもこれも荒れ果てた無残な姿だった。中に入ってみてもやはり荒れ放題で、なぜか使用済み乾電池が山のように放置してあり「有毒」と書かれた紙が置いてあった。入り口を出ると、延安の街を一望でき、眼下には延河が流れ、それは素晴らしい眺めだった。私は夕日に赤く染まった街並みを眺めながら、革命を信じて都会からここへやってきた若い女性たちが、同じこの場所で同じ景色を眺めていたのだろうかと少しセンチメンタルになりかけたが、後ろを振り返って校舎跡地を見るにつけ、先ほど訪れたピカピカの延安大学との落差があまりにも激しく、中国革命に青春を捧げた人たちが学んだこの史跡をどうして大切に保存しないのか理解できなかった。かつてここで青春時代を過ごした人達は、現在のこの有様を見てどう思うのだろうか。

夜は延安賓館の近くにある食堂に入り、いつもの羊肉麺、それに豆腐干とビールを注文した。店主と雑談していうちに、夫婦そろって元教師だとわかった。すると厨房から「私も教師だったのよ」と言っておばあさんが出てきた。歳は七十を過ぎたくらいだろうか。私は肩書きのない一介の日本人なので、少し親しくなると、「日本はいつもどうして……」と中国人が普段から思っている疑問や不満をぶつけられることがよくある。そのため、私はあえて自分から先に戦争の話を持ち出し、「かつて日本は中国人民に多大な損害を与えました」と誠意を込めて話すようにしている。すると、多くの中国人は日本人は戦争について話したがらないと思っているので、意表をつかれたかのような表情を浮かべて、「昔のことです。あなたとは関係ありません」「日本の科学技術は素晴らしい」といった話になる。このおばあさんにもいつもと同じように話すと、やはりいつもと同じような返事が返ってきた。「私たちは昔の世代とは違います」「もう過ぎたことです」、どう見てもおばあさんも戦争を経験しているのだが……。この年代の方からこういう言葉を聞くと、若者から強く責められるよりずっと心に突き刺さる。「悪い中国人が多いので気を付けてください。私たちは元教師ですから安心してください」と言われた。「日本にも悪い人はいっぱいいます。親切にしてくださってありがとうございました」そう言って食堂を後にした。

　二月二十六日、元宵節当日、延安では陝北各地から選りすぐられた演者たちが一堂に会して技を競い合うお祭りが盛大に行われた。その前の晩、食堂の主人が「延安一の繁華街、二道街《アルタオチエ》にある亜聖大酒店《ヤーションターチウティエン》の近くが一番よく見えるよ。朝八時半頃に行って場所を確保したほうがいい」と教えてくれた。午前九時過ぎに私が着いたときには、すでに大勢の人が集まっていた。何時から始まるのか数人に聞いてみたが、みんな言うことがバラバラだ。十時開始が二人、十一時と十二時開始がそれぞれ一人。パンフレットもなければ、アナウンスもない。みんな口コミで、お祭りが今日あるということしかわからないのだ。

　しばらくするとテレビ局の取材班を乗せたマイクロバスが到着した。ディレクターのXさんが「早いねえ、今日は三脚を担いで走ってもらうからね！」。いつのまにか私はスタッフの一員に数えられていたようだ。おかげで主賓席の横にある取材エリアの一番前からパレードを観ることができた。ふと後ろを振り返ると、道路には何重もの人だかりができていて、見上げるとビルの窓には人がへばりつき、非常階段や屋上など、とにかく人が立てるところは全て人で埋まっていた。

元宵節のパレードを見物する人たち（延安にて）

もし一人で来ていたら揉みくちゃになって祭の見物どころではなかっただろう。

陝北の民謡が大音量でずっと流れているが、アナウンスは何も無い。スタッフに聞くと、パレードはここから五百メートルほど南にある延安体育館を出発して、この広場でひと踊りしてから、西に約一キロ行ったところにある延安賓館まで時々立ち止まって踊りを披露しながら行進するそうだ。中間地点にあたるこの広場には地元の役人や招待客用の観覧席が設けられていた。

そうこうするうちに見物人は更に増え、とうとう交差点を取り囲む歩道は見物人と警察と警備員で埋まってしまった。取材エリアには、延安日報、延安有線電視台、その他大勢の記者やカメラマンがいた。どれくらい待っただろうか、一直線に伸びる道路の彼方から、パレードの大群がこちらに向かってやって来るのが見えた。時計を見るともうすぐ十二時だった。

パレードの先頭は延安市人民政府チームだ。「元宵節おめでとうございます」と書かれた横断幕を掲げて颯爽と登場。その次は延安大学医学部付属病院、百人以上の大集団で全員が白衣を着用し、両手に持った小さな花束をときどき一斉に振り上げてポーズを取っていた。乗用車を何台か連結して造った山車の胴体には

安塞腰鼓のパレード

「五十年の歴史ある病院」「陝北で直線加速治療器を初導入」と書いてあった。山車の上から女性看護師二人が百合と牡丹の花束を手に持ち、観衆に笑顔で手を振っている。それにしてもこの山車、飾り物がずっとガタガタと揺れていて、高校の文化祭を思い出してしまった。目の前を通り過ぎるとき、録音係のWさんと目が合った。彼もニヤニヤしていた。主賓席には子供連れが多く、拍手を送りながら採点していた。

ディレクターのXさんはいつの間にかすっかりパレードの指揮官と化していた。見栄えがしないチームには「早く下がれ！　行け！」、見応えがあるチームには拍手を送りながら「好《ハオ》！」（素晴らしい）と叫びつつ、カメラマンがちゃんと撮っているかチラチラ見ていた。

宜川県の胸鼓隊が登場した。総勢七十人、白いシャツに金色のベストをはおり、赤いズボンをはいている。靴は男性が白で、女性は黒。みんな赤い帽子をかぶっている。胸には赤い小太鼓を抱え、右手に白いバチを持って、太鼓を叩きながら踊っている。踊りは動きが優しくて優雅だ。その横にはトラックの荷台に乗り込んだ楽隊約二十人がチャルメラや銅鑼を伴奏している。曲のリズムはどこのチームもだいたい同じなので、連日聞いていていて憶えてしまった。太鼓を叩く鼓師《クーシー》はいつもはくわえタバコだが、今日はさすがに誰も吸っていなかった。

延川《イエンチュアン》県の大秧歌《ターヤンコー》隊は、百人以上が揃って踊るのでその迫力に圧倒された。隊列の先頭を走る山車の上から女の子が花びらを撒いていたのだが、バランスを崩して車の上から転げ落ちてしまった。幸い大事には至らなかったが、女の子は泣きそうな表情だった。観覧席からは大きな拍手がわいた。

「祝延安人民馬年吉祥」「私たち〇×タクシー会社は元宵節をお祝いします」。長安スズキが赤色のアルト約三十台の隊列を組んで現れた。助手席や後部座席に乗っているのは関係者なのだろうか、窓越しに観衆をじろじろと眺めていた。中国石油、中国電信、中国建設銀行、中国農業銀行など大手国有企業チームが次々登場する。パレードは企業にとっては格好の宣伝の場であり、どのチームも先頭を歩く女性は美人ぞろいだ。昨日乗ったタクシーの運転手が「お金がない会社は、踊りが上手で可愛い女の子を雇うことができません」と言っていたことを思い出した。

そして、ついに待ちに待った安塞腰鼓の登場だ。総勢六十人ぐらいだろうか、白い手拭いを頭に巻き、白の上下に赤いベスト、赤い靴下に白い靴、靴には白いぼんぼりが付いている。笑顔を浮かべて全員がまるで狂ったように踊り出すと、観衆からひときわ大きな拍手が湧き上がった。女性の演者がいた胸鼓隊と違って安塞腰鼓は全員男性だったので踊りが豪快だ。真っ赤な小太鼓を叩きながら、足を高く蹴り上げて踊るのが特徴で、もし一人で踊っていたら、頭がどうにかなってしまったのかと勘違いされるほどの熱演だった。

腰鼓隊がひとしきり踊ってから移動し始めると、「行くぞ！」とXさんが叫び、私もカメラの脚立を担いで彼らを追いかけた。沿道はどこまでも人でいっぱいだ。

腰鼓隊の楽隊も他のチームと同じようにトラックの荷台で演奏していた。ふと目をやると、スーツを着た魯迅芸術学校の校長が楽隊にまざって後ろ向きにちゃっかり座っているではないか。「山田君も乗ったら」と声を掛けられたが、さすがにお断りした。腰鼓隊は延安賓館の前でもうひと踊りした。Xさんが「後ろに下がって！　そこ！　もっと後ろに下がれ！」と見物人に向かって大声で叫んでいる。「山田！　そこの奴、そいつだ、そいつをもっと後ろに下げろ！」、私と助手のTさんは両手を広げて観衆をせき止める。私はいつの間にか警備員になっていた。

撮影はひとまず無事終了した。やれやれと思っているとXさんが「お腹の調子が悪い、ちょっとトイレに行ってくる」と近くにあった延安賓館に向かって一目散に走って行った。その後姿を眺めながらWさんが「昼に食べたパンが当たったんだよ。山田君、何個食べた？」と訊いてきた。昼食を食べに行く時間がなかったので、運転手がどこからかパンを買ってきていた。「あのパン、変な臭いがしてたでしょう。こんな田舎でパンなんか絶対に食べたら駄目なんだよ、いつのパンかわからないからねえ」、私はひとつ食べたが幸い今のところ大丈夫だ。ロビーでしばらく待っていると、Xさんが戻ってきた。「腰鼓隊は？　今から砂の上で踊ってもらおう、砂がばあっと巻き上がってこそ見栄えがするからな」。

私たちはマイクロバスに戻ったが、大渋滞で全く進まない。その間、Xさんはずっと電話中だったが、次第に声が不機嫌になってきた。電話の様子から、どうやら腰鼓隊はバスで安塞に帰ってしまったらしい。「このままじゃ帰れない、砂がバアーっと巻き上がるシーンが撮れなかったらここまで来た意味がないんだ！」。するとと思い出したように「そうだ、今から延安電視台に行って映像を分けてもらおう」と言うと、カメラマンがすかさず「でもあそこの技術じゃ、ちょっときついんじゃないですか？」と言うので、「駄目だったら明日安塞まで撮りに行く！　山田もいるから話はつけやすい」と勝手に私の名前を出していた。その時私はちょうど電話の真っ最中だったが、そこだけははっきりと聞き取れた。私は明日から楡林《ユーリン》に向かう予定なのだが……。

その晩、ホテルに戻って夕食をご馳走になった後、「明日の朝、楡林に発ちます。いろいろお世話になりました」と皆にお礼を言って部屋に戻った。

出発の準備をしながら、ふと窓の外に目をやると、夜空に赤い灯火が無数に浮かび上がっていた。山腹の窟洞に赤い提灯が灯されているのだ。じっと見ているとまるで灯りが目の前に飛んでくるかのようで、昼間の喧騒とうってかわって幻想的だった。荷造りの手を休めひとり白酒《パイチウ》を飲みながら、窓の外の景色に見とれていた。しばらくしてベッドに横になったが、夜中に目が覚めて少しカーテンを開けると、まだ赤提灯が光っていた。明け方にまた目が覚めて外に目をやると、同じようにまだ光っていた。

第28景　陝北游記(3)　陝北で出会った人々

2013.12

　元宵節のお祭りを存分に楽しんだ翌朝、八時四十分発のマイクロバスで楡林に向かった。助手席まで客で埋まった窮屈な車内に、陝北の民謡が大音量で響き渡り、中年の運転手は鼻歌まじりに機嫌良さそうに運転している。素朴な歌声と物悲しいメロディーが車窓から見える荒々しい黄土の景色とぴったり調和して、なんだかわくわくしてきた。バスは綏徳《スイトー》を過ぎると黄河支流の無定河《ウーティンホー》に沿って北上し、午後一時過ぎ、楡林に到着した。

　楡林は陝北の北端で、内モンゴル自治区と隣接している。郊外には明代に築かれた長城が東西に横切り、そこを境に南側に黄土高原、北側に砂漠が広がっている。ここはかつて軍事上の要衝都市として栄えた。秦の始皇帝は匈奴の侵入を防ぐために万里の長城を建造したが、それ以外にも、当時都があった咸陽《シェンヤン》から九原郡《チウユエンチュン》（現在の内モンゴル自治区包頭市《パオトウ》）までの約七百キロを南北に貫く軍事用高速道路「秦の直道」を建設した。楡林はちょうどその通過点に位置している。

　楡林の街はかつては楡林城と呼ばれ、明代に建造された城壁が街をぐるりと取り囲んでいた。街を見下ろそうと私は城壁を目指して歩いた。近づくにつれ傾斜がきつくなり、細い道はまるで北京の胡同のように入り組んでいて、袋小路に迷い込みながらなんとか辿り着いた。近年中国各地の城壁が模造と言われるほどピカピカに修復されてしまったが、楡林の城壁は長年風雪に晒されたままの土壁で、何ともいえない風格が残っていた。上に登って街を見下ろしてみると、城壁の内側は市街地で、外側は工場がぽつんぽつんと見える以外は、見渡す限りの大地が広がっていた。ここで匈奴の進撃を迎え撃ったのかと想像を掻き立てられた。

街の東側につらなる城壁の上を歩いていると、数メートルおきに足元に穴が開いていて、そこから白煙が立ち昇っているので、覗き込んでみると、台所の煙突だった。山の斜面に窟洞を掘るのと同じように、城壁の土壁を掘って部屋を造り、そこに今でも多くの人が暮らしているのだ。

その年の暮れ、楡林の城壁が崩落し大勢が生き埋めになったというニュースを北京で聞いた。

＊

楡林で一泊して、翌日、私はバスで佳《チア》県へ向かった。南東へ約九十キロ、黄河沿いにある小さな街だ。一九九一年に北京に留学していたとき、美術教師だった中国の友人が写生旅行で学生を引率して訪れた佳県の写真を見せてくれた。果てしなく続く黄土高原と夕日に染まって黄金色に輝く黄河の流れは私を強く惹きつけ、自分もいつかこの風景を見てみたいと思い続けてきた。あれから十一年、その夢が実現する。

バスは出発して間もなく、ある倉庫の前に停車した。「ちょっと待ってて」、運転手がそう言ってバスを降りると、作業服を着た男三人がやってきて「イチ、ニ、サン！」と声を掛け合い三〇インチのテレビ三台をバスの荷台に積み始めた。乗客は誰一人文句を言わず、バスから降りて、タバコをふかしながらその様子を眺めていた。約二十分後、何事もなかったかのようにバスは再び出発した。しばらく行くと、先ほど街中で見かけた野辺送りの葬列を再び目にした。チャルメラなどの楽隊に伴われ、みんな白い喪服を着ていた。

楡林の街中を出発して約三時間、途中いくつもの山を越えて佳県に到着した。黄河は水源のある青海省から渤海《ポーハイ》に流れ込むまでの五千キロあまり様々な表情を見せるが、この辺りは黄土の断崖絶壁が延々と河辺に続き、佳県の街はまさにその断崖の頂に聳えていた。山城とも、中国のルクセンブルクとも言われる所以だ。

街を歩いてみると坂道が多く、路面は長方形の石畳が敷き詰められていた。夏の集中豪雨に備えた、水捌けを考えた設計なのだろう。しかしデコボコして歩きにくい。街中に車はほとんど走っていなかった。もちろん信号もない。「北関小学校危険校舎再建のお知らせ」「貧困を克服して豊かになろう」「梅毒治療」などの張り紙が壁や電柱など至るところにペタペタ貼ってある。佳県は国家指定の貧困県で、楡林市の中で最も貧しい地域なのだ。

だんだん日が暮れてきた。しばらくすると、どこからともなく楽隊の演奏が聞こえてきた。「もしや!?」と思い、音に引き寄せられて歩いて行くと運動場があった。辺りはすでに真っ暗になっていたが、一番奥まったところに灯りが煌々と灯っていて、そこから打楽器の音が響いてくる。ここでも野外芝居をやっていた。灯りに近づいていくと、年老いた農民たちが持参した腰掛けに座って歌や踊りを楽しんでいる様子だった。舞台の上には「佳県職教中心戯劇学校」（職教は職業教育の省略、戯劇は演劇の意味）と書かれた真っ赤な横幕が張ってあった。

　はじめは何気なく観ていたのだが、次第に私は芝居に引き込まれていった。なかでも武老生《ウーラオション》（立ち回りをこなす老人役）を演じる俳優の演技が素晴らしく、仕草の強弱が絶妙で、形が洗練されていて美しい。思わず「何でこんなに上手いんだ」と中国語で独り言をつぶやいてしまった。

　この公演は演劇学校の教員と生徒たちによるもので、先生が主役、小中学生らしき子供たちが脇を固めていた。セリフのない兵隊役も一所懸命だ。舞台袖に目をやると、先生らしき中年の男性が舞台の上で演じる生徒を怒鳴りつけている。銅鑼の音が響き渡り何を怒っているのかわからないが、手を振り回して「お前はそこじゃない、もっとあっちだ！」とでも言っているようだ。街を散歩していたとき、佳県蒲劇団の看板を見かけた。おそらくここの劇団の俳優が教えているのだろう。先生は必死に指導し、生徒はそれに応えようと懸命なのが観ていて伝わってきた。

　九〇年代に北京の劇場で京劇を観ていたとき、主役の演技は素晴らしいが、龍套《ロンタオ》と呼ばれる兵隊などの端役は、動作がばらばらで、やる気のない人が多かった。私は当時、兵隊は目立たないようにわざと力を抜いて演じるものだと誤解して、自分が兵隊を演じるときも同じようにダラダラと演じたことがあった。後でそうではないと知り、大変申し訳ない気持ちになったことがある。中国語で「戯迷《シーミー》」と呼ばれる伝統劇の愛好家たちは、芝居のストーリーに関心はなく、主演俳優の歌や技を堪能するために劇場へ足を運ぶ。兵隊や宮女などは数合わせに過ぎず、真面目に演じようとしなかった。近年は管理が厳しくなり、また待遇も改善されて、こうした悪習は見られなくなった。

　この武老生役の俳優が舞台を下りると、私は居ても立ってもいられず楽屋を訪ねた。楽屋といっても裸電球が天井からぶら下がり、水道も通っていない、宜川で見たときと変わらない石造りの建物だった。入口から中を見回すと、ちょうどその俳優が髯口《ランコウ》（付け髭の総称、針金で耳から吊るしている）を外そうとしていた。近づいて「旅行で佳県に来たものです。演技を見て感動しました」と話しかけると、「ありがとう」と逆に握手を求められた。そして横にいた盔箱《コイシアン》（頭部に装着する飾り物や髭などが入れてある道具箱）を管理しているおじいさんに「もう歳だから体が動かなくなったよ」と静かな笑顔でポツリと語った。出番を控え準備する子供たちが慌ただしく私の前を行ったり来たりしたので、私はお礼を言ってすぐに客席に戻った。この老俳優がもし都会で生まれ育っていたら、きっと名の知れた俳優として活躍できただろう。中国の地方には優秀な人材が埋もれていることをあらためて感じた。これは演劇に限ったことではない。

　観劇後、宿に戻り受付のお兄さんに「芝居を見てきたよ」と言うと、何が面白いの？　とでも言いたげな表情を浮かべた。確かに観客はお年寄りと子供だけだった。

*

　翌日、白雲山《パイユンシャン》へ向かった。ここには道教の寺院、白《パイ》雲観《ユンクワン》がある。昨日街なかで「一紅一白《イーホンイーパイ》」と書いてある張り紙をあちこちで見かけた。地元の人にこの意味を聞くと、「一紅」は紅棗《ホンツァオ》、「一白」は白雲山のことだと教えてくれた。村おこしのために県政府が打ち出したスローガンだという。白雲山行きのバス停が見つけられずタクシーを拾うと、運転手は「タクシー代十元、入場券十元の合計二十元でどうだ」ともちかけてきた。交渉するのが面倒だったので言い値で後部座席に乗り込んだ。黄河の支流を越えてチケット売り場のゲートを入ろうとした時、運転手が「頭を伏せて」と言うので、私は言われるままに身を伏せると、タクシーは加速してゲートをくぐり抜けた。白雲山は国家の重要文化財に指定されており、入山料を払わなければならないが、地元の人は自由に出入りできるらしい。延安の宝塔山でも、「ここに住んでいると言えばチケットを買わなくてもいいよ」と地元の人に教えてもらったことを思い出した。チケット代の十元は運転手がネコババしたのだ。

　白雲観は明代建立の道教のお寺で、本堂は山頂にある。山の麓にある山門から頂上の天門までは、神路と呼ばれる石の階段が山の斜面に延々と伸びていて、ここから眺める黄河が雄大で絶景だった。登りきると本尊の真武大帝を祀る真武大殿があり、その向かいに戯楼、両脇に鐘楼と鼓楼と、ちょうど四合院のようになっていた。廟会のときには大勢が参拝に訪れ、ここで芝居が行われるという。戯楼裏の楽屋を覗くと壁は落書きだらけで、「××県劇団演出留念」（××県劇団公演記念）などと壁の隅々まで隙間なく白い塗料で落書きしてあった。今秋（二〇一三年）から中央テレビはマナー向上やルール遵守を呼びかけるコマーシャルを一日に何度も放送しているが、当分改善されそうにはない。

見学を終えるとバスで街へ戻り散歩した。坂道の壁に「水土を流失させた者は水土流失（土壌浸食）税を納めなければならない」と白のペンキでスローガンが大きく書いてある。公有地を開発したり、畑にしたりする人が多いのだろう。しばらく歩くと学校があり、南関小学校と佳県中学と門柱に書いてあった。ちょうど下校時間で、ピンクや赤の色とりどりのリュックを背負った子供たちが校門からぞくぞくと出てきた。みんな笑顔が生き生きしている。校門の近くに文房具を売る屋台がいくつか並んでいて、子供たちが手に取ってあれこれみている。物売りのおじさんも都会の人と違っておおらかな笑顔だ。子供たちの笑顔を見ていると、ここが国家指定の貧困県とは感じられなかった。

更に歩くと、香炉寺《シアンルースー》に着いた。佳県に来てここを訪れない人はいないだろう。この小さなお寺は、黄河沿いの断崖絶壁の上に建てられていて、まるで黄河の上に浮かんでいるかのようだ。

本殿を奥に進むと橋があり、その先に観音廟があった。後方には一面に荒々しい黄土と黄河が広がっている。観音廟は高さ約二〇メートル、幅わずか五メートルほどの細長い岩の上に建てられていて、この岩の形がお香を焚く香炉の足のようなので香炉寺と名付けられたそうだ。観音廟へ渡る橋は幅約一メートル、長さ五メートルほどなのだが、断崖絶壁に架けられていて、橋を渡るとき下を見ると目が眩みそうになった。私の後に中国人の中年男性三人がやって来たが、そのうちの一人はしり込みして引き返して行った。眼下には黄河が悠々と流れ、顔を上げると対岸には山西省、黄土の山々がどこまでも続き、十一年来想い続けてきた光景がいま目の前に広がっている。私は岩の上に腰掛けて、何をするわけでもなくしばらくぼんやり景色を眺めながら、ただ満足感に浸っていた。

その後、崖を下って黄河の畔に出た。かつて対岸まで渡し舟が行き来していたのだろう、川岸には舟が乗り上げていた浅瀬や信号機など渡船場の跡が残っていた。岸壁に目をやると、かつて港湾事務所だった石造りの窟洞が一軒残っていて、「桃口港口《タオコウカンコウ》」（港口は港湾の意味）「開発黄河造福子孫《カイファーホワンホーツァオフーツースン》」（黄河を開発して、子孫に幸せをもたらそう）の文字がうっすらと読み取れた。人影はない。遠くを眺めると周りの景色と全く不釣り合いな佳臨黄河大橋（佳は佳県、臨は対岸の山西省臨県）

佳県の香炉寺から黄河を望む

が威風堂々とそびえている。あてのない旅だ。私は黄河大橋まで歩いて行ってみることにした。

橋の手前に巨大な記念碑が立っていた。「県政府の役人が省政府及び中央政府に繰り返し陳情を行った末、長年来の夢であった大橋の建設が第八次五ヵ年計画（一九九一―一九九五年）の国家プロジェクトに承認され、一九九五年に遂に開通した」と、石碑には建設資金を寄付した人々の名前が彫ってあり、地元の人達がどれほど橋の開通を待ち望んでいたかが伝わってきた。まだ日も暮れていないので、橋の対岸までぶらぶら行ってみることにした。全長約八百メートル、渡り終えるまでにすれ違った歩行者は三人、車は二台だけだった。

山西省側にたどり着き、来た道を振り返って対岸を望むと、断崖の頂に佳県の街並みが見え、かつてここが要塞都市だったことがよくわかった。バス停があったがバスは当分来そうにない。橋の近くに若者五、六人がバイクに跨ってたむろしていたので、頼んで佳県の街まで送ってもらうことにした。走り出すと、運転手は黄河大橋のうえをフルスピードでぶっ飛ばすので耳元で風がビュービュー鳴って怖くなり、必死にしがみつきながら「ゆっくり走ってくれ！」と叫んだ。そのときだった、私のくわえタバコの火が彼のビニール製のジャンパーに引火し、豆粒ほどの穴が開いてしまったのだ。しまったと思ったが後の祭り。少し多めにお金を渡してバイクを下りた。今思い出しても心苦しい。

夜は昨日と同じ演劇学校の野外芝居を観に行った。公演の途中、一分間ぐらいだったろうか、突風が突然吹き荒れ砂が舞い上がり、観客は上着で顔を隠して風が収まるのを待った。しかし舞台はその間も中断されることなく続いていた。舞台の真ん中で歌う年配の女優の口の中は砂だらけで、目を開けるのも大変だったろう。しかし嫌な表情ひとつ見せず、全く動じずに演じ続けた。私は今もこの光景が忘れられない。九〇年代の中頃まで、北京の劇場は公演中よく停電した。バンッ！　という音と同時に照明が落ちると、女優は急に素に戻って芝居を中断し、足を引きずりだらだらと舞台を下りていった。それはまるで国営商店の店員を見ているようだった。

観客も真剣だった。約八十人いた観客は最後まで誰も席を立たなかった。前日より肌寒く風も強かったので、お年寄りは身に堪えただろう。こんな山奥で懸命に演じる俳優と生徒達、そして熱心な観客がいることに私は胸が熱くなった。

観劇後、昨日と同じ食堂に入ると、店主は私を覚えていて声を掛けてくれた。横に奥さんが座っていて、見るからにしっかり者といった風貌で、案の定、店の名義は奥さんだと言っていた。店主のおじさんはずっとニコニコしていた。私がメニューの値段が北京と変わらないと言うと、「ここ四年間ずっと旱魃で、野菜はほとんど西安から仕入れているから仕方がないんだよ」と言い、地元の話になると「佳県には工場がひとつも無い。農業か個人経営の店だけ、だから貧困から抜け出せないんだ」と語った。私は街のあちこちに貼ってあった「一紅一白」の張り紙を思い出した。「観光客は少しずつ増えてきたよ。国営ホテルだった佳県賓館、粮食飯店、新華賓館もいまは個人経営になったしね。昔は設備もサービスも本当にひどくてね。民営化して本当によかった。そうじゃないと客が誰も来ないだろ」

ずっと想い続けてきた佳県は、色とりどりのリュックを背負った子供たちの笑顔が印象的だった。そのせいか、想像していたほど貧しさを感じなかった。もっともそれは私がバスやタクシーで移動できる沿道しか見なかったからで、山の中を歩けば見える景色は全く違っただろう。

翌朝、宿をチェックアウトしてバス停へ向かう途中、昨日乗ったタクシーの運転手と出くわし、「今から米《ミー》脂《チー》の手前の烏《ウー》鎮まで客を乗せて行くので一緒に乗らないか？」と声をかけられた。三十元で交渉成立、後部座席に乗り込んだ。助手席には中年の男性が座っていた。私が挨拶するとタバコを一本勧めてくれた。地元の税務署に勤務しているといい、きれいな共通語を話した。

私が初めて佳県を訪れたと言うと、「ここ数年でずいぶん変わったよ。いまではほとんどの村に道路が通ったしね。今走っているこの道は二年前にアスファルトになったけど、政府の借款や融資で造ったから、これから借金を返済しないといけないんだよ」「昔は白雲山の道士しかお金を持っていなくて、いつもお寺が寄付してくれたんだ」。

私が、佳県には個人経営の本屋が多くて、売っている本のほとんどが高校受験者向けの教材や参考書だったというと、「佳県の教師のレベルは低い。いい教師はみんな都会へ出て行ってしまうからね。うちにも高校一年の娘がいるけど、楡林の全寮制の学校で勉強させているよ。ただ授業料が半年で五千元以上もするんだ」。すると横から運転手が、「中卒じゃ畑を耕すしかないからね。この辺の子供はほとんどが中卒だよ」と言う。「中国人は納税意識が低すぎる、日本はどうだ？」話は続いた。

＊

曲がりくねった細い山道を進んで米脂に到着した。タクシーを降り歩いていると、二階建ての招待所があったので、ここに泊まることにした。一泊六十元だった。受付で、外国人ですが泊まれますか？ と切り出すと、お兄さんは「えっ、外国人？ 一人で来たの？」と驚いた様子だった。中国で旅行というと大勢でわいわい出掛けることが多く、一人旅をする人は少ない。そして「あなたが初めての外国の友人だ」と言った。中国ではたとえ初対面であっても、朋友《ポンユー》（友人）という言葉をよく使う。それはこの人と仲良くなれば上手い話にありつけるだろうという打算が込められている場合が多いが、屈託のないこの人の笑顔を見て、そうではないとすぐにわかった。「どこから来たの？」と聞かれて事情を説明すると、「じゃあ僕が米脂を案内しますよ」と言ってくれたので、私は好意に甘えることにした。

男性はこの招待所のオーナーで、Cさんと言った。一九七一年生まれで、一九九一年から地元の本屋で十年間書店員として働き、去年からこの招待所の経営を始めたそうだ。「本屋の店員だと、給料が少ないってみんなに馬鹿にされるんだよ」。Cさんは友人からわざわざ軽自動車を借りて来てくれた。私たちはまず近所の食堂で卵と野菜が入った麵を食べて腹ごしらえしてから、郊外の楊家溝《ヤンチアコウ》村へ向かった。「運転が上手ですね」と言うと「去年家族と一緒に車で北京まで行ってきたんだ。親戚が北京で会計士の仕事をしていてね」。「親戚の中で出世したのは彼だけだ」、そうつぶやいたときのCさんの表情はちょっと寂しそうだった。

山奥深くに入っていくと、女性の甲高い歌声が聞こえてきた。しばらく行くと、道路の右下が崖になっていて、底の凹んだところに広場があり、そこで村芝居が行われていた。私は車を止めてもらい、足を滑らさないように気をつけながら崖を下った。

舞台の真ん中で、頰を赤く化粧したまだ十代と思われる女優が、陝西省の伝統劇、秦腔《チンチアン》を歌っていた。「楊家溝道情団《ヤンチアコウタオチントワン》」（道情とは黄河流域の農村に伝わる民間芸能）と書いた赤い横断幕が舞台の上に張ってある。ここの舞台は観ていてちょっと寂しくなった。舞台装置があまりにも簡素だったのだ。舞台と客席の間に段差はなく、青色のビニールシートの上に色が剝げ落ちた小さな絨毯が敷いてあるだけで、舞台の周りも青色のビニールシートで囲ってあるだけだった。

観客を見渡すと、やはり老人と子供が多く、持参した腰掛に座っている。道路沿いの崖に腰掛けている人や、沿道から観ている人もたくさんいた。広場の隅に屋台が一軒出ていた。お菓子やジュースが並べてあり、その横に旧型の白い小型冷蔵庫が一台置いてあった。

出し物は、田舎の人が好みそうな人情物で、歌や演技は決して上手くなかったが、舞台と観客が同じ目線なので、この若い俳優が懸命に演じているのが伝わってきて、上手い下手は関係ないと思った。もっと観ていたかったが、Cさんが車の中で待っているので、早めに切り上げた。

それにしても山奥に行けば行くほど、当時江沢民《チアンツォーミン》総書記が盛んに提唱していた「三つの代表」のスローガンが壁や塀のあちこちにペンキで書かれていた。「辺鄙なところほど、党の標語やスローガンは徹底しています」とCさんが教えてくれた。

Cさんは楊家溝村には何度か行ったことがあるそうだが、今から向かう楊家溝革命旧跡は初めてだそうで、道端に腰掛けて雑談している老人に何度か道を確かめながらたどり着いた。ここはもともと地元の大地主馬氏の邸宅で、国民党の襲撃を受けて延安を離れた毛沢《マオツォー》東《トン》や周恩来《チョウエンライ》らが一九四七年十一月から約四ヶ月間滞在した。その当時の建物が今は愛国主義教育施設として一般公開されているのだが、それにしてもすごい山奥だった。

　Cさんが入場料を値切って中に入った。私たちのほかに、宜川から来たというおばあさん三人が見学に来ていた。紺色の中山服を着た守衛のおじさんがかつて毛沢東や周恩来が暮らした窟洞を案内してくれた。「ここは江青《チアンチン》の部屋でした」。表示は何もなかった。文化大革命で中国を混乱に陥れたため、歴史の表舞台からその名前は抹殺されている。

　見学を終えて、同じ道を引き返した。Cさんはもっと案内すると言ってくれたが、あまり時間を取らせるのは悪いと思い、あとは自分で行動すると言うと、Cさんは「じゃあ今晩うちで一緒に夕飯を食べましょう」と誘ってくれた。中国では自宅に客を招くことは最高のもてなしを意味する。

　Cさんと別れた後、李自成《リーツーチョン》（明代末期の農民反乱の領袖）行宮の見学をし、それから街をまた散歩した。中国には「米脂の婆姨、綏徳の漢」という言葉がある。米脂には美人、綏徳には好漢が多いという意味だ。私は街を歩きながら女性を注意深く観察した。化粧の仕方が同じでみんな同じように見えたが、確かに米脂の女性はきれいな人が多かった。途中、雑貨屋で熊のぬいぐるみを一つ購入して招待所にもどった。明日はCさんの娘さんが四歳の誕生日だと聞いていたからだ。

　しばらくするとCさんが原付バイクで迎えに来てくれたので、私は後ろに乗せてもらい、彼の家に向かった。家は路地裏の静かな住宅街にある石造りの窟洞で、窟洞独特の半円形状の入り口の両脇には新年をお祝いする赤い提灯が掛かっている。家族は、奥さん、娘さん、それにお父さんの四人で、てきぱきした感じの奥さんが笑顔で出迎えてくれた。部屋に入って、Cさんのお父さんにまず挨拶すると、奥の部屋から奥さんのお兄さんの息子二人が恥ずかしそうに出てきた。小学校四年生と六年生で、Cさんの娘さんの誕生日なので遊びに来ているそうだ。「中国では誕生日に麵を食べるの。おかずがなくてごめんなさいね」と奥さんが羊肉麵を振る舞ってくれた。食堂で食べるより薄味で、とても美味しかった。食後は、Cさんとお茶を飲みながら雑談した。

　お父さんは十年前に病を患い、二年間治療を続けたが完治せず、以来車椅子生活を送っているという。日本の事情にも通じており、表情から穏やかな人柄が溢れ出ていた。Cさんの人柄も父親譲りなのだろう。十一年前に延安でお世話になった人に渡そうと北京から持ってきた日本酒は、お父さんにお渡しした。これで良かったと思った。子供たちが「再見」は日本語で何というの？　と聞いてきたので、「さようなら」と教えると、何度も口に出して練習していた。

帰り間際、玄関の前でみんなで記念撮影をした。暗闇の中赤い提灯が輝いてきれいだった。バイクの後ろに跨り、「謝謝《シエシエ》！　再見《ツアイチエン》！」とわたしが言うと、思いがけず子供たちが覚えたての「さようなら」を何度も繰り返し手を振って見送ってくれた。

翌朝、招待所向かいの食堂でCさんと一緒にお粥を食べて、バス停まで送ってもらった。バスの車掌が綏徳まで七元だと言うと、Cさんは「高いよ、いつもは五元だ」と値段交渉までしてくれた。別れ際「今度来るときは必ず連絡してくださいね」とCさんが言うので、私は「次は北京で私がご馳走します」と握手してお別れした。

*

綏徳まで約三〇キロ、延安から楡林へ向かうときに走った国道を今度は南下する。途中、乗客を乗せるたびに、値段交渉のやり取りが始まり、渋々乗る人もいれば次のバスを待つ人もいた。田舎町には春節料金が暗黙の了解で存在する。約四十分で綏徳に到着した。長距離バスターミナルへ行くと、北京やウルムチ行きの長距離バスが何台も停車していた。綏徳は陝北を東西南北に横断する交通の要所だ。私はここからバスでまず太原《タイユエン》に出て、太原から列車で北京に帰る予定だった。午後十二時発に珍しく寝台バスがあったのでチケットを購入した。太原までの所要時間は約五時間、太原から北京行きの列車は一日に何本も出ているので、今日中に帰れるだろうとその時は呑気に思っていた。

中国の寝台バスに乗るのはこの時が初めてだった。日本の夜行バスと違って二段式ベッドで、横になれるのが魅力なのだが、始発駅なのにどうしてこんなに汚いのだろうか。通路やシーツの上に食べカスのひまわりの種が散乱し、布団は黄ばんで悪臭を放っている。

バスは十二時過ぎに出発し、東に向かって黄土高原をゆっくりと登って行く。段々畑が連なる山の斜面一面に苗木が丁寧に植えられていて、植林が順調に進んでいることがわかる。「呉堡《ウープー》県は陝北の植林模範地区である」「ここは世界銀行の植林模範地区である」などの立て看板や、退耕還林《トイコンホワンリン》（中国政府が一九九九年より実施する、土壌流出や砂漠化を防ぐために植林によって耕地を森林に戻す政策）を奨励するスローガンをよく見かけた。

　そのうち、バスは速度を緩めてゆっくりと停車した。どうしたのかと思って外を見ると、道路脇に別のバスが一台停車していて、その周りに大勢の乗客が群がっている。どうやらバスが故障して動かなくなったらしい。運転手と乗務員がバスを下りて、立ち往生しているバスの運転手と何やら話し始めた。しばらくすると、故障したバスの乗客たちが荷物を抱えてものすごい勢いでこっちのバスに向かってきた。大勢が大声で喋りながら次から次へと嬉しそうに乗り込んでくる。定員約三十人のバスの中はあっという間に八十人以上に膨れ上がった。全員が乗り終えると、故障したバスの運転手が手に札束を掲げ、「皆さんからいただいたバス代は全部、こちらの運転手に渡しますから、お金を払う必要はありません」とほっとした様子だった。

　しかしバスの中はどこも一杯になってしまい、私のベッドにもおばさん三人が座り込み、目の前には上段のベッドの縁に座っている人たちの足が空中にぶら下がり、車内は異様な光景だった。全員が座り終えるとバスは再び走りだしたが、いかんせん重すぎてスピードが出ない。何よりも危険すぎる。何とか峠を越えると今度はブレーキを掛けたままゆっくりと下山し始めた。景色を楽しむ気分には全くなれなかった。

　平地を走りだして間もなく、右手に黄河が見えてきた。分厚い氷の塊がぷかぷかと浮いている。黄河沿いをしばらく走り、黄河大橋を渡ってようやく山西省に入った。そしてゆっくり坂道を二キロほどのぼった時だった。バスは再びゆっくりと停車した。

　道路の真ん中に紺色の制服を着た警官がトランシーバーを片手に立っていた。検問だとすぐにわかった。バスの運転手は心配そうな表情を浮かべながらドアを開けて外に出た。すると警官がバスに乗り込んできて「全員降りろ！」と叫んだ。バスを降りると近くにも長距離バスが二台停まっていた。中国では春節休暇中に大勢が里帰りするため、帰省ラッシュとUターンラッシュが始まると、あちこちで検問を見かけるが、それに引っかかってしまったのだ。しばらくして、今度は「全員乗れ！」と警官が叫び、乗客がぞろぞろとバスに乗り込むと、バスはUターンしてさっき通過した黄河の畔まで引き返し空き地に停車した。そこには同じように検問に引っかかった大型バスが三台停まっていた。

　ここで待機することになり、みんなバスから降りて、タバコを吸ったり、座り込んでがやがやと雑談を始めた。やがて一時間が過ぎ、二時間が過ぎた。北京から来たという中年の女性が、「今日中に帰らないといけないのに、いつになったら出発するの！」と運転手に食ってかかっていたが、他の人は誰も何も言わない。田舎の人はおおらかというか、最初から諦めているかのようだった。

私は近くをぶらっとしてみることにした。先ほど通過した五〇メートルぐらい歩くと黄河の川岸に出た。黄河大橋をふと見ると、橋の真ん中に一台のバスが見えた。車掌が「倒《タオ》！　倒《タオ》！」（オーライ！　オーライ！）と大きく手を回しながらバスはバックし始めた。フロントガラスには「楡林―北京」と書いてある。検問をやっていると聞きつけて引き返そうとしているに違いない。このバスで北京へ帰りたかったが、どうしようもない。

風雪にさらされた木製の渡し舟が川岸に野ざらしになっていた。ここでもかつてこの渡し舟が人々の足として両岸を行き来していたのだろう。対岸には黄土で霞んだ呉堡県の街並みが、黄河沿いに細長く連なっていた。

バスがいつ出発するかわからないので、私は急ぎ足で空き地に戻った。近くに座っていた若者三人に話しかけると、三人とも四川省の出身で、山西省の太原市の大学に通っているという。春節休みに里帰りしたついでに西安を旅行して大学に戻る途中だそうで、「バスが故障したかと思えば今度は検問、新学期の履修登録が明日の午前中までだから、今日中に大学に戻らないと……」と疲れ果てていた。途中から話に加わったおじさんが「検問に引っ掛かったら最低六時間は動かないよ」と言うのを聞いて、私たち四人はこれ以上待つのをやめ、表通りに出てバスを拾うことにした。彼らの荷物はバスの天井にロープで縛り付けてあった。中年の男性が天井に登って、まるで自分の荷物を取り出すかのように手伝い始めた。「あの人も友達？」と私が聞くと、「バスの中で知り合った、同じ四川省出身の人です」という。中国では同郷を助け合う気持ちがいまでも根付いている。

表通りで待つこと約三十分、イタリアのイヴェコ社製のミニバスが一台やって来た。フロントガラスには「綏徳―太原」と書いてある。みんなが一斉にバスに向かって手を振ると、バスは目の前で停まった。すると、近くで同じように待っていた三人組が、我々を押しのけて我先にバスに乗り込んだので満席になってしまった。運転手が「君たちも乗れ、大丈夫だ」と言うが、「この先で検問をやっているからまずいでしょう」と私が言うと、「公安には友達がいるから大丈夫だ」と言う。「公安の帽子は何色だった?」「そこまでは見てないよ」等とやりとりして、結局乗るのをあきらめた。

再びバスを待っていると、メガネを掛けた中年男性が一人立っているのに気づいた。埃をかぶったよれよれの茶色い背広を着ている。大学生の一人がその男性に近寄って「あの人も北京ですよ、彼は日本人です」と話しかけると、こっちに向かって歩いてきた。この男性は河北省の廊坊《ランファン》出身で、「今の太原行きのバスの後に、もう一台太原行きが来るはずだ。一週間前に私がここに来たときはそうだった」と言ったが、バスは一向に来なかった。

日が暮れてきた。黄河大橋の手前に大きなアーム状の看板が掛かっていて、「またぜひ山西省へお越しください」と書いてある。学生の一人がその文字を読み上げると「もう二度とここには来たくないね」とみんなで顔を見合わせて笑った。その後、暗闇に車のヘッドライトが近づいてくるたびに、誰かが「来たぞ!」と叫ぶのだが、トラックだったり、バスによく似たワゴン車だったが、暗くなっても大学生がいたので心強かった。

それからしばらく待っていると、ついに来た。「延安―北京」とフロントガラスに書いてある寝台バスだ。おじさんは一目散にバスに向かって走って行き、運転手と交渉を始め、すぐに私に向かって手を振りながら「いけるぞ!」と目で合図をした。私は大学生に「悪いけど、先に行くね」と言ってお別れした。連絡先を交換しておけばよかったと後で思ったが、この時はそんな余裕もなかった。

バスが動き出した。しばらく行くと、同じ場所でまだ検問をやっていた。私とおじさんは運転席横のエンジンの上に座っていたのでお互い不安げに目を合わせた。バスが停車した。運転手がバスから降りると三分ほどで戻ってきた。どうやら何事もなかったようで、バスは再び動き出した。

ほっとしたら、今度はどこで寝るのか心配になってきた。「どこに寝るんだ?」とおじさんが乗務員に聞くと、車両の真ん中辺りを指差して「ここだ」と言う。ベッドとベッドの間の通路だった。どうやってここに大人二人が寝られるというのか。すると、隣のベッドで寝ていた若い男性が「僕のベッドを使っていいよ」と言ってくれた。自分は通路で寝ると言う。中国で旅をしていると、トラブルに巻き込まれることもあるが、心から感謝することも同じくらいある。私とおじさんはお礼を言って、ベッドを縦半分に分けあい、向かい合って座った。

車内は消灯して寝静まっていたが、おじさんはおもむろにタバコに火をつけた。煙が車内に充満し、乗務員が注意しに来たが、「わかった」と言ってそれでもまだ吸っていた。このおじさんは、一年の三分の一を陝北で過ごしているらしく、「じつはね、骨董の商売をやっているんだよ」、と急に小声になった。「陝北は貧しい、でもいいモノが結構あるんだ、ここで安く仕入れて北京で高く売るんだよ」。そしてやたらと「いい商売があるんだ、わたしにも利がある、君にも利がある」と話しかけてくる。「北京に着いたら朝めしでも食べながら君とゆっくり話がしたい」。知り合ってすぐに商売の話を始める中国人が昔はよくいたことが、今となってはとても懐かしい。

やがてバスは山をぬけ平地を走り出し、建物の明かりが見えたときは、正直ほっとした。暗闇の中に見える小さな街の灯りから、北京に近づきつつあると感じた。

午前六時、「北京に着いたぞー」と運転手の声がバスの中に響いた。骨董屋のおじさんはまだ寝ぼけている。私は急いでバスを降りて、タクシーで大学の宿舎へ帰った。大学近所の食堂でワンタンと豚マンを食べて部屋に戻り爆睡。夕方、眠りから覚めた頃、携帯電話が鳴った。米脂のCさんからだった。「無事北京に着きましたか？」

＊

一九九一年の夏に初めて陝北を訪れてから二十年が過ぎた。その後、二〇〇七年の夏、二〇一一年の春節にも再訪した。

二〇一一年の冬は初めて飛行機で向かった。空から眺める黄土高原はまた格別だった。首都空港を離陸して間もなく、眼下の景色が一変した。見渡す限りの禿山で、ほかには何も見えない。黄土高原は日本の約一・五倍の広さで、この荒涼とした土地に今も約一億人が暮らしている。窓から景色を眺めていたら、北京や上海など沿岸部の大都市の輝きは中国全体からみれば点に過ぎないんだとつくづく実感した。

陝北は中国の縮図だと思う。圧倒的多数の農民と石油や石炭などの開発業者、汚職と腐敗、人材の流失と過疎化、教育の荒廃、民度の低さ、環境や食の安全など、現在中国社会が抱えるあらゆる矛盾が、ここに凝縮されている。

では、陝北の人々は、そんな悲惨な環境のなかで将来に何の希望も持てず、ただ下を向いて暮らしているかというと、そうではない。多くの人が愚痴や文句を並べながらも「没辨方法《メイパンファー》」（仕方がない）と言って現実を受け入れ、日々を暮らしている。これこそが中国人の生きざまだと思う。

そんな陝北がいまものすごいスピードで変わりつつある。佳県では、二〇〇五年に大量の岩塩が埋蔵されていることが確認され、その後、県内に工業団地が建設された。今年十月下旬、楡林と佳県を結ぶ高速道路が開通し、今では楡林から佳県を経由して、山西省の省都太原、そして北京まで高速道路一本でつながった。当時あれだけアクシデントに見舞われながらバスを乗り継いで北京へ帰ってきたことが嘘のようだ。

しかし、陝北の人たちは依然として危険と隣り合わせで、黄河に寄り添いながら日々を暮らしている。今年（二〇一三年）七月、百年に一度と言われる記録的豪雨が陝北を襲った。地盤のゆるい黄土の上に建てられた窟洞は豪雨に押し流され、延安各地で四十二人が亡くなった。

私は陝北の民謡が好きだ。素朴で荒々しくて、どこか哀愁の漂う調べは、中国庶民の生きざまをよく表しているように思う。北京の自宅付近では春から秋にかけて毎晩七時を過ぎると、五十人余りのお年寄りが近所の空き地に集まり、陝北に古くから伝わる秧歌踊りを踊りだす。周囲への騒音など全く気にも掛けずに、老婆たちは満面に溢れんばかりの笑顔だ。ビルの谷間に響き渡る銅鑼と太鼓の音を聞くたびに、私は陝北を懐かしく思い出す。

現政権が掲げるスローガン「社会主義核心的価値観」。

VI 2014年

領有権争いから歴史認識へ

これから中国とどう付き合っていけばいいのか

第29景　対日政策の転換を図る中国外交

2014.8

領有権争いから歴史認識へ

尖閣諸島国有化に端を発した反日デモから二年。日中関係は国交正常化以来最悪といわれるまで悪化したが、今春（二〇一四年四月）から日本の与野党の国会議員が相次いで訪中し、中国側も共産党の最高指導部が会談に応じるなど関係修復の動きが活発化している。

しかし、その一方で中国政府の対日批判は止むどころか激しさを増している。昨年末の安倍首相の靖国神社参拝を機に、中国政府は対日批判の矛先を尖閣諸島（中国名は釣魚島《ティアオユイタオ》）の領有権の主張から歴史認識へと転換し、安倍首相への攻撃を行っている。今年十一月に北京で行われるアジア太平洋経済協力会議（ＡＰＥＣ）で、果たして日中首脳会談は実現するだろうか。

今回は、中国政府の対日政策が領有権争いから歴史認識へとどのように転換したかを振り返ってみたい。

想定外だった靖国参拝

昨年（二〇一三年）十二月二十六日、「安倍首相、靖国神社参拝」と中国で速報を聞いたとき、私は一瞬耳を疑った。日中関係が修復に向けて動き出した矢先だったからだ。

首相の靖国参拝の一週間前、十二月二十日に岸田外相は程永華駐日中国大使と会談し、「対話を通じて日中関係を改善する」ことで一致、中央テレビは「友好的な雰囲気のなかで会談が行われた」とテロップを流して報道した。国有化騒動が始まってからというもの日本批判のニュースが溢れかえるなかで、国営メディアが日本に対して「友好」という言葉を使ったことに私は驚いた。

十二月二十四日には中国共産党序列四位の兪正声《ユイチョンション》全国政治協商会議主席が鳩山元首相と北京で会談した。

共産党の最高指導部が日本側関係者と会ったのは約四ヶ月ぶりで、会談の模様は夜七時のニュースでも報じられた。

このように中国側が対日関係改善に向けて動き出した矢先に、安倍首相は中国側が最も望まない靖国参拝を行ったのだった。

中国政府は猛烈に抗議を表明した。外務省報道官は二十六日、「歴史的正義と人類の良識に公然と挑戦し、第二次世界大戦の結果と戦後の国際秩序に挑戦するものだ」と批判し、王毅《ワンイー》外相は木寺駐中国大使を呼び厳正な申し入れと強い抗議を行った。翌二十七日、外務省報道官は「人類の良知を踏みにじり、隣国関係のボーダーラインを挑発するのであれば、我々はとことん対決する」と強調し、全国人民代表大会の外事委員会及び全国政治協商会議の外事委員会はそれぞれ抗議の談話を発表した。二十八日には、楊潔篪国務委員が安倍首相に対し「誤りを正し、実際の行動で悪影響を払拭しなければならない。さもなくば歴史上の徹底的な失敗者となる」とまで言い切った。

そうした状況のなか、私の携帯電話に近所の派出所から電話がかかってきた。「昨日あぁいうことがありましたから、外出するときは気を付けてください。何かあったら私にすぐ連絡してください」と電話番号を教えてくれた。尖閣諸島国有化をうけて二〇一二年秋、中国各地で大規模な反日デモが起きたことは記憶に新しい。当局がどれほど反日デモの再発を警戒しているかがわかった。その後、大家さんも心配して電話をかけてきてくれた。

ところが実際は、北京の街は普段と何ら変わらず、混乱は起きなかった。参拝の翌日、中国の友人におずおずと「昨日参拝したね」と切り出すと、習近平国家主席が天安門広場にある毛主席記念堂を訪れたことと勘違いしていて拍子抜けしてしまったほどだ。十二月二十六日は毛沢東の誕生日で、今年は生誕百二十周年を迎え、党最高指導部七人が揃って毛沢東の遺体に拝礼した。

中国人の意識変化

では、今回の首相参拝を中国人はどのように受け止めたのか。中央テレビが参拝後に実施した調査によると、九八パーセントの人が「意外ではない」と答えている。首相参拝といえば、かつて小泉元首相が在任中に靖国参拝を繰り返し、日本の国連常任理事国入り反対と相まって二〇〇五年に中国各地で大規模な反日デモが起きた。二人の首相の発言を比較すると、安倍首相のほうがはるかに挑発的である。小泉元首相は「植民地支配と侵略によって、多くの国々、とりわけアジア諸国の人々に対して多大の損害と苦痛を与えた」と何度も述べ、東京裁判の結果を受け入れていたのに対し、安倍首相は、村山談話と河野談話を見直す意向を示唆し、侵略の定義は定まっていないなど中国を刺激する発言を繰り返している。それなのに中国の世論は安倍参拝にはなぜ抗議しなかっのたか。

昨年（二〇一三年）の日中共同世論調査によると、相手国に対して九〇パーセント以上がよくない印象を持つほど互いの国民感情は冷えきっている。しかし中国人の対日感情は悪化するのではなく、むしろ改善に向かっていると私は感じている。確かに二〇一二年四月に石原東京都知事（当時）が尖閣諸島を東京都が買い取る計画だと発言してから反日デモが収束するまでの約半年間、北京に暮らしてこれまで一度も経験したことのない緊張感を強いられた。しかし、反日感情が極度に高まったのはこの半年だけで、その後二〇一二年十二月に第二次安倍政権が誕生し、安倍首相が中国に挑発的な発言を繰り返しても、中国社会は反日へ向かわなかった。それは集団的自衛権の行使容認を閣議決定した今でも変わらない。

それはなぜか。まず、この十年、中国社会は大きく変化し、多くの人がより客観的に日本について考えられるようになったからだろう。十年前は「日本の首相はどうして中国人の感情を傷つけることを平気でするのか」とよく問われたし、靖国神社には戦犯しか祀られていないと誤解している人も多かったが、今では多くの人が靖国問題の複雑性を理解している。さらに首相の参拝は領有権のように中国の利益を損なうものではないことも理由に挙げられるだろう。

また、二〇一二年秋に起きた反日デモが酷すぎたことも関係している。当時、中国各地で数千人から数万人の群衆が大通りを埋め尽くし、日本車を焼き払い、日系スーパーの商品を略奪し、日系企業を放火するなどの破壊行為を行った。あの衝撃的な光景は今も我々の脳裏に鮮明に焼きついているが、良識ある中国人たちにとって、反日や愛国と叫んで暴力行為をはたらく同胞の姿は我々以上に衝撃だったに違いない。デモが始まる前までは「日本の国有化は一方的な行動だ」と強い口調で言われたが、暴動後は誰も話題にしなくなり、こちらから話を向けると、「あまりに愚かで恐ろしい」「義和団や文革時の紅衛兵と変わらない」などと、みんな気まずそうに答えた。近所のおじさんも「中国人は民度が低すぎる」と嘆いていた。同じ中国人として屈辱に耐えられなかったのだろう。

さらに、現在中国人の関心は、日本ではなく共産党自身に向けられている。二〇一二年秋、共産党のトップに就任した習近平総書記は着任早々、腐敗撲滅を打ち出した。周永康《チョウヨンカン》事件にみられるように、高級官僚の汚職、腐敗は深刻を極めている。中国語に「裸官《ルオコワン》」という言葉がある。不正が発覚した際、それまで蓄財してきた資産を国外に移すため、あらかじめ配偶者や子女を仕事以外の理由で海外に移住あるいは外国国籍や永住権を取得させ、自分は身一つで逃亡しようとする官僚を指す。「裸官」は現在百万人以上いると言われ、腐敗官僚はいつ自分の身に危険が迫ってくるのかと怯え、国民は前代未聞の汚職撲滅キャンペーンをもっとやれと成り行きを見つめている。

また、これまで中国政府は、時として反日デモを容認し、二〇一二年の反日デモのときには、毛沢東の肖像画を掲げる集団が現れ、ネット上には、一部のデモ隊は組織的に動員されているといった書き込みや、失脚した薄熙来《ボーシーライ》元政治局委員を支持するスローガンが写った写真などがアップされていた。中国の知識人は「反日デモは釣魚島の問題だけで起きているわけではない」と言っていたが、それを証明するかのようにデモ収束の十日後に、薄熙来の党籍剝奪と公職追放が発表された。その翌々月には中国共産党第十八回全国代表大会の開幕を控えていた。反日デモはまさに党内で権力闘争が繰り広げられているなかで行われた。

今回、安倍首相が靖国神社に参拝しても中国の世論が冷静だったことは、今後歴史カードを切れなくなったことを意味する。そこで中国政府は、日本の誤った歴史観を国際社会に向けて発信し、支持を取り付けようとしたのだ。

歴史認識問題への転換

日本の尖閣国有化以後、中国政府は「海洋強国」の建設を国策として打ち出し、尖閣周辺海域に公船を頻繁に送り込み、二〇一三年一月には中国海軍艦船が海自護衛艦に火器管制レーダーを照射し、同年十一月には東シナ海に防空識別圏を設定するなどの対抗措置を次々と講じ、更には南シナ海において力による主張を強めてきた。しかし、このような中国政府の振る舞いは、逆にアジア各国や欧米諸国から不信感と反発を招いた。

そこで中国政府が行ったのが、安倍首相の靖国参拝を利用して、日中対立の焦点を領有権争いから歴史認識に転換することだった。

参拝直後から約一ヶ月、世界五十ヵ国以上の中国大使らは現地の新聞に寄稿したり、インタビューに応じるなどして、安倍首相の靖国参拝は「軍国主義の復活」「戦後秩序への挑戦」だと糾弾した。中国側の一方的な主張に日本側も反論したが、中国政府はなぜこんなあけすけな反日宣伝を行ったのか。中国の外交官はその意図を「西側メディアは中国に偏見があり、正確な報道とはいえない。中国の在外大使が文章を発表することは、諸外国に中国の主張を伝え、重大問題で発言権を奪取する点において大変意義がある」と述べている。

中国では近年「公共外交」（パブリックディプロマシー）という言葉が盛んに使われるようになった。従来の国益追求型の外交ではなく、広報や文化交流などを通じて外国の世論に直接訴えかけ、中国の対外的イメージの向上を図ることを主な目的とし、例えば海外で中国語や中国文化の普及を図る孔子学院の活動もその一環に含まれるが、国家による宣伝活動といったほうが妥当だろう。そしてそれは、安倍首相が価値観外交や地球儀外交と称して中国への牽制を鮮明にすることへの対抗措置のようだ。米国政府が首相参拝後に失望声明を発表したことも反日宣伝に弾みをつけたに違いない。

中国政府としては、中国国民が安倍首相の靖国参拝に憤慨している、と世界中に訴えることによって、日本の誤った歴史認識を世界に知らしめる。各国は世界において存在感が高まる中国との対立を望まず、日本に自制した行動を促すだろう。そして国際的に日本を孤立させる。つまるところ、領有権争いで中国が最終的に有利に立つための布石だといえよう。

その後、安倍首相は自らの言動に何ら問題はないと取り合わなかったため、中国政府は歴史問題で更に対日圧力を強めた。

・2月1日　傅瑩《フーイン》全人代外事委主任がミュンヘンで開かれた安保会議で「戦後生まれの日本の指導者がこのように良識に欠けた態度を取るとは。日本の歴史教育は失敗だ」と発言。
・2月27日　全国人民代表大会が九月三日を「抗日戦争勝利記念日」、十二月十三日を「南京大虐殺犠牲者国家追悼日」とする法案を採択。
・3月18日　戦時中の日本企業による強制連行の訴えを北京の裁判所が初めて受理。
・3月28日　習近平国家主席がドイツで行った演説で、「七十年前に南京で三十万人以上の中国人が犠牲になった」「日本の軍国主義が引き起こした侵略戦争で、三千五百万人以上の中国人が死傷した。この悲惨な歴史を中国人は忘れることはない」と日本の軍国主義を痛烈に批判。

・4月23日　戦時中の賠償訴訟で中国の裁判所が商船三井の船舶一隻を差し押さえ、商船三井が約四十億円を供託金として支払う。

・6月10日　中国外務省が南京大虐殺と従軍慰安婦に関する資料を世界記憶遺産に登録申請したと発表。

関係改善を模索していた中国政府

では、中国政府は日本政府が尖閣国有化を実施して以来、一貫して対日強硬外交を展開してきたかというと決してそうではない。日本政府にもまして関係修復のきっかけを探っていた。私が最初にそう感じたのは二〇一二年十二月の衆議院選前だった。自民党圧勝の声が高まると中国の対日批判は明らかに弱まり、国有化を実行した民主党ではなく、自民党と関係改善の糸口を探っているように感じた。しかし、安倍首相はその後対中圧力を強めたため、中国も安倍批判を展開せざるを得なくなった。

その次は二〇一三年の秋だった。同年八月に兪正声全国政治協商会議主席が民主党訪中団に「政党、議会、民間の交流を続け、戦略的互恵関係を推進する」と発言すると、翌九月には中国大手企業十社のトップが来日して菅官房長官らと会談を行った。十月下旬には中国民政省の顧朝曦《クーチャオシー》次官が国有化後初めて中国の高官として訪日し外務副大臣と会談、十一月には日中経済協会の訪中団が汪洋《ワンヤン》副首相と会談した。

こうした中国側の態度の軟化は、同年十月下旬に中国共産党の最高指導部や軍の幹部などが出席して行われた「周辺外交工作座談会」で、習近平国家主席が「我が国の発展のためには周辺国との良い環境が必要」と指示したことによるとみられる。

しかし、十一月に中国政府は防空識別圏の設定を発表し、日中関係は再び悪化した。こうしてみると中国政府は言動不一致のようだが、これは保守派や軍部からの対日圧力など、政権内部に異なる意見の対立があると考えるべきであろう。

中国政府は対日関係を改善するにあたり、国内世論をいかに説得するかに頭を悩ませていた。中国政府はこれまでこう繰り返し主張してきた。「釣魚島は古来より中国固有の領土で、争う余地のない主権を有している」「日本は釣魚島に対していかなる一方的な措置をとっても、釣魚島が中国に属する事実を変えることはできない」「日本側はすべての結果に対して責任を負わなければならない」。ところが、その後「われわれは日本に対し、早く（領土問題に関する）争議があることを認め、対話を通じて釣魚島に関する問題を解決するよう求める」「我々より知恵のある次世代の人に解決してもらうべきだ」と釣魚島に領有権問題が存在し、問題を棚上げすることが関係改善の条件だと日本側にメッセージを送ってくるようになってきた。

　これには国内世論が反発した。「中国の領土をなぜ棚上げする必要があるのか」「外交部はいつも頼りにならない、なぜ軍事力で解決しないのか」など、激しい反発が起きた。多くの中国人は、政府は日本に対して弱腰だと思っている。しかも、安倍政権は領土問題の存在を一切認めず、中国に妥協の姿勢を全く見せようとしない。

　尖閣問題で中国は追い込まれていた。それは第二次安倍政権が毅然とした態度で対中交渉を行ってきたからであり、歴代政権のように「強く押せば日本は譲歩する」と踏んでいた中国側は戸惑ったであろう。安倍首相が「我々の扉は常にオープンだ」と発言する度に、私は「中国政府は常に日本との友好を望んでいる。しかし一部の日本の政治家が……」という報道官の談話を聞いているかのように感じた。安倍内閣を支える対中外交ブレーンは中国の外交手法を逆手に取ったかのように、ぎりぎりのところで外交交渉を行っていると思う。

　しかし、安倍首相が靖国参拝を断行したことで、中国政府は〝抗日の歴史〟を外交カードとして持ち出したのだった。

動き出した日中関係

　その後、政府間交流が途絶え、多くの交流事業が中国側の意向で延期に追い込まれたが、今春（二〇一四年四月）になって再び関係改善へと動き出した。

・4月8日　胡耀邦元中国共産党総書記の長男である胡徳平《フートーピン》全国政治協商会議前常務委員が安倍首相と極秘に会談。
・4月15日　河野元衆議院議長が汪洋副首相と会談。
・4月26日　舛添東京都都知事が汪洋副首相と会談。
・5月5日　高村自民党副総裁（日中友好議員連盟

会長）が張徳江《チャントーチアン》全人代委員長（党内序列三位）と会談。

・5月9日　自民党アジア・アフリカ問題研究会の訪中団が兪正声全国政治協商会議主席と会談。

・5月17日　茂木経済産業相と高虎城《カオフーチョン》商務相が山東省の青島で行われたAPEC貿易相会合で会談。閣僚会談は国有化後初めて。

・5月28日　米倉日本経団連会長が李源潮《リーユエンチャオ》国家副主席と会談。

・6月24日　社民党の吉田党首が兪正声全国政治協商会議主席と会談。

・6月27日　太田国土交通相が劉延東《リュウイエントン》副首相と会談。中国の副首相級の指導部が第2次安倍内閣の現職閣僚と会談するのは初めて。

・7月16日　民主党の海江田代表が劉雲山《リュウユンシャン》政治局常務委員（党内序列五位）と会談。

中国側の報道でも、経済交流の推進、日本の与野党議員との交流拡大、地方自治体交流の活発化、国民感情の改善に言及しており、中国政府が対日関係改善に舵を切ったことは間違いない。

しかし安倍首相から靖国不参拝の確約を取り付けずに関係改善に踏み切れば、世論の激しい反発を招きかねない。そこで中国政府は安倍首相と一般の日本人を分けて考える二分法を取り、悪いのはあくまでも安倍首相で、中国は日本との友好関係を望んでいると強調した。中央テレビのニュース報道でも、日本のニュース番組の街角インタビューで国民が安倍政権の政策に反対していると盛んに報道しており、日中関係が改善できない責任は安倍首相にあると繰り返している。

今年（二〇一四年）十一月、北京で開催されるAPECに出席するため、安倍首相は中国を訪問する。中国側は首相から靖国不参拝の確約を取り付け、首脳会談を開催したいだろうが、万が一そうなれば、安倍首相は中国だけでなく世界に向けて自分の歴史認識は間違っていたと認めることになる。首脳会談開催を中国側が拒否すればホスト国として中国政府への非難が集まるだろう。そのいずれにあっても、中国が再び歴史認識問題で世界に宣伝戦を仕掛けてくるような気がしてならない。

今年七月七日には一九三七年の日中戦争の発端となった盧溝橋事件から七十七周年を記念する式典が行

われ、最高指導者として初めて習近平国家主席が出席した。また、中央檔案局（記録保管所）は七月初旬からウェブサイトに、日本軍の戦犯四十五人の自白書を毎日一人ずつ公開し始めた。来年（二〇一五年）は抗日戦争勝利七十周年を迎える。歴史認識で日本を非難する声は今後更に高まっていくに違いない。

中国の国内世論が、日本を客観的に見つめ、日中戦争の歴史を理性的に考えられるようになりつつある現在、歴史が外交手段に使われているとは何という皮肉であろうか。首脳会談開催の有無に関わらず、歴史認識をめぐって日本が今後世界で厳しい立場に追い込まれる気がしてならない。そして、国際的に中国に有利な条件と環境が整えば、中国政府は再び領有権争いで日本に強硬な姿勢を示すだろう。安倍首相はそこまで考えて靖国神社参拝に踏み切ったのだろうか。国益を守るためにも、より戦略的な対中外交が求められているように思う。

第30景　再論、日中相互理解
これから中国とどう付き合っていけばいいのか

2014.11

近年、日本における反中感情の高まりが深刻だ。帰国時に書店に立ち寄ると、沢山の反中本が平積みされているのが目につくし、あからさまに中国を毛嫌いする人も多い。一方、中国の書店には、反日だけでなく日本のガイドブックや村上春樹はもちろん渡辺淳一や東野圭吾など多くの小説が並べてあり、反日や親日で日本をひと括りに出来ない複雑さがある。

日中友好の時代（一九七〇―八〇年代）

戦後七十年の日中関係は、世界情勢や二国間の政治に大きく左右されてきた。戦後の二十七年間、日中間に国交はなく、それまで日本で中国と交流していたのは、社会主義理念に共鳴する人や日中貿易に携わる人たちなど、いわゆる日中友好人士と呼ばれる人たちで、一般の人々にとって中国は近くて遠い存在だった。

一九七二年九月に国交が正常化すると、翌十月に中国政府から上野動物園にジャイアントパンダのカンカンとランランが贈与され、翌年には神戸市と天津市が初めて友好都市提携を結ぶなど、日本では日中友好ムードが高まった。一方、中国は当時まだ文化大革命の最中で、国内は混乱していた。日本との交流が本格的に動き出したのは、一九七六年十月に四人組が逮捕されて文革が終結し、一九七八年八月に日中平和友好条約が締結され、同年末、中国政府が改革開放政策へと舵を切ってからであった。日中間の経済交流は拡大し、中国では多くの日本の映画やドラマが紹介され、高倉健や山口百恵が大人気となった。

しかし、八〇年代の互いの国民感情は極めて一方通行的なものだった。日本人は、戦争への贖罪意識から中国の近代化に協力したい、経済的に裕福でない中国人を助けてあげたい、という意識が強く、逆に多くの中国人にとっては、政府が軍国主義の復活だと事ある毎に厳しく非難するのとは裏腹に、経済大国の日本はあこがれの存在だった。八〇年代半ばから中国は空前の出国ブームに湧いた。一九八九年に中国を訪れた時、上海の南京路《ナンチンルー》や上海駅前で「日本人ですか？」と面識のない人から声を掛けられ、「日本へ行きたいので保証人になって下さい」と懇願されたことが何度かあった。中国から団体で来日してそのまま行方をくらます人も多かった。

その後、一九八九年六月に天安門事件が起きると、日本人の中国を見る目は一転する。中国政府は世界から厳しい非難を浴び、多くの識者は、共産党政権は間もなく崩壊する、中国に未来はないと予測した。そして、多くの日本人は、中国は強権的な社会主義国であることを思い出した。書店には多くの反中本が並んだ。

善隣友好からビジネスの時代へ（一九九〇年代）

こうした反中感情がまだ渦巻いていた一九九一年三月、私は北京に留学した。「どうして中国へ行くの？」「中国で何を学ぶのか？」と大勢に反対されたことを思い出す。当時の日本はすでにバブル経済も末期だったが、依然として世界で圧倒的な地位を占めていた。海外留学といえば欧米で先進技術や芸術などを学ぶことであり、貧しいアジアに目を向ける人は少数だった。

実際、当時の中国は貧しくて秩序もなかった。カフェやコンビニはなく、国営商店は常に品薄で、店員が商品やお釣りを投げてよこし、呼んでも無視するなど日常茶飯事だった。北京の街はゴミだらけで、多くの人は自転車で通勤し、旅行に行く経済的な余裕もなかった。しかし、当時の中国人は親切で面倒見のいい人が多かった。数少ない外国人に対して好奇心旺盛で、日本人だと言えばみんながとても親切にしてくれた。

やがて一九九二年一月から二月にかけて当時の最高指導者鄧小平が深圳や珠海で南巡講話を発表し、同年秋には社会主義市場経済を打ち出した。すると、日本人の中国を見る目が再び一変した。「商機は中国にあり」と企業はこぞって生産拠点を中国に移し、就職に有利だと中国へ語学留学する学生が急増、日本の書店ではそれまで語学コーナーの片隅に陳列されていた中国語教材が、英語には及ばないもののフランス語やドイツ語と同量のスペースを持つまでになり、中国ビジネスの指南書なども並んだ。社会主義体制のもとで市場経済を行えば必ず行き詰まると中国の将来に警鐘を鳴らす識者もいたが、世の中は「これからは中国の時代だ！」と雪崩のごとく突き進んでいった。天安門事件からまだ数年しか経っておらず、依然として共産党が政権を握っており、事件への評価も何ら変わっていなかったにも関わらず。そして、ついこの間まで「中国で学ぶことはない、また天安門事件のようなことが起きる」と中国留学に反対していた人から「君は先見の明がある」と言われ、人の考え方はかくも簡単に変わってしまうものかと複雑な気持ちになったことを憶えている。

では中国はどうだったかというと、九〇年代の半ばから北京ではインフラ整備が急ピッチで進められ、街中がまるで工事現場のようで、風が吹く度に砂埃が巻き上がり、その都度身体を背けて立ち止まったことを思い出す。経済が動き出した一方で、中国政府は愛国主義教育を実施し、共産党による一党支配体制のもとで、市場経済の導入に必死だった。当時の対日感情を表す出来事として、一九九六年に『中国可以説不』(ノーと言える中国)という大衆ナショナリズムを象徴する本が発売され、ベストセラーになったことがある。香港のフェニックステレビがこの本についての討論番組を企画し、私もゲストに呼ばれて、収録前に日米中の出演者で討論を行ったのだが、中国の現役の役人が「日本人は中国人を馬鹿にしているだろ」と日本批判を繰り返すので、結局出演を辞退した。ただ、こうした感情的な考え方は公式の場ではよく聞かれたが、九〇年代の対日世論の主流ではなく、多くの中国人は日本人に依然として好意をもって接してくれていた。

反日感情の高まり（二〇〇〇年以降）

中国人の日本人への態度に変化が現れたのは二〇〇〇年以降のことだ。二〇〇一年七月に北京五輪の招致に成功し、同年十二月にＷＴＯに加盟。中国の国力と国際的なプレゼンスが増すにつれ、一般中国人の意識にも変化が生まれた。また、小泉首相が靖国神社を繰り返し参拝したことも相まって、これまで何を言われても押し黙っていたのが、溜まりに溜まっていた鬱憤を晴らすかの如く、日本人に対して主張するようになった。その象徴的な出来事が二〇〇五年四月に中国各地で起きた反日デモだった。この時、中国人には根深い反日感情があることを、私たちは思い知らされた。

その後、小泉首相が退任すると中国は対日関係改善に乗り出したが、日本では中国脅威論が叫ばれるようになり対中感情は悪化、そして二〇一〇年九月に尖閣諸島沖で漁船衝突事件が起きると、日本人は露骨に中国を敬遠するようになった。そして現在、お互いの国民感情は国交正常化以来最悪と言われるまで悪化した。

では、中国人は日本のことを実際にはどう思っているのだろうか。今年の日中世論調査でも、依然として九割近くの中国人が日本に対してよい印象を持っていない。しかし、これら九割近い中国人が反日感情をむき出しにしているわけではない。反日感情が高まったのは、尖閣諸島に関する一連の動きがあったころで、二〇一二年四月に石原東京都知事の尖閣購入発言で点火し、同年九月の国有化で最高潮に達したが、約半年で収拾した。それ以降、日常生活で反日を意識することはほとんどない。また、日本を訪れる中国人観光客が増加する一方で、その多くが「日本は清潔で、みんな真面目で、礼儀正しい」と感動して帰国する。日本人は教養が高いと尊敬の眼差しで見ている。

それなのになぜ約九割近い中国人が日本によい印象がないと答えるのか。日本人の場合、嫌中は反中であり、中国に関する一切を拒絶しようとするが、中国人の場合、歴史を反省しない日本人は嫌いだが漫画や和食は大好き、と分けて考える。日本人のように物事を白黒はっきりさせようとはしない。また、日本人が感じたことをそのまま話すのと違って、中国人は立場をわきまえ、親しくならない限り本音を口に出さない。つまり、統計や公式の発言では、中国人が実際に何を考えているのかはわからないのだ。

中国人の価値観で中国を考える

中国人のモノの見方、考え方は日本人と異なる。日本人は単純で猜疑心がない、と中国人はよく言う。政府の発表やメディアの報道、更には他人の言動を疑ったり言葉の裏を読もうとせず、そこから次の議論を始めようとするからだ。中国人はそうではなく、まず相手の主張に耳を傾け、その真意を推測し、今後の自分の身の振り方を考える。政府の見解や決定に表立って楯を突くのではなく、時の風向きを読み、周りの状況を観察する。そのため、政府が反日を打ち出せば、アンケート結果もその影響を受ける。逆に考えれば、中国が今どういった状況なのかは、時の政府のスローガンを見れば一目瞭然だ。例えば、愛国を叫ぶということは、市場経済が加速するなか、いかに愛国心のない中国人が多いかということだ。

日本人と中国人は、物事の価値判断の基準でも大きく異なる。日本人は何か問題が生じると、原則や秩序に基づいて解決へと導こうとし、結果だけでなくそこへ至るまでの経緯も重視するが、中国人は手段ではなく結果で物事を判断する。例えば、北京オリンピック開会式の口パクが問題になったが、どんな方法であれ開会式が完璧に成功することが求められる。街の緑化政策にしても、日本のように苗木から植えて何年も育てていくのと違い、ある日道路わきの土が掘り起こされたかと思うと、あっという間に大きな樹林が移植され立派な公園が出来上がる。日中関係についても、国益の最大化を達成するために、交渉の過程で意見が衝突しても、最終的に許容範囲内で双方が譲歩し、共に満足できればいいと考えている。

以上のように、中国人と日本人の行動や思考様式には根本的な違いがあり、お互いが議論を重ねれば噛み合わないばかりか、相手への不信感が増大するばかりだ。では、私たちは中国とどう向き合っていけばいいのだろうか。

日中間の問題は中国の内政問題の延長だ、と中国人はよく言う。国内に問題が多いほど、日中関係は悪化するという構図だ。中国外務省の報道官の威圧的な態度は、「中国政府は決して譲歩していない」と多分に国内世論を意識したもので、中国人の感情を代表しているわけではない。いま中国はどんな問題に直面しているのか、どのような意見対立があるのかとその言葉の裏に思い巡らし、政府と一般の人々を分けて考える必要がある。

次に、日本では中国の言論弾圧やネット封鎖など引き締めの動きが注目されるが、中国から見ているとその逆で、現在、中国のネット空間や大学の講義、サロンなどでは自由闊達な議論が交わされており、混乱が生じるほど言論の自由化は進んでいる。なかでも、中国版ＬＩＮＥの微信《ウェイシン》は若者から知識人まで圧倒的な支持を集めている。日本ではネット上の言論活動は世論を代表するものではないが、中国では、ニューメディアを見れば人々がいま何を考えているかがわかる。

確かに官製メディアや体制内の識者は自由な言論を制限されている。リベラルな日本研究者や日本通といわれる人たちは大勢いるが、彼らは公の場では現在の日中関係について多くを語らない。日本に対して擁護的な発言をすれば、大衆に売国奴だと非難され、また自分の考えを述べることは、政府の対日政策を否定することにつながりかねないからだ。よって、日本を語らないことが日本に理解を示していることを意味する。しかし、これでは中国人が何を考えているのか、日本人には伝わらない。

また、日本メディアが中国の負の側面ばかりを報道したことが嫌中感情を助長したとよく言われる。腐敗と汚職、食の安全、環境汚染、人権侵害、道徳の欠如、不信任社会等々、中国の国内問題は枚挙に暇ない。では、報道は誇張・歪曲したものかというとそうではなく、国内では更に激しい批判や抗議活動が起きている。そのため当局はネットや知識人の自由な言論を封じ込めざるを得ず、その手荒い手法に更に批判が起きている。十三億の大国を統治し、国家の安定を保つのに、他に打つ手はないというのが政府側の言い分だろう。

つまるところ、我々の価値観でいま中国で起きている事象を考えると、中国政府が悪者で、善良な一般の人々が虐げられているという図式になるが、「刁民《ティアオミン》」(狡猾な人)という言葉があるとおり、実際には多くの人々も自分の利益を考えながら行動しているので問題はそれほど単純ではない。中国の国情をふまえなければ、中国に対する誤解は深まるばかりだろう。

住んでみなければわからない中国のよさ

中国人は今の日本が好きだ。ならば、今の中国に日本人の心を惹きつけるものがあれば、日本人の対中感情も好転するに違いない。では、現代中国の魅力とは何か？　中国に好意と尊敬の念を抱く日本人は多い。しかし、それは中国の精華な文化、悠久の歴史など、かつての中国の栄光に対してがほとんどだ。数十年前までなら社会主義思想があったが、今なら何があるだろうか。伝統に変わる何かが見つからなければ、日本の若者の心を中国に引き寄せるのは難しい。

しかし、中国にはいいところが沢山あると私は思っている。ただ、中国の良さを言葉で伝えるのは難しい。

先日、日本女性と結婚して日本へ渡った中国の友人が、「日本での生活がこれほど大変だとは思ってもいなかった。中国人なら身内や友人が身の回りや就職の世話まで面倒をみてくれるが、日本人は違う。ハローワークに何度も通ってやっと仕事が見つかった」としみじみと話してくれた。

中国では、困ったときには家族や友人が自分のことのように手を差し伸べてくれるが、日本では助けてくれるのは行政機関だ。日本人は友人に助けを求めたくても、相手に迷惑が掛かるのではと考えるが、中国人は仲間を頼り、また助けてこそ絆が深まる。日常生活もビジネスの世界も、日本人は制度や倫理観に従って行動するが、中国人は人間関係で成り立っている。中国は日本よりも人付き合いが濃密で温かい。

その一方、中国人は面識のない赤の他人には冷淡だと言われる。確かにそうなのだが、自分より立場が弱い、弱者に対しては助けを惜しまない。今夏、私は右膝を骨折して約一ヶ月半、松葉杖生活を余儀なくされた。タクシーを捕まえるとき、いつもは順番などお構いなしで早い者勝ちで我先にと乗り込むが、この時はみんなが私を優先してくれた。タクシーに乗り降りするときも、いつもは無愛想な運転手が助手席側まで来てドアの開け閉めを手伝ってくれた。また、二〇一三年九月、中国人留学生が川で溺れている小学生を身を挺して救出したことが日本で大きなニュースになったが、中国では決して珍しいことではない。その一方、老人が転倒しても助けようとしないことがいま大きな社会問題になっているが、階層や貧富の格差などが問題の根底にあり、中国人の本性ではないと思う。

しかし、こうした中国社会の濃密な人間関係は、制度や法律が未整備である裏返しで、人に頼らず自力で生活できる人にとっては馴染まないだろう。しかし、日本のように成熟した社会は世界的に見ても稀で、海外では、様々な問題にぶつかってはじめてその国が見えてくる。

もちろん嫌な目にも遭うが、喜びや楽しみもその分味わうことができる。中国には「好山好水好寂寞、好髒好乱好快活」（美しい環境にあっても寂しく感じ、乱雑で汚くても楽しく思う）という言葉がある。海外の生活に憧れて中国を離れてみたが、やはり中国がいいと帰国する人は多い。中国はなんだかんだ言っても住みやすいところだと私も感じている。中国人の人間くさい所を感じることができれば、中国に対する印象もまた違ったものになるだろう。中国を外から見ていては、また中国にいても外国人同士で固まって生活していては、中国の良さを感じることは難しい。

そして日中関係が険悪な今だからこそ、扉を閉ざすのではなく、中国についてもっと考えてほしい。中国人の考え方や現代中国の面白さは書物だけではわからない。住んでみてはじめて見えてくるもの、言葉では表し難い魅力がある。もっと大勢の日本の若者が中国に来て積極的に中国人と交流して、日中関係の将来について考えてほしい。それが私の願いだ。

抗日戦争勝利70周年。天安門広場で記念撮影する人々。

Ⅶ 2015年

日中首脳会談とメンツ
爆買いから考える日中関係
戦勝70周年記念式典

第31景　国内問題が直結する対日政策

日中首脳会談とメンツ

2015.1

二〇一四年十一月十日、ＡＰＥＣ首脳会に出席するため北京を訪れた安倍首相は、習近平国家主席と首脳会談を行い、日中関係は改善に向けて動き出した。

同年春から日本の政治家が頻繁に訪中するようになり、夏以降は要人の会談が組まれるまで日中関係は回復していたが、果たして首脳会談は行われるのか注目が集まる中、会談直前に両政府は異例の合意文書を発表、そして約二年半にわたりトップ会談が行われない異常な状態に終止符が打たれた。

この半年余り、日中間の駆け引きを中国から見ていて、中国政府がいかに対日外交に苦心しているかを強く感じた。そして、終わってみれば今回の合意内容が今後日本の対中外交に禍根を残すのではないかという懸念が残った。

今回は、関係修復への模索がどのように進められたのか、合意文書の内容をどう評価すべきか、首脳会談冒頭の習近平主席の威圧的な態度は何を意味するのか、今後日中関係は改善に向かうのか等、ＡＰＥＣを通じて北京で感じ考えたことを報告したい。

ＡＰＥＣ開催前夜の北京

ＡＰＥＣ開幕前から北京の街は二〇〇八年八月の北京五輪や二〇〇九年十月の建国六十周年記念式典に匹敵する厳重な安全対策と警備体制が敷かれた。世界が注目する国家イベントは中国政府の威信にかけて成功させなければならない。最も頭を悩ませていたのが大気汚染対策と反テロ対策だった。

会議直前の十月、北京ではＰＭ二・五の濃度が重度汚染（ＰＭ二・五の濃度が一立方メートル当たり二〇〇マイクログラム以上）に達した日が十日に達した。大気汚染対策として、北京では二〇〇八年十月から車のナンバー末尾で車両の走行規制を行っており、例えば月曜日は末尾が一と六の車両は運転できないのだが、首脳会議が始まる一週間前から十日間にわたって更に厳しく交通量を半減させるべく奇数と偶数で通行規制を実施した。また、同じく一週間前から、北京市内の全ての工場の操業を停止させ、更には天津市、河北省、山西省、内モンゴル自治区、山東省でも工場の操業停止や減産が実施された。

中国政府はとにかく空気の汚染を食い止めることに必死で、どんなに些細なことであっても打てる対策は全て実行したのではないかと思えるほどだった。たとえば、街のあちこちで行われていた工事の作業が中止された。私が住むアパートでは十月から外壁工事が行われていて毎日作業音が鳴り響いていたが、APECが近づいたある日、突然作業員の姿が見えなくなった。会議が終わると作業員たちが戻ってきて何事もなかったかのように工事は再開された。

また、煙が出るという理由で街なかでバーベキューが禁止され、近所のシシカバブの屋台は臨時休業していた。お葬式で花輪を燃やすこと、樹木や農作物を燃やすことも禁止され、首脳会議の会場近くのホテルに滞在していた私の友人は、APEC期間中はシャワーのお湯が出なくなったとぼやいていた。

その他では、街を歩いていたとき、雨が降っていないのに路面が濡れているのでおかしいなあと思っていると、放水車が水を撒きながら走っていた。普段でも時おり放水車を見掛けるが、水量がわずかで、正直言ってあまり効果がない。しかしAPEC期間中は放水車が総動員で街中の主要道路にたっぷり放水していた。

更に、政府は北京市内の公的機関と企業を十一月七日から六連休とした。帰省や旅行などで大勢の人を北京から離れさせることが目的だった。

煙と埃の出る行為を一切厳禁した結果、APEC期間中、北京の空は澄み切った青空が続いた。しかし、こうした一時的な青空を多くの市民は皮肉を込めて「APECブルー」と呼んだ。習主席も歓迎晩餐会の挨拶で「今のこの北京の青空を『APECブルー』と呼んで一時的なものだと言う人もいるが、努力を怠らずこのAPECブルーが続くことを願い信じている」と自虐的に語っていた。しかし、APECが閉幕し、工場が再稼働していつもの生活に戻ると、一週間後には北京のPM二・五の数値は四〇〇を超えた。

大気汚染対策と同じく安全対策も徹底して行われた。市バスには腕章をつけた監視員が同乗し、地下鉄の車内では私服の男性が不審者がいないか目を光らせていた。地下鉄入り口ではボディーチェックが行われ、乗換駅や繁華街の駅では乗客一人ひとりの身分証明書をスキャンでチェックしていたため長蛇の行列ができ混乱していた。

こうして中国政府は北京五輪や建国六十周年式典と同じようにAPECを力ずくで成功させた。我々の感覚では、ここまでなりふり構わずよくやるもんだと苦笑を禁じ得ないが、中国では何事においても目的の達成が最優先されるため、成功へ至るまでの過程がどんなに泥臭くてもそこにメンツはない。

ただ、こうした成功の陰で毎回多くの市民が様々な犠牲を払っている。国家の威信より個人の権利を主張するようになった中国市民が、いつまでもこのようなやり方に黙っているのだろうか。

首脳会談開催に向けて——非公式会談と立ち話

では次に、二〇一四年夏以降、日中間でどのような接触があったかを振り返ってみたい。

・7月27日　福田元首相が訪中、習近平国家主席と北京で極秘会談。
・8月9日　ミャンマー・ネピドーのASEAN外相会議で岸田外相と王毅外相が非公式会談。
・9月23〜24日　山東省青島市で第二回日中高級事務レベル海洋協議を開催、「海上連絡メカニズム」構築に向けた協議再開で合意。
・9月24日　日中経済協会訪中団（団長は張富士夫会長）が北京で汪洋副首相と会談。
・9月25日　国連総会出席のため訪米中の岸田外相と王外相がニューヨークで非公式会談。
・10月7日　来日中の中国人民対外友好協会の李小《リーシャオ》林《リン》会長が安倍首相と上海歌舞団の舞劇『朱鷺《とき》』を鑑賞。
・10月16日　イタリア・ミラノのアジア欧州会議（ASEM）首脳会議で安倍首相と李克強首相が挨拶。
・10月22日　北京APEC財務相会合に出席後、麻生副総理兼財務相と張高麗《チャンカオリー》副首相が立ち話。
・10月28日　李源潮国家副主席が北京で第二回日中知事省長フォーラムに出席した日本側代表団と会談。
・10月29日　習近平国家主席と福田元首相が北京で会談。

・11月6日　谷内国家安全保障局長が訪中、楊潔篪国務委員と会談、翌七日に「日中関係の改善に向けた話し合いについて」と題する合意文書を発表。

・11月8日　ＡＰＥＣ閣僚会議出席のため北京を訪れた岸田外相が王外相と二年二ヶ月ぶりの日中外相会談。

日中政府間の対話は、七月下旬の福田元首相と習近平主席の会談を転機に動き出し、八月上旬、更には九月下旬には日中の外相同士が顔を向き合わせるまで回復した。しかし、八月の外相会談は約一時間にわたって行われたが、中国政府は「日本側の求めに応じて」行われた「非公式の接触」だと発表、中国メディアは日本側から首脳会談開催の申し入れがあったことを強調した。九月の外相会談も中国側は「日本側の求めに応じて」行われた「非公式の面会」だと発表した。更に十月に安倍首相と李克強首相が挨拶を交わしたこと、麻生副総理兼財務相と張高麗副首相が面会したことを中国メディアは全く取り上げず、逆に安倍首相に対する非難を強めた。九月下旬に安倍首相が所信表明演説で、日中友好の言葉を用いて首脳会談開催に意欲を示していると中国メディアは大きく報じたが、その後、中国側に歩み寄る姿勢を示さなかったため、中央テレビはＮＨＫニュースの街頭インタビューで安倍首相に反対する声を頻繁に流して、まるで全ての日本人が安倍首相に反対しているかのような報道を展開した。

なぜか。世論の反発を警戒したからだろう。中国は首脳会談開催の条件として、首相の靖国不参拝と、領有権問題の存在を日本が認めることを求めていた。しかし、安倍首相は会談に一切の前提条件を付けないと繰り返すだけで、中国政府としては譲歩が得られない状態で政府間対話を再開するわけにはいかず、難しい状態に陥っていた。

異例の合意文書発表

事態が動いたのは十一月七日だった。谷内国家安全保障局長が訪中し、楊潔篪国務委員と水面下の交渉を行った末、「日中関係の改善に向けた話し合いについて」と題する四項目の合意文書が発表された。翌朝、中国各紙は一面トップにタイトルを掲げて大きく報じた。

尖閣諸島の問題について、『人民日報』は評論で「中日双方は釣魚島の問題について初めて文字による明確な合意に達した」と述べ、『環球時報』は一面トップに「中日は釣魚島について異なる主張を明確にした」の見出しを掲げた。専門家は「双方の対立を対話で解決に導き、危機管理メカニズムを構築することで合意したことは、日本側が領土問題の存在を認めたことを意味する」とテレビで語っていた。

靖国神社参拝については、『環球時報』は社説で合意内容の「『政治的障害を克服する』は、明らかに安倍首相の参拝を拘束するものだ」と述べ、専門家は「文書に靖国神社の文字がないことは決して中国側が譲歩したのではなく、歴史教科書、慰安婦、強制連行など中日間の歴史問題を総括的に表したものだ」とテレビで解説し、日本側が譲歩したことを強調した。

では、中国側が言うように日本側は中国の条件を受け入れたのかというと、そうではない。合意文書は日本語と中国語が同時に発表された。日本語の文面は以下のとおり。

1. 双方は、日中間の四つの基本文書の諸原則と精神を遵守し、日中の戦略的互恵関係を引き続き発展させていくことを確認した。
2. 双方は、歴史を直視し、未来に向かうという精神に従い、両国関係に影響する政治的困難を克服することで若干の認識の一致をみた。
3. 双方は、尖閣諸島（中国語の文面では「釣魚島」と表記）など東シナ海の海域において近年緊張状態が生じていることについて異なる見解を有していると認識し、対話と協議を通じて、情勢の悪化を防ぐとともに、危機管理メカニズムを構築し、不測の事態の発生を回避することで意見の一致をみた。
4. 双方は、様々な多国間・二国間のチャンネルを活用して、政治・外交・安保対話を徐々に再開し、政治的相互信頼関係の構築に努めることにつき意見の一致をみた。

では、順に見ていこう。第一項目では、四つの基本文書の遵守と「戦略的互恵関係」の発展が記された。四つの基本文書とは、一九七二年の日中共同声明、一九七八年の日中平和友好条約、一九九八年の日中共同宣言、二〇〇八年の「戦略的互恵関係」の包括的推進に関する日中共同声明を指す。中国側はこれまで日中関係が悪化する度に、両国関係の礎であるこの四つの政治文書の精神を日本側が踏みにじったと言及してきた。

第二項目は、主語は「双方」だが、日本の歴史認識についての記述だ。「両国関係に影響する政治的困難」が何を指しているかが焦点で、中国の国営メディアや専門家はその中に靖国神社参拝が含まれるとしたが、日本政府は特定のテーマや問題ではなく日中間における全ての政治問題を含むと説明。更に、「若干の認識の一致」が中国語では「一些共識」（いくつかの共通認識）となっており、日中両文で明らかに意味が違っている。つまり、この項目は中国側の解釈では、日本の首相は今後靖国に参拝しないことを意味する。

第三項目には、「尖閣諸島」「釣魚島」と日中両文に明記された。前述の「四つの文書」で領有権の問題が一度も取り上げられていないことを考えると、日本側が大きく譲歩したことを意味する。焦点は「異なる見解」が何を指しているかで、日本政府は尖閣諸島を含む東シナ海で「近年」つまりここ数年、「緊張状態」が生じていることについてであり、領有権の問題ではないと説明。一方、中国語文では「異なる見解」が「不同主張」（異なる主張）と表記されており、それはすなわち日本側が領有権争いをめぐる中国側の主張を認めたと中国では理解されている。

第四項目は、歴史と領有権の問題で上記の通り合意したことを踏まえて、日中関係を今後正常な状態に戻すことが確認された。

以上のように、この合意文書は肝心部分の表現が日本語と中国語で異なっており、日本ではこうした問題点が指摘され分析が行われたが、中国ではメディアも専門家も取り上げなかった。私が調べた限りでは、雑誌『財新』が「新たな記述は尖閣諸島の主権の帰属について取り上げておらず、双方が緊張した情勢に対し異なる主張があると明らかにしたにすぎない」と言及しただけだった。

この文書で日本は確かに従来の主張から譲歩を強いられたが、文中に靖国神社の文字はなく、尖閣諸島の主権についても触れておらず、中国の前提条件を受け入れたとはいえない。テレビの特集番組で、中国の専門家はこの核心部分には触れず、「日本側が譲歩したことを意味する」と繰り返すばかりだった。

では、中国メディアは合意文書の何を伝えたかというと、危機管理メカニズムの構築で日中双方が合意したことについてだった。「日本と中国は戦争になると思うか」これまで何人もの中国人や外国人から尋ねられた。現在の日中関係は中国を含む世界中からそう捉えられている。今回の合意により、東シナ海で不測の事態が万一起きた場合にも対処できる体制がようやく構築された。これこそが日中首脳会談を行う目的と意義だった。

二年半ぶりの日中首脳会談

そして十一月十日、日中首脳会談が行われた。会談冒頭、安倍首相が習主席に歩み寄り右手を差し出し握手を交わしたが、安倍首相が話しかけても習主席は返事をせず、視線を合わせることなく、仏頂面だった。

「よくやった、安倍に恥をかかせた」ネットにはそんな書き込みが溢れ、翌日、アパートのエレベーターで乗り合わせた面識のない中国人男性が「昨日習近平が安倍と握手したときの表情を見たか？　プーチンや朴槿恵とは満面笑顔だったのになあ！」と嬉しそうに話し掛けてきた。それとは対照的に知識人は「習主席が日本であんな冷遇を受けたら、中国人は絶対に黙ってはいない」と日本人の冷静な態度に驚いた様子だった。

会談を受ける以上、礼を尽くすのが礼儀だが、あの場面で習主席が笑顔で握手していたら、国内から大きな反発を招いただろう。客人を重んじる中国において、大衆の面前で恥をかかせることは、最大の侮辱を意味する。

安倍首相への〝仕返し〟はそれだけにとどまらなかった。各国首脳と会談を行った際、安倍首相との会談だけは背後に国旗が立て掛けていなかった。更に、中国政府は日中首脳会談だけ「(相手側の) 求めに応じて」行われたと発表した。首脳会談に先立って行われた外相会談も「求めに応じて」行われたが、一方で、外相会談と同じ八日に行われた宮沢経産相と高虎城《カオフーチョン》商務相との会談にはこの枕詞がついていない。経済は対等だが、あくまでも安倍首相が歩み寄ってきたことを強調していた。

首脳会談が行われた十日夜、北京五輪の水泳競技会場だった国家水泳センター（愛称・ウォーターキューブ、中国語は水立方《ショイリーファン》）で歓迎晩餐会が行われた。習近平夫妻が各国首脳を出迎えるシーンがテレビに映し出され、安倍首相が昭恵婦人を伴って歩み寄り、二回目の握手を交わした。習主席の表情は幾分柔らかく、満足げに見えた。

その後、屋外で花火鑑賞が行われ、観覧席の中央に習主席とオバマ大統領が並んで座り、仲良さそうに花火を見上げ、その二人の間の後方に安倍首相夫妻が小さく見えた。よい座席を用意せず安倍首相を大事にしていないことを映像で伝えていた。

その翌日、習主席の彭麗媛《ポンリーユエン》夫人が各国首脳の夫人たちを世界文化遺産の頤和園《イーホーユエン》に案内する様子がテレビで流れたが、やはり昭恵夫人はあまり映らず、隅のほうで頑張っている姿が痛々しかった。

では、習主席は首脳会談で安倍首相に何を話したのか。靖国神社については触れず、「十三億人の国民感情の問題だ」とだけ述べ、領土問題にも触れなかった。私がもう一つ気になったのは、APEC開幕が間近になったころから、大量の中国漁船が小笠原諸島周辺海域に現れ、サンゴの密漁を行ったことだ。中国でもネットニュースで大きく報じられ、その書き込みのほとんどが漁民の不法行為を厳しく非難していた。中国国内でも漁民の違法操業は大きな問題となっている。首脳会談開催と関係があるのか真相はわからないが、「これはどう考えても中国が悪いだろ」という冷静なコメントがあふれているのを見て、このタイミングでサンゴ密漁船団が押し寄せたのは、対日世論を改善させるためだったのではないかと私には感じられた。

関係改善へ向けて

首脳会談の開催を受けて、今後日中関係は改善に向かうだろう。習主席は会談の中で「今後、様々なレベルで徐々に関係改善を進めていきたい」と急がないことを強調していたが、会談以降、日中の政府間対話は活発化している。十一月十五日に二年七ヶ月ぶりに財務相会談が行われ、十一月十七日に日中与党交流で共産党対外連絡部代表団が訪日、十二月二日に日中メコン政策対話が三年三ヶ月ぶりに再開、十二月三日から新日中友好二十一世紀委員会の正式会合が三年ぶりに行われ、十二月二十八日には日中省エネルギー・環境総合フォーラムが二年五ヶ月ぶりに開催された。

二〇〇六年十月に安倍首相が訪中した時は、五年ぶりに日中首脳会談が行われ、「氷を割る旅」と中国では称えられた。今回は決して歓迎された訪中ではなかったが、今後様々な交流や対話が動き出すに違いない。

しかし、日中関係の将来は依然として楽観できない。今回の合意文書は双方が首脳会談開催のために発表したようなもので、二国間に横たわる問題は何も解決していない。今回の合意が今後日本政府にとって対中外交交渉の大きな仇となる可能性もありうる。

習主席は首脳会談で「日中間の四つの基本文書と今回の四項目の一致点を踏まえて、戦略的互恵関係に従って、日中関係を発展させていきたい」と述べた。つまり中国政府は今回の合意を実質的に日中間の五番目の文書として位置づけている。一方で、岸田外相は十一月十三日、四項目の合意文書について、「法的拘束力のない文書だ。日中間で現状一致できているものをまとめただけで、国際約束を伴うものではない」と国会で答弁した。それに対して、中国政府は表立った抗議はしなかったが、首脳会談後も依然として釣魚島は中国の固有の領土だと主張し、歴史認識でも日本批判を続けている。

そしていつか、日本の要人の失言などが発端となって、日本側が今回の合意を破ったと糾弾してくるかもしれない。そのとき、日本政府は日本側の解釈に基づいて、毅然とした態度で中国と外交交渉ができるのだろうか。

これまで安倍首相は「ボールは中国にある」と繰り返し言ってきたが、中国側が譲歩して対日関係改善に踏み切った今、ボールは日本側に移った。中国は歴史認識と領土問題を連動させており、日本が国益を優先して中国とWin-Winの関係を築いていくのであれば、安倍首相はことさら中国を刺激するような言動を控えるべきだろう。

ただ、悲観することもないだろう。日中関係は一九七二年の国交正常化のときから双方が知恵を出し合って曖昧な状態のまま今まで乗り越えてきた。何事にも白黒付けず、相手の出方を伺いながら交渉を有利に進めるのが中国式だ。日本は国益を見極めながら中国に対して毅然と粘り強い交渉を続けることが大切だ。

第32景　爆買いから考える日中関係
爆買いしなければならない国内事情

2015.4

今から年末の話をするのも気が早いが、二〇一五年の流行語に〝爆買い〟は間違いなくノミネートされるだろう。春節の大型連休（今年は二月十八日から二十四日までの一週間）に中国人観光客が日本に大挙して押し寄せ、家電製品や日用品を大量購入したことは大きな話題となった。反日暴動が未だ記憶に残る我々日本人にとって「中国人はいつから親日に変わったのか」と戸惑った人も多いのではないだろうか。

いま中国では日本への印象が急激に好転している。これまで日本贔屓だった人は「日本はいい国だ」と声に出して言うようになり、また、日本へ旅行に行った人は日本が大好きになってリピーターとなり、そしてそういう話をきいた日本嫌いな人が「自分も行ってみたい」と思うようになった。私が知るこの二十五年来、中国の一般庶民の日本への好感度がこれほど高まったことは初めてだ。

今回は、爆買い現象からみる中国の現状、そして日中関係の将来について考えてみたい。

中国人が日本に押し寄せたわけ

中国人の訪日客は、二〇一一年三月の東日本大震災と原発事故、二〇一二年九月の尖閣諸島国有化に伴う反日デモなどの影響で落ち込んでいたが、昨年から急激に回復している。日本政府観光局によると、二〇一四年の訪日中国人者数は二百四十万九千二百人（前年比八三パーセント増）と過去最高を記録し、今年に入ってからも一月は二十二万六千三百人（同四五パーセント増）、二月は春節の連休もあって三十五万九千百人、実に一六〇パーセント増と驚異的な伸びをみせた。

なぜこれほど多くの中国人が日本を訪れるようになっ

たのだろうか。

まず、所得の向上で中国の各都市で海外旅行ブームが起きていることが挙げられる。二〇一四年の中国人の海外（香港、マカオ、台湾を含む）旅行者数は延べ一億を突破し、近年は年二〇パーセント近い伸びが続いており、訪問先は多い順に韓国、香港、タイ、日本、台湾、インドネシア、モルジブと続いている。次に人民元高、すなわち円安による割安感で、ここ三～四年で人民元の価値は円に対して約五割上昇、北京のホワイトカラーの平均月収は昨年約七千元で、これを円に換算すると以前は八万五千円だったのが現在では十三万五千円に増えている。かつて我々が中国は物価が安いと言っていたように、いま中国人は日本の物価を人民元に換算して「中国で買うより安い」と口を揃える。

また、原発事故による放射能汚染への不安が薄まり、尖閣諸島国有化騒動で悪化した日中関係も両国首脳が握手したことで、日本と交流することに人々が躊躇しなくなったことも挙げられる。

そして、日本政府も中国人旅行客を呼び込む政策を積極的に打ち出している。昨年十月に外国人旅行者向け消費税免税制度を改正し、免税対象品目をそれまでの家電製品や衣料品などだけでなく、化粧品、食品、薬品、酒などあらゆる品目に拡大したこと、首脳会談の前に行われた外相会談で中国人の訪日ビザ発給要件の緩和が発表され、今年一月から実施が始まったことなどによって、春節の旅行先に日本を選んだ人も多かったに違いない。

更にこうした原因以外にも、昨年香港で起きた民主化要求デモや中国人客による粉ミルクの買い占め騒動などで、香港を訪れる中国人客が減少していることも関係しているだろう。

春節休暇中に私も一時帰国したが、三宮、梅田、京都などの駅前、地下街、商店街などで中国人の団体客をよく見かけた。ＴＡＸＦＲＥＥ、銀聯カードＯＫ、一番人気などと書かれた貼り紙が店頭に目立ち、日中間の交流もとうとうここまで来たかと感慨深いものがあった。二〇〇〇年始めに中国人のとある団体の通訳で日本に同行したとき、数人が中国から大量のインスタントラーメンを持ち込んでいたことを思い出す。日本は物価が高いので食費を節約するためだったが、今となっては考えられない光景だ。当時はパスポートを持っていない人も多く、海外旅行はあこがれで、なかでも日本は特別な存在だった。

日本製品を爆買いするわけ

日本で大きな話題となった爆買いだが、中国国内ではそれほど珍しいことではない。例えば、スーパーで買い物をしていると、野菜や果物、卵などを何十個とまとめ買いする人をよく見かけるし、業務用かと思うほどの大きな袋に入った菓子も売られている。また、ネット通販が発達して最近は見掛けなくなったが、以前は北京の大型の書店に行くと地方から来た人がカートを押しながら書籍や参考書を大量購入している姿をよく見た。

もっともここぞとばかり大量購入するのは中国人に限ったことではなく、かつて日本人も団体で欧米へ繰り出しブランド品を買い漁っていた。中国人客の特徴はそうした嗜好品だけでなく、電気炊飯器や温水洗浄便座など家電製品を大量購入するところだ。思い起こせば中国がまだ貧しかった八〇年代末から九〇年代にかけて、日本から船でカラーテレビを持ち帰る中国人の姿をよく見かけた。豊かになった今では家電製品の国内シェアは国産ブランドが外資系を大きく上回っているが、それらは大量生産、廉価販売が主流で、富裕層が満足できる商品は少ない。よって彼らはメイドインジャパンを求め日本へやってくる。

もちろん鞄や時計などの欧米の高級ブランド品を日本で購入する中国人も多い。それは円安による割安感だけでなく、中国は輸入品にかかる関税などが高いため海外で購入すれば国内の二分の一から三分の一の値段で同じものが手に入るからだ。中国の調査機関の統計によると、昨年、中国人が世界の高級ブランド品の四六パーセントを購入し、そのうちの七六パーセントは海外で購入されたという。国内の高級ブランド店はこれまでどこも閑古鳥が鳴いていたが、春節明けから値下げに踏み切る店も出てきている。

中国人が高級ブランド品を海外で大量購入する理由はもう一つある。いま中国ではいわゆる贅沢品が買えない雰囲気が蔓延しているからだ。二〇一二年十一月に現政権が発足するとすぐに党員の綱紀粛正や贅沢禁止を呼びかける「八項《パーシアン》規定《コイティン》」を発表し、二〇一四年は全国で違反者の数は七万一千七百四十八人に達し、そのうちの二万三千六百四十六人が党の紀律・行政規律違反で処分を受けた。贈答品の授受ができなくなり、汚職の象徴とされた外国製の高級腕時計や高級衣料品、高級酒などの国内での売り上げは大幅に落ち込んだ。今年の春節休暇中は海外での消費が拡大する一方で、国内消費は低調で、全国小売売上高は前年比一一パーセント増の六千七百八十億元にとどまり、伸び率は前年同期の一三・三パーセントと比べて二ポイント以上低下した。

　日本製品が世界で人気があることは我々もよく知っている。品質がよくて値段が安く種類も豊富だからだ。しかし中国人にはもう一つ大きなメリットがある。それは偽物がないことだ。日本のコンサルティング会社が発表した春節休暇中の訪日中国人客のお土産トップ10によると、最も人気が高かったのは家電でもブランド品でもなく、意外にも医薬品だった。中国市場には偽物や粗悪品が大量に出回っているが、医薬品も例外ではない。薬や化粧品など身体に直接吸収されるものに対して中国人は国産製品を信用しておらず、日本製への信頼感は絶大だ。また、地方都市や農村の病院では医師や看護師が業者と癒着して偽薬を患者に処方するケースも多く、二〇一四年一月から九月の間に、偽薬生産販売罪で三千五百三十二人が起訴された。

　二〇〇八年に起きた五万人以上の乳幼児が被害を受けたメラミン入り粉ミルク事件はいまだに尾を引いていて、中国人の粉ミルク買い占めは日本にも及んでいる。私自身もかつて中国の友人に頼まれて何度か日本から粉ミルクを取り寄せたことがある。また上述のとおり香港では、中国人が転売目的で大量購入するため地元の人たちが品不足で購入できなくなり、抗議デモが起きるほどの騒ぎになっている。そのため中国政府は今年四月から中国人の香港訪問を制限する制度を打ち出した。香港に隣接する深圳市民はこれまで無制限に行き来できたが、一週間に一回、一年で最大五十二回に制限されることになった。また我が家の近所のスーパーではデンマークの粉ミルク会社のポスターが人目を引く場所にでかでかと掲示されていて、〝デンマーク現地生産〟と書かれていた。デンマーク企業であっても生産工場が中国だと親たちは品質を信用しないからだ。生活が豊かになり、都市部の富裕層、特に子供を持つ親たちの健康への関心は極めて高い。そのため安全なものを購入できるチャンスがあればその時を逃さないし、そのチャンスを常に探している。

　このように中国人の爆買いは、中国からみれば深刻な社会問題を反映している。

中国で爆買いはどう報じられたか

　中国でも爆買いは大きく報じられた。二〇一四年一月下旬に経済評論家の呉暁波《ウーシャオボー》氏が「日本へ行って便座を買う」と題する文章をネット上で発表したことが発端だった。呉氏は文中で、中国のメーカーはなぜ日本製品と同じものを開発できないのかと、国内の製造業に反省を促したのだが、多くのメディアがこの問題を取り上げ「中国人が日本で便座を大量購入、品切れ続出」などと報じると、「愛国心のない売国奴」「便座は中国でも売っている」などとネット上で声が上がった。興味深かったのは、それらの意見に対し「どこで何を買おうと個人の自由だ」「中国製はすぐに壊れる」「なぜみんなが日本製を買うのか、政府はその理由をよく考えろ」と日本製購入に賛同する声が殺到したことだった。

国営・政府系メディアも春節前から爆買い現象を積極的に報じた。中央テレビは二月上旬から、日本の電気量販店で中国人客が日本製品を買い漁る映像を何度も流し、夜の報道番組では大前研一著『ザ・プロフェッショナル』を例に出し、日本のメーカーの高い技術力は長年にわたる研究開発の積み重ねと評価し、国内メーカーに対し「自分をプロフェッショナルだと言えますか?」と反省を促した。二月九日の『人民日報』は「現在、中国の一部の消費者は消費において高い品質を求めている。これまでの〝使えればいい〟ではなく、〝使いやすく〟〝長持ち〟し、〝満足できる〟商品を求めている」「つまり、ちっぽけな便座が大きな問題を突きつけたのだ。それは如何に技術革新を行い（品質の良い商品を）提供し消費の需要を高めるかということだ」などと、愛国心＝国産品購入ではなく、国内メーカーに強く改善を促す報道を展開した。春節の休み明け、私が北京に戻ったときには、中国人に会うと必ず「今日本ですごいことになってるね！」と、向こうから爆買いの話を切り出され大いに盛り上がった。

しかし、日本での爆買いが余りにも話題となり、中国製品の品質だけでなく政府の管理監督不行き届きを非難する声が大きくなると、メディアの報道にも変化が生まれた。「日本で売っている便座は実は中国製だ」「国内で同じ商品が安く買えるのに、わざわざ日本で高い値段で買う必要はない」などの記事が掲載され、街頭インタビューでは「外国製なら何でもいいわけではない、もっと理性的になるべきだ」といった声を集めた。

しかし、この方法はなかなかうまくいかなかった。ある電気店の店員が「中国製の便座は安全かつ性能でも外国製に劣っていません」「国産メーカーの技術は自主開発したもので、安心して使えます」と訴えていたが、それを見た工場勤務の経験者たちがネット上で「同じ製造ラインでも輸出向けと国内向けでは品質の管理基準が全く違う。最も厳しいのが日本向け、次が欧米向け、国内市場向けの生産管理は本当にひどい」と書き込んだのだ。

中国では偽物や不良品を摑まされると、消費者の不注意に問題があるかのような錯覚に陥ることがある。中央テレビは不正悪徳業者を暴く番組をよく放送しているが、北京テレビの生活チャンネルなど地方局の番組を見ていると、注水肉（肉に水を流し込んで増量して売る肉）、偽玉子、偽酒や偽タバコなど、偽物と本物の見分け方を指南する番組が多い。ネット通販の口コミには「おそらく本物だと思う」などと書き込まれ、百パーセント品質保証を謳った真酒網（本物の酒類通販サイト）なるものもある。偽物や偽札が出回っているせいで中国での買い物は余計なエネルギーを費やさねばならずほとほと疲れる。

そして安心して買い物できないのは企業だけの問題ではなく、粗悪品や偽物の製造や販売を野放しにしている政府の品質管理部門に責任があると大勢が思っている。中国では役人の「権銭交易」（権力を利用して金を儲ける）と企業の「官商勾結」（官民癒着）が深刻で、役人は権力を私物化し、その役人に企業はせっせと賄賂を贈って欠陥製品や模造品の製造販売を見逃してもらい、共に私腹を肥やしていることが問題になっている。それで政府は反腐敗キャンペーンを打ち出し、党員の汚職や腐敗を取り締まり、政府への信頼を取り戻そうと必死なのだ。

更に、中央テレビは春節休暇が終わった二月下旬に、日本製と中国製の炊飯器を使って米の食べ比べを行った。炊飯器の価格は共に約四千元で、北京の住宅街で料理経験が豊富なお年寄り十人を無作為に集め、同じ米と同じ水を使って炊いたご飯を食べ比べるという方法だ。結果、十人中五人は中国製のほうが美味しいと答え、三人は日本製、二人はどちらも同じだと答え、番組は「国産の炊飯器で炊いたご飯の味は日本製に劣っていない」と結論づけた。しかしこの実験に使われた炊飯器というのが、国産メーカーは確かに三千九百九十九元だったのだが、日本製は日本で三万八千五百円で販売されているもので、人民元に換算すると一千九百八十元でしかなかった。中央テレビが主張する同じ価格帯というのは、この日本製炊飯器を中国で購入した場合約四千元になるからだった。中国産の四千元の炊飯器は国内最高クラスに当たる。この事実を知った視聴者は「だから国営放送は信用できない」とネットで怒りをあらわにした。

三月初旬、爆買い現象はとうとう両会《リアンホイ》（全国人民代表大会と全国政治協商会議）でも話題になった。李克強首相は中国人が日本で温水洗浄便座を大量購入していることを記者に問われると、「消費者には選ぶ権利があり、買うことに問題はない。それよりも我々の企業はレベルアップしなければならない。国内にも同じ品質の商品があれば、消費者はきっとたくさん買うだろう。値段も安いし、少なくとも消費者の航空チケット代ぐらいは節約できるはずだ」と語った。政協委員の楊元慶《ヤンユエンチン》レノボ総裁兼ＣＥＯは「庶民が夢中になって日本の便座を買うのは、国産品の品質を信用せず、国産ブランドを信頼していないからだ」と述べ、全人代代表の董明珠《トンミンチュー》格力《コーリー》電器董事長（会長）兼総裁は「なぜ私たちは日本に買い物に行くのか、一つに我々の仕事のやり方が日本より劣っていて、技術がくらべものにならないからだろう。思うに、もっと重大なのはこれまで企業が如何にズルくていい加減なことをしてきたかということで、今そのツケを払わされることになってしまったのだ」と中国製品が、すなわち中国企業がすでに国民から信頼を失っていることを率直に認めた。

日本製の便座がなぜこれほど議論を呼んだのか。全人代の開幕式で李克強首相が政府活動報告で、「中国製造２０２５」（メイド・イン・チャイナ２０２５）と名づけた経済十ヵ年計画を打ち出したからだ。李首相は、中国の製造業を単純なモノづくりから質の向上へと発展モデルの変革を行い、中国を製造大国から製造強国に転換することを目標に掲げた。つまり、メディアが爆買いを大きく取り上げ、中国企業のトップ自らが自己批判し、日本ブランドを賞賛したのは、中国政府から経済構造の転換を強く迫られたからであり、それは中国の対日政策の変更をも意味する。

爆買いが日中関係を変える

中国人観光客は買い物しか興味がないといった声もよく聞かれるが、彼らは実に細かく日本を観察している。まず、定番の京都や奈良を訪れ中国ではすでに失われてしまった自国の文化があることに衝撃を受け、バスや電車に乗ったとき、日本人は空席に座るときでも両側の人に会釈してから座ること、バスの運転手が乗客一人ひとりに「ありがとうございました」と丁寧に声をかけることに驚く。デパートの店員は身なりや買い物金額で接客を差別しない。最近日本を訪れた私の友人も、膝を床につけて応対する店員の姿にいたく感心していた。ラッピングの美しさと速さに衝撃を覚え、日本人の仕事に対するプロ意識の高さに感心する。雨が降っていると商品が濡れないようにビニール袋に入れてくれるなど、中国でよく言われる「人性化」（相手を思いやり行動すること）が日本では徹底されていることに驚く。また中国では公共施設や公共スペースは自分のものではないからという理由でぞんざいに扱う人が多いが、日本ではそういうことは少ない。そして帰国後、「中国人は日本に学ばなければならない」と口を揃え、日本で体験したことを同胞たちに伝えている。

中国人は、中国には「安全感」（安心感）がないとよく言う。これは食品や医薬品だけの話ではなく、例えば相手に親切にされると「この人は何か下心があるのではないか」と相手を勘ぐり、気を緩めると騙されるかもしれないと無意識に警戒心を抱くといった、社会や人間関係の複雑さを指している。彼らは日本に来て、総合国力では日本を抜いたが、誠実さ、礼儀やマナー、衛生観念、秩序を重んじることなど、一人ひとりの素養は日本人に遠く及ばないと認識し、胡錦濤政権が掲げた調和がとれ、友愛に満ちた「和諧社会」がどんな社会であるのか日本で感じとって帰って行くのだ。

今後も中国経済の成長と円安が続けば、訪日中国人客は更に増えるだろう。これは何を意味するのか。日本の消費拡大の一助となるだけでなく、より長いスパンで考えると、中国人の対日感情が劇的に好転するに違いない。

現在日本を訪れる中国人は富裕層もしくは中間所得層の上位の人たちで、いわゆる勝ち組と呼ばれ、政府の恩恵を多く受けてきた人たちだ。それが中間層の下位の人達も日本に来ればどうなるだろうか。中国で彼らはいわゆる二等国民として蔑まれ、コネも権力もなく社会に対する不満は根強い。中国の感情的な反日感情の多くは、日本人と付き合ったことがなければ、日本に行ったこともない彼らから生じている。そうした彼らが日本に来たら驚愕するだろう。それは日本製品にではなく、中国で教えられてきた日本像・日本人像と異なることに対してだ。同じ中国人より親切にしてくれて不公平感を感じない。そして富裕層以上に日本のことが好きになるに違いない。

現在、ネット上で、日本を絶賛する文章が数多く掲載されている。こうした日本を正面から素直に賞賛する報道や書き込みは、これまでには見られなかった。知識人や富裕層が「日本はいい国だ」などと言おうものなら大衆から売国奴だと非難されかねないため、等身大の日本や日本人を一般の人々に伝えてこなかったわけだが、ようやく最近、歴史問題とは切り離して日本を語れるようになった。

なぜそれができるようになったのか。多くの人が実際に日本を訪れ、等身大の日本を感じ、日本に好感を抱いたからだ。役人や友好団体が相互訪問したり、識者や研究者がテーブルに向かい合っているだけでは日中関係は改善できないし相互理解も深まらない。大切なのはお互いが相手国の庶民に対して何を訴えられるかだ。日本政府は更に中国人に門戸を開放し、ありのままの日本の姿を見てもらえばいい。そうすることが中国の対日感情の改善を促し、真の知日派を育てることにつながるだろう。

いま中国では、戦後の日中関係の歴史を覆すほどの変化が静かに始まっている。一方の私たちはどうだろうか。爆買いの表層的な現象を追うだけではなく、もっと深く中国を考え理解する努力が今こそ求められている、と私は感じている。

第33景　抗日の国際化を狙う中国

戦勝七十周年記念式典

2015.10

　二〇一五年九月三日、「抗日戦争及び世界反ファシズム戦争勝利七十周年」を祝う記念式典と軍事パレードが北京の天安門広場周辺で開催された。軍事パレードは建国六十周年の二〇〇九年以来で、過去十四回行われたうち最大規模と言われる。日本から見ると、中国が国威発揚と軍事力を誇示し、今後更に抗日へ向かうように思えたかもしれないが、北京でみた感想は、予想より抑制されていて、抗日勝利を祝う国家行事らしくなかった。今回は戦勝七十周年の記念式典と軍事パレードを北京で観た感想を報告する。

＊

　中国で軍事パレードは、一九四九年から一九五九年まで毎年国慶節に行われてきたが、大躍進や文化大革命で国内政治が混乱したこと等により行われなくなり、改革開放政策が軌道に乗り始めた一九八四年の国慶節で二十五年ぶりに復活した。その後、建国五十周年の一九九九年、同六十周年の二〇〇九年に行われ、いずれの年も私は北京でお祝いに盛り上がる街の様子を見てきた。昨年、抗日戦争勝利記念日が法制化され、現代中国は抗日戦争に勝利して建国されたことから、今回はこれまで以上に盛大な祭典になるかと思っていたが、いざ蓋を開けてみると前述のとおりお祝いの雰囲気は感じられなかった。

　今年三月二日、中国政府は七十周年記念行事の開催を正式に発表し、盧溝橋事件の記念日を間近に控えた六月頃から、中国メディアは抗日関連の番組を盛んに放送するようになった。しかし八月に入っても北京の街はお祝いの雰囲気が感じられなかった。毎年国慶節が近づくと「建国何十周年おめでとう！」「中華人民共和国万歳！」などのスローガンが書かれた真っ赤な横断幕が街のあちこちに掲げられる。二〇一一年七月に共産党結党九十周年を迎えたときは、「永遠に共産党についていく」「共産党がなければ今の中国はなかった」など党への忠誠を誓うスローガンであふれていた。それゆえ今回は「抗日戦争勝利万歳！」「偉大なる解放軍万歳！」など勇ましい言葉で街が赤く染まるかと思っていたが、意外にも数が少なく、デザインも赤色だけでなく紺色の背景に白抜き文字の地味なものが多かった。文言も「歴史を忘れず、烈士を偲び、平和を大切にして、未来を切りひらこう」といった抑制されたものが目についた。

　スローガン以外では、国家行事が近づくと、天安門広場だけでなく東単や西単など市内の大通りの交差点や沿道のあちこちに巨大な飾りや花壇が設置される。建国六十周年のときは街中が赤や黄色の花で覆われていた。しかし今回は飾りはあっても小規模で、花壇や花文字はほとんど見かけなかった。これは二〇一二年秋に現指導部が発足してすぐに贅沢禁止を打ち出したことによる。二〇一三年十月の国慶節以降、国家行事では街から派手な装飾や花壇が消えた。

　こうした抑制した雰囲気に拍車をかけたのが、八月十二日に天津市の化学薬品の保管倉庫で起きた爆発事故だった。百七十人以上が犠牲となる大惨事で、住民たちは近所に猛毒ガスが保管されていたことを知らされておらず、政府への不信感が高まった。その後、北京の街の路地裏の掲示板、マンションの入り口やエレベータ内に反テロや不審者の通報を奨励するポスターが貼りだされた。

　更に、天津の事故原因の発表が遅れたことで原因は何だったのかと当時さまざまな憶測を呼び、八月二十二日には山東省の淄博《ツーボー》市でも化学工場が爆発、株価が急落したこともあわせて、人々の不安は高まっていった。「天津の爆発で一千三百人以上が死亡して、付近の住宅街の住民は一人も生きていない」「有毒な気体が北京に向かって拡散している」「株価下落で男性が北京の金融街で飛び降り自殺した」、更には七十周年記念行事に関するテロ情報を流すなどデマを流したとして公安省は三十日、容疑者百九十七人を摘発し、百六十五のサイトを閉鎖したと発表したが、相変わらず各地での爆発事故は後を絶たず、翌三十一日には山東省東営市の化学工場、九月一日には甘粛省隴南《ロンナン》市の工場でも事故が起きた。中国社会は揺れて、抗日式典をお祝いするような雰囲気ではなくなった。

　北京では五輪やＡＰＥＣのときよりも厳重な警備体

制が敷かれた。例えば八月十五日から九月五日まで、郵便局で郵便物を送る際には身分証明書の提示が求められた。私がＥＭＳで書類を送ろうとすると、郵便局員は何が書いてあるのか一枚一枚めくって中身をチェックしていた。その他では、グライダー・気球・飛行船など小型航空機の販売や郵送、スポーツやレジャーなどで航空活動を行うことを、式典終了まで一切禁止すると張り紙がしてあるのを見た。八月十三日と十五日の夜から明け方、二十二日夜から二十三日午前中にかけてパレードの予行演習が行われたが、その日はお昼から街のあちこちにある新聞スタンドを休業させるほどの力の入れようだった。

　式典前日の九月二日、市内を歩いていると、街は閑散としていて、水色の半袖Ｔシャツ（以前は黄色だった）、赤い帽子に首都治安ボランティアと書かれた赤い腕章をつけた人たちの姿が目についた。交差点、大通り、路地裏などあちこちに配置されていて、その数は警察や警備員よりも多く感じた。あちこちの歩道は、立入禁止のテープが張られ、郵便ポストの投入口はテープで塞がれていた。また、多くの店の店頭に臨時休業の張り紙が貼られていて、二日の午後一時（店によっては二時）から、三日午後三時（もしくは六時）まで休業しますと書かれていた。店によっては二、三日休むところもあった。市街地のガソリンスタンドも二日夜八時から三日正午まで点検の名目で休業となり、景山公園など市内の公園では二日から入園に際しＸ線検査とボディーチェックを行い、二日午後六時から三日正午まで休園すると張り紙がしてあった。

　バスに乗ると、市中心部では路線が変更されているうえに通過するバス停が多かった。私が前門《チェンメン》から乗車したとき、窓の開閉が禁止されていたため蒸し風呂状態で、乗客の一人がたまらず窓を開けようとすると、乗務員が慌てて寄ってきて、西単まで窓を開けてはいけないと怒鳴っていた。軍事パレードが行われる長安街を走るバスに乗ったときは、西単から警官が乗り込んできた。車内は満員で天安門前を通過するとき、乗客たちが窓越しにスマホで写真を撮っていた。窓の外に目をやると、天安門広場には花壇と共に「１９４５」「２０１５」と七十周年を祝う巨大数字のパネルや観覧席が設置されていて、作業員が最後の確認作業を行っていた。

　このようにあらゆる規制が敷かれたが、二〇〇八年の北京五輪以降、北京の市民たちは国家行事があるたびに経験しているため慣れたもので、愚痴はほとんど聞かなかった。もちろん大気汚染対策も万全だった。

八月二十二日から三十日まで北京では世界陸上が開催されていたことも手伝って、八月二十日から車の通行を半減させ、北京や周辺の工場では操業停止や生産制限などの措置がとられた。

そして式典当日、北京の空に青空が広がった。今回はＡＰＥＣブルーではなく閲兵ブルーだとメディアが揶揄していた。午前中は北京空港の民間機の離着陸が禁止され、多くのバスや地下鉄が運休し、市中心部の地下鉄の駅は閉鎖された。

こうした万全の準備のなか、いよいよ式典が始まった。

記念式典

式典当日、私は自宅でテレビ中継を見ていた。午前九時五五分（日本時間一〇時五五分）、まず中山服姿の習近平主席がロシアのプーチン大統領と並んで天安門楼上に現れ、少し間を置いてから、江沢民元総書記、朴槿恵韓国大統領が現れた。胡錦濤、李鵬《リーポン》、朱鎔基《チューロンチー》、李瑞環《リーロイホワン》、温家宝、賈慶林、宋平《ソンピン》らの姿が見えた。歴代三代の指導者が天安門広場に向かって並んだ姿を見ていると、中国の現代史を振り返っているようだった。

もちろんここに周永康前政治局常務委員の姿はない。

全員が並び終わると、李克強首相が式典の開幕を宣言した。国慶節の式典は北京市が主催するため、進行役は北京市党委員会書記が担ったが、今回は国家行事なので首相自らが進行を担った。その後七十発の礼砲が鳴り、国旗掲揚、国歌斉唱、そして習近平主席の演説が始まった。

習近平演説と閲兵式

まず冒頭、「七十年前の今日、中国人民は十四年の長きに及ぶ想像を絶する艱難辛苦の闘争を経て、抗日戦争の偉大なる勝利を収めた」と述べた。これまで中国では抗日戦争の期間を一九三七年の盧溝橋事件によって日中が全面戦争に突入してから一九四五年までの八年間と定め「八年抗戦」（八年間の抗日戦争）と呼ばれてきたが、近年になって抗日戦争は一九三一年の柳条湖事件から始まる「十四年抗戦」だと議論されるようになった。一九九五年の戦勝五十周年式典のとき、当時の江沢民主席は演説中、抗日戦争は八年間だと述べているが、二〇〇五年の六十周年になると胡錦濤前主席は柳条湖事件が抗日戦争の始まりだと述べつつも具体的な年数の明言は避けていて、今回、習近平主席は抗日は十四年間だと明言した。

そして、「中国人民は多大な民族の犠牲をもって、世界反ファシズム戦争の東の主戦場を支え、世界反ファシズム戦争の勝利に重大な貢献をした」と語った。「反ファシズム」「東の主戦場」は新しい言葉ではないが、今回のキーワードで数ヶ月前から何度も耳にしてきた。これまで抗日戦争を語るとき、中国は被害者としての立場を訴えてきたが、今回は抗日戦争を世界規模でとらえ反ファシズム戦争であった第二次世界大戦のヨーロッパ戦線に対する「東の主戦場」であって、三千五百万人以上の犠牲を払って勝利に大きく貢献した戦勝国だとアピールした。

そして、「解放軍を三十万人削減する」と宣言した。中国は軍拡を推進しないと世界各国にアピールする狙いもあっただろうが、国内的にみると祝賀演説で人員削減を表明することは、軍のメンツを潰すことに外ならない。更に注目すべきはこの人員削減宣言の前に、「中国人民解放軍は人民の兵で、全軍の将兵は誠心誠意人民に奉仕するという根本的な趣旨をしっかりと心に刻み、祖国の安全と人民の平和な生活を守るという神聖な使命を忠実に履行し、世界平和を守るという神聖な職責を忠実に実行しなければならない」と述べたことで、抗日戦勝記念式典という軍の功績を称えるべき式典で、逆に注文をつけたことだ。それは習政権が軍隊を掌握していると国民に強く印象付けた。

これまで軍は絶大な特権を享受できたため腐敗が横行していた。それにメスを入れたのが習近平政権だった。二〇一二年十一月に習近平が党総書記及び中央軍事委員会主席に就任すると、十二月四日に党中央政治局は贅沢や形式主義を禁止する「八項目の規定」を発表、同月二十一日には中央軍事委員会が「十項目規定」を発表し、接待で宴席を設けないなど禁酒令や官職売買の禁止などにおよび、二〇一三年二月には「節約と経費管理に関する規定」を発表、軍部に党を上回るより厳しい罰則を打ち出した。そして二〇一四年六月三十日には徐才厚《シュイツァイホウ》前中央軍事委副主席、二〇一五年七月三十日には郭伯雄《クオポーシオン》前中央軍事委副主席、と軍制服組トップ二人が共に収賄容疑などで党籍を剥奪された。

こうした変化は市民生活の中でも見受けられるようになった。二〇一三年の夏のある日、軍施設の前で二十人余りの老人が大声を張り上げて騒いでいるのを見かけた。近寄ってみると、老人達が着ているTシャツには黒や赤のマジックで「憲法を守れ」「立ち退き反対」などと手書きされている。どうやら強制的な立ち退きにあったらしく、抗議すると数人から暴力を受けたと言っている。老婆がシャツをめくって背中のあざを見せ、この傷はそのとき殴られた跡だと訴えれば、五十歳ぐらいの男が「釣魚島が日本に盗られるどころの話じゃない、人民の軍隊がこんなひどいことをするんだ！」と叫んで頭を手で押さえた。数年前までなら軍の施設の前で陳情するなど想像できなかったが、ここまで自由にものが言えるようになったのかと感慨深いものがあった。

これまで軍施設は高い塀に囲まれて中をうかがい知ることはできなかったが、現政権になってから門が常に開放されて、建物の目立つところには「党の指導に従い、戦いに備え、風紀を正す」など党への忠誠を誓うスローガンが掲げられるようになった。しかし、軍部に対する反腐敗運動はまだ続いており、抗日勝利を手放しでお祝いする雰囲気ではなかった。

演説の最後、習近平は「正義は勝つ！　平和は勝つ！　人民は勝つ！」と右手の拳を突き上げた。腐敗を断ち、平和な社会をつくり、人民を大切にする、という意味だ。ちなみに、建国六十周年式典のとき、胡錦濤主席は演説の最後を「偉大なる中華人民共和国万歳！」「偉大なる共産党万歳！」「偉大なる中国人民万歳！」で締めくくった。最後まで、習主席は「偉大なる人民解放軍万歳！」「軍は勝つ！」とは言わなかった。

演説が終わると、習近平主席は国産高級車の紅旗に乗り込みループから上半身を出し、音楽隊の演奏に合わせて、長安街沿いに整列している兵士たちを閲兵した。「同志の皆さんご苦労」と言うと、兵士は「首長お疲れさまです」「人民に奉仕します」と応えた。これは六十周年のときと同じだった。

テレビのアナウンサーは「強い国には強い軍隊が必要だ」「強い軍こそが国を安定させられる」「人民のための軍隊がなければ、人民は存在し得ない」「中国共産党は抗日戦争で大黒柱の役割を果たした」と従来の勇ましいスローガンを並び立てていた。

このうち「中流抵住《チョンリウティーチュー》」（大黒柱）は戦勝記念式典の行われる十年毎に見かける表現で、今回もメディアや専門家が、共産党は抗日戦争で「大黒柱」の役割を果たしたと盛んに宣伝するようになったので七十周年のキーワードになるかと思ったが、演説の中でこの言葉は使われなかった。抗日戦争は誰が主導したのかに関わる問題で、党内に異なる意見があったことが伺える。

軍事パレードと国民党の再評価

そして軍事パレードが始まった。まず先頭に抗日戦争に参加した老兵士が登場したが、特筆すべきはそのなかに国民党軍の元兵士の姿があったことだ。

抗日戦争後、国共内戦に突入し共産党は国民党に勝利して中華人民共和国を建国した。しかし、中国に残った元国民党兵士の多くはその後、度重なる政治運動のなかで政治的な迫害を受け、改革開放後も社会保障が受けられず、厳しい生活を強いられていた。

そうした状況は二〇〇〇年以降徐々に変わってきた。これまで共産党は「抗日戦争は共産党が主導した」と主張してきたのが、二〇〇五年九月の抗日勝利六十周年の式典で胡錦濤主席は「前線は国民党が、後方は共産党が担った」と国民党の功績を認める発言をし、その後、民間団体による元国民党兵士の生活支援が始まると、抗日戦争における国民党軍の再評価も始まって、国民党が前線で戦っていたと多くの人が知るようになった。抗日映画やドラマでもちょうどその頃から国民党兵士が描かれるようになった。また元兵士自身も陳情するなど権利を主張するようになり、二〇一三年七月、民生省は元国民党兵に社会保障を適用することを正式に決定した。更に、二〇一四年の全国大学統一テストの歴史の問題に、一九六〇年出版の中学歴史教科書の抗日戦争の記述に修正を加えよとあり、その解答例の解説には、当時の教科書は国民政府軍の果たした役割が強調されていなかったと書かれていた。

軍事パレードには過去最多の一万二千人の兵士が参加し、五百台以上の陸上装備、二百近い航空機などが披露され、うち初公開の装備が八四パーセントを占めた。中国政府は今回の軍事パレードを「特定の国、現在の日本、日本国民を対象にしたものではない」と再三繰り返してきたが、南シナ海など最近の中国の動きを見れば、疑念を抱かざるをえない。

抗日勝利式典の目的

軍事パレードの終了をもってテレビ中継も終了した。その後、各国代表団を歓迎する昼食レセプションが、夜は人民大会堂で解放軍の兵士によるステージが開かれた。六十周年の国慶節式典では軍事パレードの後に十万人の市民パレードが行われ、夜には天安門広場で祝賀イベントが催され、八万人余りの市民と大陸や香港の俳優がステージを彩り、盛大な花火が打ち上げられたが、今回はこうした催しは行われなかった。国慶節と抗日勝利は趣旨が違う、というのが政府の見解だが、先に抗日ありきのこの国の歴史に鑑みて、この説明には疑問が残る。国家イベントに多大な資金を投ずるのは贅沢禁止令に反すること、腐敗が絶えない解放軍を称賛できないこと、抗日行事で求心力を高めることができなくなったこと、等が考えられる。

では、戦勝七十周年式典を開催する目的は何だったのか。中国が抗日戦争の勝利国であることを世界に知らしめ、国際社会でより大きな指導力を発揮する地位を得るためだ。

中国政府は戦勝七十周年の今年、抗日以上に反ファシズム戦争を強調している。前述のとおり習近平主席は演説中「中国人民が世界反ファシズム戦争の東の主戦場を支え、世界ファシズム戦争の勝利のために重大な貢献を果たした」と強調した。抗日戦争を世界の反ファシズム戦争の中に位置づけ、第二次世界大戦において中国は東の主戦場であり、始まりも最も早く、期間も最も長く、払った犠牲も最も大きいと、世界に向けてその功績を主張するようになった。そして抗日戦争は共産党単独の功績ではなく、国民党と共に戦って勝利したとし国民党兵士を式典に招待し、自らの歴史認識の変化を国際社会にアピールし理解を得ようとした。

今年二月下旬、王毅外相は国連安保理の公開討論で「歴史の事実は明らかだが、いまだに真実を認めたがらず、過去の侵略の犯罪をごまかそうとする者がいる」と日本を暗に批判した。三月初旬、李克強首相は全人代開幕式の政府活動報告の中で「第二次世界大戦の勝利の成果と世界の公平、正義を守る」と発言した。そして、戦後七十年談話では安倍首相から侵略の言葉を引き出した。そして九月二十八日、習近平主席は国連の一般討論演説で、「中国は東の主戦場として三千五百万人以上の犠牲を払い、日本軍国主義に抵抗し、反ファシスト戦争勝利に歴史的な貢献をした」と戦勝国の中国が果たした貢献を世界に向けて強調した。今後、中国は国際秩序の形成により大きな役割を果たす権利があると国内外でアピールするだろう。

今年十月、国連教育科学文化機関（ユネスコ）は「南京大虐殺」を世界記憶遺産に登録した。しかし、これはまだ始まりに過ぎない。今回登録されなかった慰安婦だけでなく、細菌戦、強制連行、無差別爆撃、旧日本軍の遺棄化学兵器など、日本軍がかつて中国で何をしたのかを今後世界に向けて訴えていくだろう。今回の記念式典も世界に抗日の歴史を知らしめる布石にすぎない。

抗日を掲げながら日中関係の改善を模索

いま中国は抗日を掲げつつ対日関係の改善を進めようとしてる。長年ストップしていた首脳会談が二〇一四年十一月の北京APECで二年半ぶりに行われ、今年四月にはジャカルタで二回目の首脳会談が、そして今年十一月には日中韓首脳会談が開催予定だ。

また、昨年十一月以来、習近平主席の発言から、日中関係の改善を望んでいることが伺える。例えば、南京大虐殺を国家哀悼日に定めて初めての犠牲者追悼式典が昨年十二月十三日に行われたとき、習主席は演説中「中日の両国民は代々にわたり友好を続けなければならない」と述べている。その一方、冒頭で「三十万人の同胞が殺害された」「侵略戦争を美化する一切の言論には強く警戒し、断固として反対しなければならない」と日本を厳しく非難している。私たちはどうしてもこの部分に注目しがちだが、これはいわば「友好」を語るための枕詞で、演説の型として中国では言わないわけにはいかない。

更に今年五月に、自民党の二階総務会長が三千人の代表団を率いて訪中し、二十三日に人民大会堂で日中友好交流大会が開催されたとき、習近平主席が出席し演説を行い「中日関係の発展を非常に重視し、この基本方針は今後も変わることがない」と語りかけた。このことは翌二十四日の『人民日報』や『解放軍報』など共産党機関紙が一面トップのカラー写真付きで報じ、演説全文も掲載した。中国メディアは中国が民間交流を重視している表れだとこぞって報じ、その後は積極的に日中友好を報じるようになった。

しかし、こうした中国側の民間外交の進め方には理由がある。八月になると、北京の街の自治会の掲示板や路地裏に抗日の歴史を振り返るポスターが貼りだされ、抗日戦争勃発から勝利まで中国人民がどれほど多大な被害を被ったかが写真と文章で紹介されていたのだが、最後は「(こうした行事を行うのは)決して日本を恨み続けるのではなく歴史を忘れないためで、我々は友好を望んでいる」というコメントで締めくくられ、そこには習近平主席が上述の日中友好交流大会で演説したときの写真が大きく掲載されていた。中国は時としてスポーツや文化など民間交流を外交手段として利用してきた。今回、主席が民間行事に出席したのも、七十周年式典は決して日本を責めるためではない、友好を望んでいるというアピールであったことも否めない。日中関係が改善に向かうのはいいことだが、日本は中国の本意を見極めながら今後対中外交を進めていかなければならないだろう。

1992年当時の北京の街角

Ⅷ　日中関係略年譜2005-2015

主な出来事

中国国内

首脳・閣僚級会談及び政府間対話

	主な出来事	中国国内	首脳・閣僚級会談及び政府間対話
2005 平成17	1・11　中川自民党国対委員長ら与党幹部が唐家璇国務委員らと会談、北京 1・24　遼陽市の裁判所が福岡一家殺人事件の被告に死刑と無期懲役判決 2・9　日本の政治団体が魚釣島に設置した灯台を、日本政府が国有財産にすると発表 3・17　町村外相が対中円借款の新規供与を北京五輪前に終了する方針を表明 4・2　成都で反日デモ 4・3　深圳で数千人の反日デモ 4・5　文科省が扶桑社の中学歴史教科書の検定合格を発表	1・17　趙紫陽元党総書記死去 3・5　第10期全人代第3回会議（～14）、胡錦濤主席が国家中央軍事委員会主席に就任、江沢民氏が完全引退 3月下旬、ネットや携帯メールで日本の安保理常任理事国入りや歴史教科	1・5　麻生総務相訪中（～7）、曽培炎副首相、王旭東情報産業相と会談、日中産業科学技術シンポジウム、北京 1・10　村田国家公安委員長訪中（～13）、周永康公安相と会談、北京 1・17　北側国交相訪中（～20）、呉儀副首相、張春賢交通相、唐家璇国務委員、劉志軍鉄道相と会談、北京

4・9 北京で大規模の反日デモ

4・10 広州、深圳で反日デモ

4・13 路甬祥全人代副委員長来日（〜20）、河野衆院議長と会談、東京

4・16 上海、杭州などで反日デモ、上海は10万人規模で一部暴徒化、後日、厦門、寧波などに拡大、広州、深圳で再度発生

4・19 李肇星外相が日中関係の重要性と無許可のデモに参加しないよう呼び掛ける

4・21 公安省が無許可デモや、ネットや携帯メッセージで反日デモを呼び掛けることは違法行為だと談話を発表

4・22 薄熙来商務相が日本製品の不買運動をやめるよう訴える

書に反対する署名運動始まる

4・21 「四人組」の張春橋元党政治局常務委員死去

4・17 町村外相訪中（〜18）、日中外相会談（町村・李）、唐家璇国務委員と会談、北京

4・23 **日中首脳会談**（小泉・胡）、アジア・アフリカ首脳会議、ジャカルタ

5・5 李肇星外相来日（〜9）、日中外相会談（町村・李）、ASEM外相会合、京都

5・13 第1回日中総合政策対話（〜14）、

	主な出来事	中国国内	首脳・閣僚級会談及び政府間対話
2005 平成17	5・16 小泉首相が衆院予算委で靖国参拝は「他の国が干渉すべきではない」と発言 5・19 福岡地裁が福岡一家殺人事件の被告に死刑判決 5・22 胡錦濤主席が武部自民党、冬柴公明党両幹事長と会談、北京 6・8 橋本元首相が唐家璇国務委員と会談、北京 7・30 新日中友好21世紀委員会第3回会合（～31）、昆明 8・15 小泉首相が終戦60周年の		北京 5・17 呉儀副首相来日（～23）、愛知万博式典出席、愛知・北海道・東京 5・23 呉儀副首相が小泉首相との会談をキャンセルし切り上げ帰国 5・30 第2回東シナ海等に関する日中協議（～31）、北京 6・23 第2回日中総合政策対話（～24）、東京 6・25 谷垣財務相訪中（～27）、金人慶財務相と会談、ASEM財務相会議、天津 7・2 北側国交相訪中（～3）、呉儀副首相、邵琪偉国家観光局長と会談、北京 7・12 島村農水相、中川経産相訪中（～14）、WTO非公式閣僚会合出席、大連

首相談話発表

9・21 第3次小泉内閣発足

9・26 奥田経団連会長ら日中経済協会訪中団が温家宝首相と会談、奥田会長は30日に再訪中し、胡錦濤主席と会談、北京

10・11 野中元官房長官（日中友協名誉顧問）が曽慶紅副主席、唐家璇国務委員と会談、北京

10・17 **小泉首相靖国参拝**（在任中5回目）、中国側が日中外相会談（23日開催予定）キャンセル

10・31 第3次小泉改造内閣発足

11・14 角田参院副議長訪中（～16）、呉邦国全人代委員長と会談、北京・天津

8月から9月にかけて各地で抗日戦争勝利の記念行事開催、公安当局が反日デモ抑えこむ

9・3 抗日戦争及び世界反ファシズム戦争勝利60周年記念大会、北京

9・30 第3回東シナ海等に関する日中協議（～10・1）、東京

10・14 谷垣財務相訪中（～16）、20ヵ国財務相・中央銀行総裁会議、河北省香河

10・15 第3回日中総合政策対話（16日は中国側が協議打ち切り）、北京

11・15 二階経産相が薄熙来商務相と会談、APEC閣僚会合、釜山

12・1 第4回日中経済パートナーシップ協議（～2）、東京

年	主な出来事	中国国内	首脳・閣僚級会談及び政府間対話
2005 平成17	12・7 村山元首相と福島社民党首が曾慶紅副主席と会談、北京 12・11 前原民主党代表が唐家璇国務委員と会談、北京		12・23 北側国交相訪中、邵琪偉国家観光局長と会談、北京
2006 平成18	2・21 第1回日中与党交流協議会（～22）、中川自民党政調会長らが李長春党政治局常務委員、唐家璇国務委員と会談、北京 3・23 新日中友好21世紀委員会第4回会合（～24）、京都 3・31 橋本元首相ら日中友好7団体の代表が胡錦濤主席と会談、北京	1・24 「中国青年報」付属週刊誌「氷点週刊」が党中央宣伝部から停刊処分、2月に編集長を更迭、3月に復刊	1・9 東シナ海資源開発問題に関する非公式協議、東京 2・10 第4回日中総合政策対話（～11）、東京・新潟 2・21 二階経産相訪中（～23）、温家宝首相、唐家璇国務委員、薄熙来商務相と会談、北京 3・6 第4回東シナ海等に関する日中協議（～7）、北京 3・25 第1回日中財務対話、谷垣財務相訪中（～26）、金人慶財務相と会談、北京

4・18　橋本元首相ら国貿促訪中団が賈慶林全国政協会議主席と会談、北京
5・1　武部自民党幹事長が唐家璇国務委員と会談、北京
6・24　在留日本人引揚げ60周年記念式典、村山元首相、唐家璇国務委員が出席、葫蘆島
7・4　小沢民主党代表が胡錦濤主席と会談、北京

4・22　二階経産相訪中、曽慶紅副主席と会談、ボアオ・アジアフォーラム、海南省
5・7　第5回日中総合政策対話（～9）、北京・貴陽
5・18　第5回東シナ海等に関する日中協議、東京
5・23　日中外相会談（麻生・李）、アジア協力対話（ACD）外相会合、ドーハ
5・29　第1回日中省エネ・環境総合フォーラム（～30）、薄熙来商務相来日（27～30）、二階経産相、川崎厚労相と会談、京都・東京
7・8　第6回東シナ海等に関する日中協議（～9）、北京
7・11　北側国交相訪中（～15）、唐家璇国務委員、王家瑞党中央対外連絡部長、劉志軍鉄道相らと会談、上海・北京

年	主な出来事	中国国内	首脳・閣僚級会談及び政府間対話
2006 平成18	8・15 小泉首相靖国参拝（在任中6回目） 9・5 御手洗経団連会長ら日中経済協会訪中団が温家宝首相、薄熙来商務相と会談、北京・山東 9・11 大江健三郎氏が李長春党政治局常務委員と会談、北京 9・26 第1次安倍内閣発足 10・15 扇参院議長訪中（～17）、唐家璇国務委員、劉志軍鉄道相らと会談、北京 10・16 第2回日中与党交流協議	9・24 党中央政治局が陳良宇上海市党委書記の解任と政治局委員の職務停止決定	7・21 第10回日中安保対話（～22）、北京 7・27 日中外相会談（麻生・李）、ARF閣僚会合、クアラルンプール 9・23 第6回日中総合政策対話（～26）、東京 二階経産相訪中（～25）、呉儀副首相、薄熙来商務相と会談、中国中部貿易投資博覧会、長沙 10・8 安倍首相訪中（～9）、胡錦濤主席、温家宝首相と**日中首脳会談**（5年ぶり）、戦略的互恵関係構築で合意、北京

会（～17）、王家瑞党中央対外連絡部長が安倍首相、麻生外相と会談、東京
10・19 新日中友好21世紀委員会第5回会合（～21）、青島
10・27 小沢民主党代表が呉邦国全人代委員長と会談、北京
12・26 日中歴史共同研究第1回会合（～27）、北京
河野衆院議長ら国貿促訪中団が胡錦濤主席、呉邦国全人代委員長らと会談、北京

11・16 日中外相会談（麻生・李）、APEC閣僚会議、ハノイ
11・18 **日中首脳会談**（安倍・胡）、APEC首脳会議、ハノイ
12・2 冬柴国交相訪中（～3）、唐家璇国務委員、劉志軍鉄道相らと会談、北京
12・9 日中外相会談（麻生・李）、ASEAN関連閣僚会議、セブ
12・16 甘利経産相訪中（～17）、温家宝首相、薄熙来商務相らと会談、5ヵ国エネルギー相会合、北京
12・20 第5回日中経済パートナーシップ協議、北京
12・26 山本金融担当相訪中（～28）、周小川中国人民銀行総裁と会談、北京

年	主な出来事	中国国内	首脳・閣僚級会談及び政府間対話
2007 平成19	1・8　太田公明党代表が胡錦濤主席と会談、北京 1・22　二階自民党、漆原公明党両国対委員長が唐家璇国務委員と会談、北京 2・12　額賀前防衛相が唐家璇国務委員、曹剛川国防相と会談、北京 2・28　丹羽自民党総務会長が温家宝首相と会談、北京 3・16　日本与党代表団が胡錦濤主席と会談、北京 3・19　日中歴史共同研究第2回会合（～20）、東京 3・23　第1回日中議員会議(23・26)、東京	3・24　習近平浙江省党委書記が上海市党委書記に就任	1・14　**日中首脳会談**（安倍・温）、ASEAN関連首脳会議、セブ 1・25　第7回日中総合政策対話（～27）、北京・杭州 2・15　李肇星外相来日（～17）、日中外相会談（麻生・李）、安倍首相と会談、東京 3・16　日中国交35周年記念事業開幕式、冬柴国交相出席、北京 3・29　第7回東シナ海等に関する日中協議、東京 4・3　日中外相会談（麻生・李）、SAARC首脳会議、ニューデリー 4・11　温家宝首相来日（～13）、**日中首脳会談**（安倍・温）、国会で演説、天皇陛下

4・28　高村元外相ら日中友好議連訪中団が温家宝首相と会談、北京
自民党の加藤元幹事長、山崎前副総裁が唐家璇国務委員と会談、北京
6・9　新日中友好21世紀委員会第6回会合（～10）、秋田
6・19　中曽根元首相ら青年交流訪中団200人が胡錦濤主席と会見、同日中曽根・胡錦濤個別会談、北京
7・17　河野衆院議長ら国貿促訪中団が呉邦国全人代委員長と会

7・1　香港返還10周年記念式典、香港
7・7　盧溝橋事件70周年記念式典、北京

と会見、東京・京都・大阪
5・25　第8回東シナ海等に関する日中協議、北京
5・28　日中外相会談（麻生・楊）、ASEM外相会合、ハンブルク
6・3　日中外相会談（麻生・楊）、日中韓外相会議、済州島
6・8　**日中首脳会談**（安倍・胡）、G8サミット、ハンリゲンダム
6・26　第9回東シナ海等に関する日中協議、東京

年	主な出来事	中国国内	首脳・閣僚級会談及び政府間対話
2007 平成19	談、翌18日に温家宝首相と会談、北京 8・26　森元首相が賈慶林全国政協会議主席と会談、北京 9・12　安倍首相辞任表明 9・18　遼寧省瀋陽市や湖南省長沙市で反日デモ 9・26　福田内閣発足 日中経済協会創立35周年・日中国交正常化35周年記念レセプション、北京	7・26　党中央政治局が陳良宇前上海市党委書記の党籍剥奪、公職解任決定 8・1　人民解放軍建軍80周年祝賀大会、北京	8・1　日中外相会談（麻生・楊）、ASEAN関連外相会議、マニラ 8・21　若林環境相兼農水相訪中（〜25）、温家宝首相と会談、北京 8・29　曹剛川国防相来日（〜9・2）、安倍首相、高村防衛相、町村外相と会談、東京 9・6　日中外相会談（町村・楊）、APEC閣僚会議、シドニー 9・8　安倍首相と胡錦濤主席がAPEC首脳夕食会で懇談、シドニー 9・12　賈慶林全国政協会議主席来日（〜17）、町村外相らと会談、東京・兵庫・大阪・北海道

9・27 日中国交正常化35周年記念式典、温家宝首相が森元首相、村山元首相、御手洗経団連会長らと会談、北京

10・15 第17回党大会(〜21)、「科学的発展観」が党規約に採択

10・22 第17期1中全会、党中央政治局常務委員選出、胡錦濤・呉邦国・温家宝・賈慶林・李長春が留任、習近平・李克強・賀国強・周永康が新たに選出

11・22 第3回日中与党交流協議会(〜23)、習近平党政治局常務

9・27 第2回日中省エネルギー・環境総合フォーラム(〜28)、甘利経産相訪中(26〜27)、馬凱国家発展改革委主任と会談、北京

9・29 日中外相会談(高村・楊)、国連総会、ニューヨーク

10・11 第10回東シナ海等に関する日中協議、北京

10・12 第6回日中経済パートナーシップ協議、東京

11・14 第11回東シナ海等に関する日中協議、東京

11・20 **日中首脳会談**(福田・温)、ASEAN関連首脳会議、シンガポール

11・28 中国海軍艦艇「深圳」が東京晴海

年	主な出来事	中国国内	首脳・閣僚級会談及び政府間対話
2007 平成19	委員が谷垣自民党、斎藤公明党両政調会長らと会談、北京 12・7　小沢民主党代表らが胡錦濤主席と会談、北京	12・13　南京大虐殺70周年記念式典、南京	埠頭に来訪（～12・1） 11・30　高村外相訪中（～12・3）、日中外相会談（高村・楊）、温家宝首相、胡錦濤主席らと会談、北京 12・1　第1回日中ハイレベル経済対話、高村外相（11・30～12・3）・甘利経産相・若林農水相・鴨下環境相（11・30～12・2）、額賀財務相・大田経財相（12・1～2）出席、各閣僚会談及び温首相と会談（鴨下除く）、北京 12・8　日中国交35周年記念行事、冬柴国交相、二階自民党総務会長が出席、翌9日に唐家璇国務委員と会談、北京 12・27　福田首相訪中（～30）、胡錦濤主席、温家宝首相と日中首脳会談、北京・天津・山東
2008 平成20	1・27　新日中友好21世紀委員会第7回会合、北京（～28） 1・30　中国産餃子中毒事件で、厚労省が中国側に被害を通報 2・3　餃子中毒事件で中国側調		

査団来日（～6）
2・5　餃子中毒事件で日本政府調査団（4～7）が製造元の天洋食品を現地調査、石家庄
2・20　第2回日中議員会議、参院代表団が呉邦国全人代委員長と会談、北京
3・15　日中青少年友好交流年中国側開幕式、胡錦濤主席が出席、北京

3・5　第11期全人代第1回会議（～18）、胡錦濤主席、温家宝首相再任、習近平が副主席、李克強が副首相選出
3・10　チベット自治区ラサ市で僧侶らが抗議デモ、14日治安部隊と衝突、死者多数
3・15　甘粛省甘南チベット族自治州で暴動、警官など94人負傷
3・16　四川省アバ県で

2・10　額賀財務相が謝旭人財政相と会談、東京
2・20　唐家璇国務委員来日（～24）、高村外相、福田首相と会談、東京・奈良・大阪
2・22　第8回日中総合政策対話（～23）、北京
2・26　斉藤統合幕僚長訪中（～29）、曹剛川国防相、陳炳徳総参謀長と会談、北京

	主な出来事	中国国内	首脳・閣僚級会談及び政府間対話
2008 平成20	4・16　伊吹自民党幹事長ら日本与党代表団が胡錦濤主席と会談、北京 4・29　中曽根元首相が胡錦濤主席と会談、北京	チベット族と治安部隊が衝突 3・23　青海省黄南チベット族自治州でチベット族住民約８００人が抗議デモ 3・24　四川省甘孜チベット族自治州で武警部隊が襲撃され、武警１人死亡 チベット問題の影響で北京五輪聖火リレーが世界各国で抗議デモに遭う。4月下旬に中国で仏系スーパーへの不買運動、抗議デモ発生	3・23　第２回日中財務対話、額賀財務相が謝旭人財務相と会談、東京 4・17　楊潔篪外相来日（～20）、日中外相会談（高村・楊）、福田首相と会談、東京 4・21　第１回日中防衛当局間の海上連絡メカニズム事務協議、北京 5・6　胡錦濤主席来日（～10）、福田首相と**日中首脳会談**（福田・胡）、天皇陛下と

5月12日に四川大地震発生後、日本政府が約5億円規模の緊急支援決定（13日）、日本の救援隊が現地で救助活動（16～21）、福田首相が在東京中国大使館を弔問（21日）、日本政府上限5億円の追加支援発表（30日）

8・2　福田改造内閣発足

8・9　森元首相が賈慶林全国政協会議主席と会談、北京

5・12　四川大地震（M8・0）、犠牲者約8万7000人

7・21　雲南省昆明市でバス連続爆破事件、3人死亡

8・4　新疆ウイグル・カシュガル市で武警分署が襲撃され、警官16人死亡

8・8　北京五輪開幕（～24）

8・10　新疆ウイグル・クチャ県で連続爆発、12人死亡

会見、宮中晩餐、東京、神奈川、大阪、奈良

6・14　楊潔篪外相来日（～15）、日中外相会談（高村・楊）、日中韓外相会議、福田首相と会談、東京

6・18　東シナ海ガス田共同開発で日中両政府が合意

6・24　海自護衛艦「さざなみ」中国を友好訪問（～28）、湛江港

7・7　胡錦濤主席来日（～9）、**日中首脳会談**（福田・胡）、G8北海道洞爺湖サミット

7・22　日中外相会談（高村・楊）、ASEAN関連拡大外相会議、シンガポール

8・8　北京五輪開会式、福田首相、二階経産相、鈴木文科相出席、福田首相が胡錦濤主席、温家宝首相と**日中首脳会談**

2008
平成20

主な出来事

8・16　河野衆院議長が呉邦国全人代委員長、陳徳銘商務相と会談、北京
9・1　福田首相辞任表明
9・7　加藤自民党元幹事長（日中友協会長）が胡錦濤主席と会談、北京
9・21　御手洗経団連会長ら日中経済協会代表団が胡錦濤主席と会談、北京
9・24　麻生内閣発足

中国国内

8・12　新疆ウイグル・シュール県の検問所が襲撃され3人死亡、その後襲撃相次ぐ
9月、中国製粉ミルクを飲んだ乳幼児の腎結石発症相次ぐ

首脳・閣僚級会談及び政府間対話

8・16　高村外相訪中（～18）、日中外相会談（高村・楊）、戴秉国国務委員と会談、北京
9・17　林防衛相が許其亮空軍司令官と会談、東京
9・26　日中外相会談（中曽根・楊）、国連総会、ニューヨーク
10・23　麻生首相訪中（～25）、胡錦濤主席、温家宝首相と**日中首脳会談**、ASEM首脳会合、北京
10・26　第7回日中経済パートナーシップ協議（～27）、上海
10・28　中国海軍司令官呉勝利上将が赤星海自幕僚長と会談、翌29日浜田防衛相と

12・5　新日中友好21世紀委員会第8回会合（～8）、長野

12・9　知識人303人が政治改革や人権擁護を求める08憲章をネットで公表

会談、東京

11・22　**日中首脳会談**（麻生・胡）、APEC首脳会議、リマ

11・28　第3回日中省エネルギー・環境総合フォーラム、東京

12・13　温家宝首相来日、**日中首脳会談**（麻生・温）、日中韓サミット、福岡

2009
平成21

2・20　第4回日中与党交流協議会、東京・熱海

3・26　第3回日中議員会議、東京

1・9　第9回日中総合政策対話、東京

2・16　葛振峰人民解放軍副総参謀長来日（～20）、浜田防衛相と会談、東京

2・28　中曽根外相訪中（～3・1）、日中外相会談（中曽根・楊）、温家宝首相、戴秉国国務委員と会談、北京

3・20　浜田防衛相訪中（～21）、呉邦国全人代委員長、梁光烈国防相と会談、北京

3・27　第11回日中安全保障対話、東京

3・29　李長春党政治局常務委員来日（～4・4）、麻生首相と会談、東京

4・2　**日中首脳会談**（麻生・胡）ロンドン金融サミット

年	主な出来事	中国国内	首脳・閣僚級会談及び政府間対話
2009 平成21	9・9　御手洗経団連会長ら日中経済協会訪中団が、温家宝首相と会談 9・16　鳩山内閣発足	6・23　北京市公安局が人権活動家劉暁波氏を逮捕 7・5　新疆ウイグル・ウルムチ市で大規模な暴動、死者197人、負傷者1721人	4・11　**日中首脳会談**（麻生・温）、ASEAN関連首脳会議、パタヤ 4・29　麻生首相訪中（～30）、温家宝首相、胡錦濤主席と**日中首脳会談**、北京 6・7　第2回日中ハイレベル経済対話、楊潔篪外相・王岐山副首相（6～9）出席、日中外相会談（中曽根・楊）。翌8日、麻生首相が王岐山副首相と会談、東京 6・24　第10回日中総合政策対話、北京 7・13　赤星海自幕僚長訪中（～16）、梁光烈国防相と会談、北京 7・22　日中外相会談（中曽根・楊）、ASEAN関連外相会合、プーケット 9・21　**日中首脳会談**（鳩山・胡）、国連総会、ニューヨーク 9・28　岡田外相訪中（～29）、日中外相会

10・1　建国60周年祝賀式典と軍事パレード開催、北京

11・8　習近平副主席夫人彭麗媛（解放軍総政治部歌舞団長）中国オペラの公演で来日（〜20）

12・2　河野元衆院議長ら国貿促

談（岡田・楊）、日中韓外相会談、上海

10・9　鳩山首相、岡田外相、直嶋経産相訪中（〜10）、日中外相会談（岡田・楊）、岡田外相と戴秉国国務委員が会談、直嶋経産相が陳徳銘商務相、張平国家発展改革委主任と会談、**日中首脳会談**（鳩山・温）、日中韓サミット、北京

11・5　汪洋党中央政治局委員来日（3〜8）、鳩山首相と会談、東京

11・5　中国海軍練習艦「鄭和」が海自江田島港寄港（〜9）

11・8　第4回日中省エネルギー・環境総合フォーラム、直嶋経産相訪中（7〜8）、北京

王家瑞党中央対外連絡部長来日（〜12）、岡田外相、鳩山首相と会談、東京

11・19　楊潔篪外相来日（〜22）、日中外相会談（岡田・楊）、鳩山首相と会談、東京・京都

11・26　梁光烈国防相来日（〜12・1）、北沢防衛相、鳩山首相と会談、東京・京都・大阪・福岡・長崎

	主な出来事	中国国内	首脳・閣僚級会談及び政府間対話
2009 平成21	訪中団が習近平副主席と会談、北京 12・10　小沢民主党幹事長ら約600人が、胡錦濤主席と会見、小沢幹事長は胡錦濤主席、翌11日に梁光烈国防相と会談、北京 12・24　日中歴史共同研究第4回会合（最終会合）、東京	12・11　劉暁波氏を国家政権転覆扇動罪で起訴、25日北京の裁判所が懲役11年、政治権利剥奪2年の判決	12・14　習近平副主席来日（～16）、鳩山首相、岡田外相、天皇陛下と会見、東京・福岡 12・18　**日中首脳会談**（鳩山・温）、COP15首脳級会合、コペンハーゲン
2010 平成22	1・31　日中歴史共同研究報告書発表 2・7　新日中友好21世紀委員会第1回会合（～11）、北京・揚州		1・15　楊潔篪外相来日（～17）、日中外相会談（岡田・楊）、アジア中南米協力フォーラム外相会合、東京 2・24　火箱陸自幕僚長が梁光烈国防相と

3・11　鳩山首相が唐家璇新日中友好21世紀委員会中国側座長と会談、東京

3・26　中国公安当局が餃子中毒事件容疑者の身柄拘束を発表、4月2日逮捕

4・29　第4回日中議員会議、北京

6・8　菅内閣発足

6・12　鳩山前首相が首相特使として上海万博式典に出席

4・14　青海省玉樹県でM7・1の地震、犠牲者約2700人

5・1　上海万博開幕（〜10・31）

会談、北京

3・17　王毅国務院台湾事務弁公室主任来日（〜21）、岡田外相、鳩山首相と会談、東京

4・3　第3回日中財務対話、菅財務相兼副総理訪中（2〜4）、温家宝首相、李克強副首相、謝旭人財務相と会談、北京

4・12　**日中首脳会談**（鳩山・胡）、核セキュリティ・サミット、ワシントン

4・30　仙石国家戦略担当相訪中（〜5・2）、上海万博開幕式出席

5・15　日中外相会談（岡田・楊）、日中韓外相会議、慶州

5・30　温家宝首相来日（〜6・1）、**日中首脳会談**（鳩山・温）、天皇陛下と会見、東京

6・27　**日中首脳会談**（菅・胡）、G20サミッ

	主な出来事	中国国内	首脳・閣僚級会談及び政府間対話
2010 平成22	7・10 河野前衆院議長ら国貿促訪中団が王岐山副首相と会談、北京 9・7 **尖閣諸島沖中国漁船衝突事件** 9・8 米倉経団連会長ら日中経		ト、トロント 7・12 第8回日中経済パートナーシップ協議、北京 7・22 日中外相会談（岡田・楊）ASEAN関連外相会議、ハノイ 7・26 第2回日中防衛当局間の海上連絡メカニズム事務協議、東京 7・27 東シナ海ガス田共同開発に向けた第1回条約締結交渉、東京 8・21 前原国交相訪中（～24）、李克強副首相、李盛霖交運相らと会談、北京・杭州・湖州 8・28 第3回日中ハイレベル経済対話、小沢環境相（26～29）、岡田外相・山田農水相（27～29）、自見内閣府特命相（27～9・1）野田財務相・直嶋経産相（28～29）出席、各閣僚会談及び温首相と会談、北京

済協会訪中団が李克強副首相と会談、北京
9・10　石垣海保が中国人船長逮捕
9・11　石垣簡裁が船長勾留決定
9・11　中国政府が東シナ海ガス田条約締結交渉の延期発表
9・13　船長除く乗組員14人帰国
9・17　菅第1次改造内閣発足
9・18　満州事変79周年、北京などで反日デモ
9・19　石垣簡裁が船長の勾留延長決定、中国政府が閣僚級以上の交流停止を表明
9・20　中国当局が軍事施設侵入でフジタ社員ら4人を拘束
9・21　温首相が船長の即時無条件釈放を要求、23日に国連総会で行った演説で、領土問題で屈服も妥協もしないと表明、ニューヨーク
9・24　那覇地検が船長釈放を発表、翌25日船長帰国、中国外務省は謝罪と賠償要求
9・30　拘束中の日本人4人のう

9・29　細野民主党前幹事長代理訪中（〜30）、戴秉国国務委員と会談、北京

	主な出来事	中国国内	首脳・閣僚級会談及び政府間対話
2010 平成22	ち3人が釈放、残る1人は10月9日に釈放 10・2　東京などで大規模な反中デモ、その後各地で反中デモ相次ぐ 10・15　日中友好協会創立60周年記念式典、北京 10月中旬から下旬、内陸部で大規模な反日デモが発生、西安・成都・鄭州（16日）、綿陽（17日）、武漢（18日）、徳陽・長沙（23日）、宝鶏・蘭州（24日）、重慶（26日） 10・26　日本政府は尖閣棚上げの日中合意を否定する答弁書を決定 10・27　日本青年上海万博訪問団の大学生ら約680人が訪中（〜30）	10・8　服役中の劉暁波氏がノーベル平和賞受賞 10・15　共産党第17期五中全会（〜18）、習近平副主席が党中央軍事委副主席に選出	10・4　菅首相と温家宝首相が懇談、ASEM首脳会合、ブリュッセル 10・11　北澤防衛相が梁光烈国務相と会談、ASEAN拡大国防相会議、ハワイ 10・24　第5回日中省エネルギー・環境総合フォーラム、東京 10・29　日中外相会談（前原・楊）、ASEAN関連外相会議、ハノイ

10・30 新日中友好21世紀委員会第2回会合（〜12・2）、東京・新潟
11・4 漁船衝突事件のビデオ映像がネットに流出
12・5 山口公明党代表が習近平副主席と会談、北京

10・30 菅首相と温家宝首相が懇談、東アジアサミット、ハノイ
11・12 胡錦濤主席来日（〜14）、日中首脳会談（菅・胡）、APEC首脳会議、横浜
11・14 日中外相会談（前原・楊）、横浜

2011 平成23

3・11 東日本大震災
3・12 福島第一原発爆発（14日、

2月中旬から3月、「アラブの春」を受けて中国ジャスミン革命集会を呼びかける書き込みがネットで広まる
2・19 胡錦濤主席が中央党校で重要演説、社会の安定と情報管理の強化指示

1・20 第12回日中安保対話、北京
2・28 第11回日中総合政策対話、東京

	主な出来事	中国国内	首脳・閣僚級会談及び政府間対話
2011 平成23	15日にも)、中国政府と中国赤十字社が緊急人道支援を表明 3・13　中国緊急救援隊15人が大船渡市到着（〜20） 3・14　中国商務省が計3000万元（約3億7500万円）相当の援助を発表（16日追加支援実施） 3・18　胡錦濤主席が北京の日本大使館を訪れ弔問記帳 4・12　日本政府は福島第一原発をレベル5から7に修正 5・4　高村元外相ら日中友好議連訪中団が習近平副主席と会談、北京	3・16　放射能汚染予防のため中国各地で塩の買占め騒動	3・19　楊潔篪外相来日（〜20）、日中外相会談（松本・楊）、日中韓外相会議、京都 5・21　温家宝首相来日（〜22）、**日中首脳会談**（菅・温）、日中外相会談（松本・楊）、日中韓サミット、宮城・福島・東京 6・4　北澤防衛相が梁光烈国防相と会談、アジア安全保障会議、シンガポール 6・7　麻生首相特使訪中（〜9）、日中映像交流事業開幕式出席、温家宝首相、楊潔篪外相らと会談、北京

7・21　那覇検審が漁船衝突事件で中国人船長を強制起訴へ

7・24　河野前衆院議長ら国貿促訪中団が温家宝首相と会談、北京

8・3　黒竜江省方正県の旧満州開拓団慰霊碑を反日団体が破壊

9・2　野田内閣発足

9・6　米倉経団連会長ら日中経済協会訪中団が李克強副首相と会談、北京

7・1　中国共産党創立90周年、記念式典で胡錦濤総書記が重要講話

7・18　新疆ウイグル・ホータン市で派出所が襲撃、30日、31日にはカシュガル市で襲撃相次ぐ

7・23　浙江省温州市で高速鉄道事故、死者40人、負傷者172人

10・9　辛亥革命百周年記念大会、北京

7・3　松本外相訪中（～4）、日中外相会談（松本・楊）、戴秉国国務委員、習近平副主席と会談、北京

7・16　海江田経産相訪中（～18）、陳徳銘商務相と会談、北京

9・22　日中外相会談（玄葉・楊）、国連総会、ニューヨーク

	主な出来事	中国国内	首脳・閣僚級会談及び政府間対話
2011 平成23	10・22　新日中友好21世紀委員会第3回会合（～25）、北京・長沙 11・24　野田首相が李小林中国人民対外友協会長と会談、東京		10・13　枝野経産相訪中（～15）、広州交易会出席、温家宝首相と会談、広州 11・3　野田首相と胡錦濤主席が立ち話、G20サミット、カンヌ 11・12　**日中首脳会談**（野田・胡）、APEC首脳会議、ホノルル 王毅国務院台湾事務弁公室主任来日（～16）、玄葉外相、野田首相と会談、東京 11・18　日中首脳が懇談（野田・温）、翌19日にも懇談、ASEAN関連首脳会議、バリ島 11・23　玄葉外相訪中、日中外相会談（玄葉・楊）、温家宝首相、戴秉国国務委員と会談、北京 11・26　第6回省エネルギー・環境総合フォーラム、枝野経産相訪中（～27）、李克強副首相と会談、北京 12・2　第12回日中総合政策対話、北京 12・25　野田首相訪中（～26）、温家宝首相、胡錦濤主席と**日中首脳会談**、北京

2012
平成24

1・13 野田第1次改造内閣発足
石垣市議らが尖閣諸島の魚釣島に上陸

2・17 日中友好7団体の会長が賈慶林全国政協会議主席と会談、北京

2・20 河村名古屋市長「南京事件はなかった」と発言、翌日、南京市は名古屋市との交流中止を発表

3・3 日本政府が尖閣周辺含む無名の39の無人島を命名、中国国家海洋局も尖閣周辺70島の名称確定

3・22 第5回日中議員会議、東京

2・6 王立軍重慶市副市長が政治亡命を求め成都の米領事館に駆け込み

2・8 新疆ウイグル・カシュガル地区で暴徒9人が住民襲撃、15人死亡

3・15 党最高指導部が薄熙来重慶市党委書記を解任

3・27 野田首相が胡錦濤主席と懇談、核セキュリティ・サミット、ソウル

4・7 玄葉外相訪中(〜8)、日中外相会談(玄葉・楊)、日中韓外相会議、寧波

第4回日中財務対話、安住財務相が謝旭人財務相と会談、東京

	主な出来事	中国国内	首脳・閣僚級会談及び政府間対話
2012 平成24	4・16　石原都知事が米国で尖閣購入計画表明 4・18　第1回日中知事省長フォーラム、東京 4・24　河野前衆院議長ら国貿促訪中団が習近平副主席と会談、北京 5・3　高村元外相ら日中友好議連訪中団が習近平副主席と会談、北京 6・4　野田第2次改造内閣発足 6・10　超党派国会議員や都議ら8人が尖閣周辺海域を視察 7・7　野田首相が尖閣国有化方針を表明	4・10　薄熙来重慶市前党委書記の党中央政治局委員及び党中央委員の職務を解任 5・19　盲目の人権活動家陳光誠氏が渡米	5・12　野田首相訪中（〜14）、**日中首脳会談**（野田・温）、日中韓サミット、北京 5・15　第1回日中高級事務レベル海洋協議（〜16）、杭州 6・11　第13回日中総合政策対話、東京 6・28　第3回日中防衛当局間の海上連絡メカニズム事務協議（〜29）、北京 7・11　日中外相会談（玄葉・楊）、ASEAN関連外相会議、プノンペン 8・6　第7回日中省エネルギー・環境総

8・15　香港の活動家ら7人魚釣島上陸、沖縄県警と海保が14人逮捕、17日全員強制送還

8・19　日本の地方議員や活動家10人が魚釣島上陸

8月中旬から約1ヶ月間、中国全土で大規模な反日デモ発生

8・27　丹羽駐中国大使の公用車が走行中に襲われる

9・11　日本政府、尖閣諸島3島国有化

9月15日から18日にかけて、日系企業が破壊、略奪、放火に遭うなど各地で反日デモが暴徒化。国交正常化以来、最大規模

合フォーラム、張平国家発展改革委主任、高虎城商務相来日、東京

8・28　山口外務副大臣訪中（～31）、戴秉国国務委員と会談、野田首相の胡主席宛親書を手渡す、北京

9・8　玄葉外相と楊潔篪外相がＡＰＥＣ首脳会議の夕食会で懇談、ウラジオストク

9・9　野田首相と胡錦濤主席が立ち話、胡主席が国有化に「断固反対」表明、ＡＰＥＣ首脳会議、ウラジオストク

年	主な出来事	中国国内	首脳・閣僚級会談及び政府間対話
2012 平成24	9・18 日本人2人魚釣島上陸 9・23 中国政府が日中国交40周年記念式典の中止発表（27日北京で開催予定） 9・27 日中友好7団体会長らが賈慶林全国政協会議主席と会談、北京 9・28 楊潔篪外相が国連総会の演説で、日本政府は日清戦争で釣魚島（尖閣諸島）を盗み取ったと主張、ニューヨーク 10・1 野田第3次改造内閣発足	9・28 党中央政治局が薄熙来元政治局委員の党籍剥奪と公職追放発表 10・11 莫言氏がノーベル文学賞受賞 11・8 **第18回党大会**（～14）、1中全会で習近平が党総書記及び党中央軍事委主席に選出 12・4 党中央政治局が党員の贅沢や形式主義を禁止する「八項目の規定」を採択	9・25 日中外相会談（玄葉・楊）、国連総会、ニューヨーク

12・16 衆院選で民主党大敗、野田内閣総辞職

12・26 第2次安倍内閣発足

2013 平成25

1・16 鳩山元首相が賈慶林全国政協会議主席、楊潔篪外相と会談、尖閣諸島は「係争地」と発言、北京

1・30 東シナ海で中国海軍艦船が海自護衛艦に射撃管制レーダーを照射

3・22 米倉経団連会長ら日中経済協会訪中団が李源潮副主席と会談、北京

4・16 河野元衆院議長ら国貿促訪中団が汪洋副首相と会談、北京

4・23 国会議員168人が靖国参拝

1・3 「南方週末」社説が当局指示で差し替えられる

3・5 第12期全人代第1回会議（〜17）、習近平国家主席、李克強首相新指導部発足

4・20 四川省雅安市でM7・0の地震、犠牲者217人

4・23 新疆ウイグル・カシュガル地区で武装集団と警官らが衝突、21人死亡

1・25 山口公明党代表が習近平総書記と会談、安倍首相の親書を手渡す、北京

	主な出来事	中国国内	首脳・閣僚級会談及び政府間対話
2013 平成25	7・21　参議院選で自民党圧勝 8・30　横路前衆院議長らが兪正声全国政協会議主席と会談、北京 9・25　中国大手企業首脳来日（24～28）、菅官房長官や経済界首脳と会談	6・26　新疆ウイグル・トルファン地区で武装集団と警官が衝突、35人死亡 7・25　山東省済南市の検察当局が薄熙来元重慶市党書記を起訴 9・22　山東省済南市の裁判所が薄熙来に無期懲役判決、同年10月25日確定	7・29　斎木外務次官訪中（～30）、王毅外相や劉振民外務次官と会談、北京 8・4　伊原外務省アジア大洋州局長訪中（～6）、劉振民外務次官と会談、北京 9・5　安倍首相と習主席が立ち話、G20首脳会合、サンクトペテルブルク 9・11　第7回サマーダボス会議（～13）、山本内閣府特命相（～12）出席、大連 10・7　安倍首相と習主席が接触、APEC関連会合、バリ島

11・19 米倉経団連会長ら日中経済協会訪中団が汪洋副首相と会談、北京

11・23 中国国防省が東シナ海に防空識別圏設定

新日中友好21世紀委員会の少人数会合（〜24）、杭州

10・24 共産党最高指導部「周辺外交工作座談会」開催、習総書記が近隣外交改善を指示

10・28 天安門前に車突入炎上、5人死亡

11・6 山西省共産党省委員会庁舎前で連続爆破、1人死亡、太原

11・9 第18期3中全会（〜12）、国家安全委員会を設立

11・16 新疆ウイグル・カシュガル地区の派出所を武装集団が襲撃、警察関係者2人死亡

12・15 新疆ウイグル・カシュガル地区で警官と武装集団が衝突、16

10・28 三ツ矢外務副大臣が顧朝曦民政次官と会談（副大臣級の単独訪日は第2次安倍内閣発足後初めて）、東京

12・20 岸田外相が程永華駐日大使と会談、東京

	主な出来事	中国国内	首脳・閣僚級会談及び政府間対話
2013 平成25	12・24 鳩山元首相が兪正声全国政協会議主席と会談、北京 12・26 **安倍首相靖国参拝** 12・27 日中友好議連若手議員訪中団（25～）が安倍首相靖国参拝で繰り上げ帰国、北京	人死亡 12・26 毛沢東生誕120周年記念式典、北京	
2014 平成26	1・3 崔天凱駐米大使が米国で安倍首相の靖国参拝を批判、その後50ヵ国以上の中国大使らが現地メディアで首相批判を展開 1・20 中国産餃子中毒事件で河北省の裁判所が食品会社元臨時従業員に無期懲役判決 2・27 全人代が9月3日を抗日戦争勝利記念日、12月13日を南京大虐殺犠牲者国家追悼日とする法案採択 4・8 胡耀邦元総書記の長男胡	3・1 昆明駅で無差別殺傷事件、29人死亡	

徳平全国政協会議前常務委員が安倍首相と会談、東京

4・15 河野元衆院議長ら国貿促訪中団が汪洋副首相と会談、北京

4・23 戦時中の賠償訴訟で中国の裁判所が商船三井の船舶1隻を差し押さえた問題で、商船三井が供託金約40億円を支払う

4・26 舛添都知事が汪洋副首相と会談、北京

5・5 高村自民党副総裁ら日中友好議連訪中団が張徳江全人代委員長と会談、北京

5・9 自民党議員訪中団が兪正声全国政協会議主席と会談、北京

5・15 鳩山元首相と習近平主席が面会、中国人民対外友協設立60周年式典、北京

河野元衆院議長ら国貿促訪中団が汪洋副首相と会談、北京

4・30 ウルムチ南駅で爆発事件、3人死亡、79人負傷

5・17 茂木経産相訪中（～18）、高虎城商務相と会談（尖閣国有化後初めての閣僚会談）、APEC貿易相会合、青島

	主な出来事	中国国内	首脳・閣僚級会談及び政府間対話
2014 平成26	5・24　中国軍戦闘機が東シナ海で自衛隊機に異常接近、6月11日にも発生 5・28　米倉会長ら経団連訪中団が李源潮副主席と会談、北京 6・5　新日中友好21世紀委員会非公式会合（〜6）、長崎 6・24　社民党吉田党首が兪正声全国政協会議主席と会談、北京 7・16　民主党海江田代表が劉雲山党政治局常務委員と会談、北京	5・22　ウルムチ市の朝市で爆発、39人死亡 6・21　新疆ウイグル・カシュガル市で車両が公安庁舎に突入、容疑者13人射殺 6・30　党政治局が徐才厚前中央軍事委副主席の党籍剝奪 7・7　盧溝橋事件77周年式典、習近平主席出席、北京 7・28　新疆ウイグル・カシュガル市ヤルカンド県で大規模な衝突、死者96人 7・29　党中央規律検査	6・26　太田国交相訪中（〜28）、劉延東副首相、邵琪偉国家観光局長と会談（中国の副首相級が安倍内閣閣僚と会談するのは初めて）、北京 7・27　福田元首相訪中（〜29）、習近平主席と会談、安倍首相の親書を手渡す、谷内国家安全保障局長同席、北京

9・24　榊原経団連会長ら日中経済協会訪中団が汪洋副首相と会談、北京

10・7　安倍首相が李小林中国人民対外友協会長と会談、東京

10・12　衆院訪中団が張平全人代副委員長と会談、北京

10・13　海保が小笠原周辺で中国のサンゴ密漁船46隻確認、10月末には200隻超す

委員会が周永康元政治局常務委員を立件すると新華社が報道

8・27　甲午戦争（日清戦争）120周年海上慰霊式典、威海

9・21　新疆ウイグル・バインゴリン自治州で同時爆発、死者50人

9・28　香港の学生ら数万人が金融街（セントラル）占拠、雨傘革命始まる（～12・15）

10・12　新疆ウイグル・カシュガル市でウイグル族が住民襲撃、22人死亡

8・9　岸田外相が王毅外相と非公式会談、ASEAN外相会議、ネピドー

8・27　山本海洋政策・領土問題担当相訪中（～29）、劉賜貴国家海洋局長と会談、APEC海洋担当相会合、アモイ

9・23　第2回日中高級事務レベル海洋協議（～24）、青島

9・25　岸田外相が王毅外相と非公式会談、国連総会、ニューヨーク

10・16　安倍首相が李克強首相と挨拶、ASEM首脳会議、ミラノ

	主な出来事	中国国内	首脳・閣僚級会談及び政府間対話
2014 平成26	10・28　第2回日中知事省長フォーラム、代表団が李源潮副主席と会見、北京 10・29　福田元首相が習近平主席と会談、北京 11・17　共産党対外連絡部代表団	10・27　軍事検察院が徐才厚中央軍事委前副主席の起訴手続きに入ったと新華社が報道	10・21　麻生副総理兼財務相訪中（～22）、張高麗副首相と面会、APEC財務相会合、北京 11・6　谷内国家安全保障局長訪中（～7）、楊潔篪国務委員と会談、翌7日、四項目の合意文書を発表、北京 11・7　岸田外相、宮沢経産相訪中（～9）、日中外相会談（岸田・楊）、宮沢経産相が高虎城商務相、苗圩工業情報化相と会談、APEC閣僚会議、北京 11・8　甘利経済再生相訪中（～10）、TPP協定閣僚会合、北京 11・9　安倍首相訪中（～11）、約2年半ぶりの**日中首脳会談**（安倍・習）、APEC首脳会議、北京 11・12　安倍首相と李克強首相がASEAN首脳会議の夕食会で会話、ネピドー 11・15　麻生財務相と楼継偉財政相が2年7ヶ月ぶりに財務相会談、G20首脳会合、

来日、谷垣自民党幹事長らと会談、東京

12・3　新日中友好21世紀委員会第4回会合（～5、3年ぶりに開催）、翌4日に両国委員が李克強首相と会談、北京・西安

12・9　河野元衆院議長（国貿促会長）が兪正声全国政協会議主席と会談、北京

12・24　第3次安倍内閣発足

2015
平成27

12・5　党政治局が周永康前政治局常務委員の党籍を剝奪

12・11　香港当局が学生や議員ら249人逮捕

12・13　南京大虐殺犠牲者国家追悼式典、習近平主席出席、南京

12・22　党中央規律検査委員会が令計画党統一戦線工作部長を重大な規律違反で調査と新華社が報道（同月30日に解任）

12・31　上海の外灘で転倒事故、36人死亡

オーストラリア

12・28　第8回日中省エネルギー・環境総合フォーラム（約2年ぶりに開催）、北京

1・12　第4回日中防衛当局間の海空連絡メカニズム事務協議（約2年半ぶりに開催）、東京

	主な出来事	中国国内	首脳・閣僚級会談及び政府間対話
2015 平成27	2・26 東京地裁が重慶大爆撃の被害者や遺族らの損害賠償請求を棄却 3・23 李克強首相がアジア開発銀行の中尾武彦総裁と会談 鹿児島地裁と横浜地裁がサンゴ密漁の中国人船長に実刑判決 谷垣自民党、井上公明党両幹事長が、兪正声全国政協会議主席らと会談、北京 3・28 二階自民党総務会長が習	3・2 国防省が14人の軍幹部を捜査処分したと発表 3・15 徐才厚前党中央軍事委副主席が死去、翌日、軍事検察院は同氏不起訴を発表	1・22 第3回日中高級事務レベル海洋協議、横浜 3・14 第3回国連防災世界会議（～18）、李立国民政相出席（現役閣僚来日は約3年ぶり）、山谷防災相、太田国交相と会談、仙台 3・19 第13回日中安保対話（約4年ぶりに開催）、東京 3・21 日中外相会談（岸田・王）、日中韓外相会議（約3年ぶりに開催）、ソウル

近平主席と面会、ボアオ・アジアフォーラム、海南省

4・8　吉炳軒副委員長ら全人代代表団来日（～11）、衆院と日中議会交流委員会を約3年ぶりに開催、東京

4・14　河野元衆院議長ら国貿促訪中団が李克強首相と会談、北京

4・23　高市総務相、山谷国家公安委員長、有村女性活躍担当相が靖国参拝

5・5　高村自民党副総裁ら日中友好議連訪中団が張徳江全人代委員長と会談、北京

5・14　安倍内閣が安全保障関連法案を閣議決定

5・23　習近平主席が二階自民党総務会長ら約3千人の訪中団と面会し演説、北京

4・3　天津の検察当局が周永康前党中央政法委員会書記を収賄、職権乱用、国家機密漏洩の罪で起訴

5・15　北京の検察当局が浦志強弁護士を起訴

4・11　日中韓観光大臣会合（～12、4年ぶりに開催）、李金早国家観光局長出席、東京

4・13　日中韓水担当相会合（3年ぶりに開催）、太田国交相が出席、慶州

4・22　**日中首脳会談**（安倍・習）、アジア・アフリカ会議（バンドン会議）、ジャカルタ

4・24　経産省と商務省の第16回次官級定期協議（約4年ぶりに開催）、東京

年	主な出来事	中国国内	首脳・閣僚級会談及び政府間対話
2015 平成27	5・27 横浜地裁がサンゴ密漁の中国人船長に懲役1年、罰金1千万円の判決 6・13 第3回東アジア（日中韓）文学フォーラム（～17、5年ぶりに開催）、北京・青島 7・15 李源潮副主席が中国残留日本人孤児訪中団と面会、北京	6・1 長江で大型旅客船沈没、442人死亡 6・11 天津の裁判所が周永康前政治局常務委員に無期懲役の判決 6・29 アジアインフラ投資銀行設立協定の署名式、50カ国署名、北京 7・1 全人代が国家安全法を制定 7・9 タイ暫定政権がウイグル族約100人を中国に強制送還 7・20 党中央政治局が	6・3 日中犯罪人引渡条約締結交渉第2回会合（5年ぶりに開催）、北京 6・5 麻生副総理兼財務相が張高麗副首相、楼継偉財務相と会談、北京 6・6 第5回日中財務対話（3年ぶりに開催）、北京 7・16 谷内国家安全保障局長訪中（～18）、李克強首相、楊潔篪国務委員、常万全国

8・14　安倍首相が戦後70年の首相談話を発表
8・15　戦後70回目の終戦記念日

令計画前党統一戦線工作部長の党籍剥奪と公職追放処分を決定、最高検は立件し逮捕すると決定
7・22　中国国内で拘束された弁護士や活動家が300人を超えたと中国の人権問題サイトが発表
7・30　党中央政治局が郭伯雄前中央軍事委員会副主席の党籍剥奪処分を決定
8・12　天津市の倉庫で爆発事故、約170人死亡
8・31　山東省東営市で爆発、死者13人（9月5日に発表）
9・2　台湾で抗日勝利

防相と会談、北京
7・27　日中経済パートナーシップ協議が4年ぶりに開催、北京
8・7　日中外相会談（岸田・王）、ASEAN関連外相会議、クアラルンプール

	主な出来事	中国国内	首脳・閣僚級会談及び政府間対話
2015 平成27	9・19　安全保障関連法が設立 10・7　安倍第3次改造内閣発足 10・9　ユネスコが「南京大虐殺」の資料を世界記憶遺産に登録 10・21　自民党若手国会議員訪中団が李源潮副主席と会談、北京 10・23　福田元首相が兪正声全国	70周年記念式典開催 9・3　抗日戦争及び反ファシズム戦争勝利70周年記念式典と軍事パレードを開催、北京 9・30　広西チワン族自治区で連続爆発7人死亡 10・5　屠呦呦氏がノーベル医学生理学賞を受賞	9・12　第2回日中韓農相会合（～13、3年5ヵ月ぶりに開催）、東京 9・24　日中韓FTA首席会合（～25）、北京 楊潔篪国務委員来日（～14）、谷内国家安全保障局長、安倍首相と会談、東京 10・13　楊潔篪国務委員来日（～14）、谷内国家安全保障局長、安倍首相と会談、東京 10・15　山口公明党代表が習近平主席と会談、安倍首相の親書手渡す、翌16日に、劉雲山党政治局常務委員と会談、アジア政党国際会議、北京

政協会議主席と会談、東京—北京フォーラム、北京
10・30　二階自民党総務会長が楊潔篪国務委員と会談、翌31日に劉延東副首相と会談、北京
11・4　榊原経団連会長ら日中経済協会訪中団が李克強首相と会談、北京
12・3　第5回日中与党交流協議会（～4、約6年ぶりに開催）、翌4日に谷垣自民党、井上公明党両幹事長が兪正声全国政協会議主席、李源潮副主席と会談、青島・北京

10・29　共産党が「一人っ子」政策を廃止
12・7　北京で大気汚染最高レベルの「赤色警報」が初めて発令
12・20　深圳で大規模な土砂崩れ、犠牲者77人
12・22　北京の裁判所が浦志強弁護士に懲役3年、執行猶予3年の判決

10・30　第10回日中韓経済貿易相会合（3年半ぶりに開催）、ソウル
11・1　**日中首脳会談**（安倍・李）、日中韓サミット（3年半ぶりに開催）、ソウル
11・4　中谷防衛相が常万全国防相と会談（4年半ぶりに開催）、ASEAN拡大国防相会議、クアラルンプール
11・29　第9回日中省エネルギー・環境総合フォーラム、東京
12・7　第4回日中高級事務レベル海洋協議（～8）、アモイ
12・11　日中経済パートナーシップ協議（5年5ヶ月ぶりに開催）、北京

終章

飛躍する中国、彷徨う中国

2016.1

　帰国すると「中国人は反日なのか、親日なのか」とよく尋ねられる。反日がいれば親日もいるとしか答えようがない。尖閣国有化反対デモが中国全土で勃発したからといって、全ての中国人が日本を憎んでいたわけではないし、中国政府が日本を痛烈に非難したからといって、対日関係の悪化を望んでいるとは限らない。反日か親日か、単純化して理解しようとすると中国は益々わからなくなる。

　あらためて原稿を読み返してみると、ここ数年の中国の変化に驚く。例えば、二〇〇三年のＳＡＲＳ騒動を経て、多くの中国人は自身の権利を主張し始めるようになった。それを受けて中国政府は和諧社会の実現をスローガンに掲げ、社会の公平と正義を目指した。すると更に人々の不正や腐敗を糾弾する声は大きくなり、二〇一一年には社会を痛烈に風刺した映画『譲子弾飛』が大ヒットした。その翌年秋に共産党の新指導部が発足するや否や、共産党員の腐敗撲滅と不正摘発を打ち出し、二〇一六年現在も止むどころかますます激しさを増している。中国は政府と民衆が互いに相手の様子をうかがいながら揺れ動いている。ほんの二、三年前に見聞きしたことで今の中国は語れないし、日中関係が振り子のごとく揺れ動いたのも、こうした国内事情を踏まえて考えなければならない。

＊

　国が揺れ動けば人々の心も揺れ動く。中国で暮らしていると何が正しいのかわからなくなるときがある。郷に入っては郷に従えというように、海外で暮らすのなら、その国の文化や習慣を理解し、それに従って行動することが欠かせない。しかし、平和で安定した社会に住み慣れた日本人が、中国社会に馴染もうと思えば、日本人の価値観を捨てなければならない。日常の些細なことから大きなことに至るまで、決断を迫られる場面で心に葛藤が生じる。

それでも私は今まで一度も中国から離れたいと思ったことはないが、果たしてこのままでいいのかと思い悩んだ時期もあった。そんな不安を取り払ってくださったのが今は亡き竹内実先生だった。竹内先生と初めてお話ししたのは、二〇〇〇年頃、ある文化交流のイベントに通訳として参加したときだった。先生は私の経歴を知ると「君も中国でいろいろなことを経験したと思うから、何か話しなさい」と突然私に発言するよう求められた。何の準備もしていなかったので、当時心のなかに積もりに積もっていた中国で感じ考えてきたことを、今から思えばかなり感情的にお話しした。日中交流はきれい事じゃ済まされないなどといった失礼な内容だったと思う。会がお開きになると、竹内先生が私に近寄ってきて、「山田君の発言は素晴らしかったよ」と褒めてくださった。それまで私は誰からも褒められたことがなかった。中国で何を学ぶのか、これからどうするのか、あれこれと手を付けるとどれも中途半端になる、などと勝手に心配してくれる人ばかりだったので、先生から励ましの言葉をいただいて、自分がいま中国でしていることは間違っていないんだと、このとき初めて自信が持てた。

それ以後、私は帰国する度に京都へ先生を訪ね、ご指導を仰いできた。この原稿も連載していたころずっとお送りしていた。京都高野のご自宅の玄関で「原稿がまとまったら本にしなさい」が、先生と交わした最後の言葉だった。今ようやく先生との約束が果たせることを嬉しく思うと同時に、もう中国についてお話が聞けないことがとても悲しい。

＊

本書刊行にあたり、書き溜めていた原稿があるから大丈夫と思っていたが、いざ準備に取り掛かると、見通しが甘かったことに気付かされた。文章の校正に思っていた以上に手間取っただけでなく、年表にはかなりてこずった。思うような写真がなかったので、再度陝北へ出かけてあちこち撮影してきた最終日、北京に戻る楡林の飛行場でカメラを紛失したことに気付き大慌てしたこともあった。そんな私に、みずのわ出版の柳原一德氏はいつも辛抱強くお付き合い下さった。〆切を守れなかったことも一度や二度ではない。装幀の林哲夫氏にも彼是注文をつけお手数をお掛けした。本書を世に送り出して下さり心からお礼を申し上げたい。

著者

山田晃三——やまだ・こうぞう

一九六九年神戸市生。京都外国語大学中国語学科卒業、北京師範大学大学院修士課程及び博士課程修了。現在、北京大学外国人専家（日本語）。著書『「白毛女」在日本』（文化芸術出版社、二〇〇七年）。

北京彷徨1989-2015

二〇一六年二月八日　初版第一刷発行

著　者　山田晃三
装　幀　林　哲夫
発行者　柳原一徳
発行所　みずのわ出版
　山口県大島郡周防大島町
　西安下庄、庄北二八四五
　〒七四二—二八〇六
　電話　〇八二〇—七七—一七三九（F兼）
　振替　〇〇九九〇—九—六八三四二
　E-mail mizunowa@osk2.3web.ne.jp
　URL http://www.mizunowa.com

印　刷　株式会社 山田写真製版所
製　本　株式会社 渋谷文泉閣

ISBN978-4-86426-034-3 C0036